DICTIONNAIRE

TAUROMACHIQUE

Photos : Lucien Clergue.
Cartes postales anciennes : collection Pierre Dupuy.

© 1981, Editions Jeanne Laffitte, Marseille
Reproduction et traduction même partielles interdites
Tous droits réservés pour tous les pays,
y compris l'U.R.S.S. et les pays scandinaves
I.S.B.N. : 2-86276-043-9

PAUL CASANOVA et PIERRE DUPUY

DICTIONNAIRE TAUROMACHIQUE

Préface de Jean Lacouture

publié avec le concours du Centre National des Lettres

JEANNE LAFFITTE

Marseille
1981

Avertissement

Les auteurs ont choisi d'illustrer cet ouvrage avec des photographies de Lucien Clergue. On trouvera par ailleurs, la reproduction de cartes postales anciennes appartenant à la collection personnelle de Pierre Dupuy. Les auteurs ont ainsi souhaité offrir des images authentiques et parfois pittoresques de la tauromachie d'autrefois.

Les mots ou expressions définis dans ce dictionnaire sont, à de rares exceptions près, espagnols. C'est ainsi qu'on trouvera par exemple dans la liste alphabétique des mots définis : Plaza et non Arènes, Terrenos et non Terrains, Glosopeda et non Fièvre aphteuse....

Les mots espagnols venant dans le texte et faisant l'objet d'une définition sont suivis d'un astérisque.

Enfin les auteurs ont renoncé à faire entrer dans la liste alphabétique des noms de matadors, même très célèbres ou actuels, parce qu'il est difficile de faire un choix et que la liste n'est pas close ! Lorsque les toreros cités dans le texte le sont par leur surnom (apodo), ce dernier est placé entre guillemets.

Préface

Si la tauromachie est d'abord un langage de gestes, alors tout est dit ici : Paul Casanova et Pierre Dupuy sont des aficionados assez intrépides pour oser se moquer des modes, assez savants pour que les définitions qu'ils proposent puissent devenir matière d'école. Il y avait le Cossio, le Popelin, le Lafront : il y aura pour entendre ce qui se passe dans le ruedo et pour briller dans les tertulias, le Casanova-Dupuy. Heureux les aficionados de trois herbes, les becerros de l'afición qui brouteront ce campo là...

Comme il y a deux types de toreros, les musiciens qui s'expriment dans le temps, les dessinateurs qui s'inscrivent dans l'espace (Ordoñez et Rafael de Paula sont du premier type, Paco Camino et Teruel du second), de même il y a deux espèces de livres sur le mystère tauromachique : ceux des grammairiens et ceux des guitaristes. Hemingway, qui savait pourtant gratter de la guitare, a donné, avec « Mort dans l'après-midi », le modèle du premier genre. Montherlant, qui connaissait bien la grammaire, a donné l'exemple du second avec « Le génie et les fumisteries du divin ».

Casanova et Dupuy se rangent sous la bannière de ce Don Ernesto dont on voit la statue à l'entrée des arènes de Pampelune. Leur ambition n'est pas d'enivrer, mais d'éclairer. Ils tiennent que l'ivresse, chacun doit la conquérir s'il en est digne, à partir de la lumière froide. Le bon aficionado, au contraire de ces borrachos hirsutes des arènes de plage ou de la feria de Logroño, doit avoir le gosier sec et l'œil clair. Ne mélangeons pas les genres. C'est la demi-véronique de Curro, c'est la naturelle d'Antoñete qui le fera chavirer dans l'entre-deux où le ciel est à terre et la terre est en transes, où l'œil fleurit et le cœur fond dans la bouche.

Il ne m'appartient pas ici de brouiller les pistes et les consciences, d'obscurcir de fumées vaguement poétiques la clarté due à nos auteurs, d'alourdir de jerez « tio pepe », de « coñac Domecq » ou d'une sérénade de l'Albaïcin leur leçon magistrale. Mais plutôt d'attirer l'attention sur les développements qui me semblent essentiels à l'entendement de cette introduction à la bonne intelligence entre le troisième acteur de la corrida, le public, et les deux autres qui s'affrontent sur le sable, car ceux qui font cercle font aussi la loi ; s'ils n'entendent point, s'ils n'y voient goutte, s'ils ne donnent pas le juste écho à ce qui s'accomplit dans l'arène, tout est souillé.

Il n'est pas nécessaire d'être né à la Ferté-Milon pour être Racine, ni à Málaga pour être Picasso. Mais Schubert sans Vienne, Nijinski sans Petersbourg, Chicuelo sans Séville ? Les arts de communication sont portés par le système qui les accueille. Peut-être, comme le plus grand stratège du monde est-il né (et mort) savetier, le plus grand matador du monde est-il né charpentier à Helsinki : mais ce torero potentiel est un torero irréel. Que sa mère n'est-elle venue fauter, en voyage organisé, avec un guapo de Triana...

Parmi tous ceux qu'édictent nos deux faiseurs de tables de la loi, arrêtons-nous à ces commandements : charger la suerte et templer. Si intéressant et amusant — et instructif — qu'il soit d'apprendre ce qu'est la gaonera, ce que signifie la sortie du mouchoir ou à quelles conditions peut-être accordé l'indulto, c'est à ces deux préceptes que se réduit, à la fin des fins, la tauromachie, discours d'une méthode qui tend à manifester la maîtrise de la culture sur la nature, de l'économie des gestes sur la fureur des élans, de Socrate sur Alcibiade.

Toréer, c'est cultiver, dresser. C'est transformer une forme sauvage en mouvement contrôlé. En faisant quoi ? En modifiant ce par quoi s'exprime un taureau : sa charge armée de cornes. Cette modification porte sur les deux éléments de cette charge : sa direction, supposée rectiligne, et son rythme, supposé rapide et saccadé. Toréer, c'est transformer, rectifier la trajectoire de la charge et c'est en accomoder le rythme au gré de la volonté du torero. Ayant présenté nos deux auteurs comme des grammairiens, tentons de résumer la première de ces deux opérations comme la transformation d'un point d'exclamation en point d'interrogation. Exclamation est la charge du taureau brave. Rrran ! Dans la cape, ou dans le bonhomme, ou dans le caparaçon du cavalier. Rrran ! Tout droit. C'est ce droit qu'il s'agit de courber, non parce que la courbe c'est la beauté, la sensualité, la forme de l'arène (il y aurait d'ailleurs à s'interroger sur les correspondances entre le mythe solaire et toutes ces rondeurs concentriques ou sécantes) mais parce que le propre de la tauromachie est de modifier. Le taureau chargerait-il en rond ou courrait-il en crabe, ou irait-il comme un serpent, il conviendrait de le faire aller droit. Il se trouve que sa charge est, pour l'essentiel, rectiligne. D'où le sens de la mission du torero. (Les anglais, pour « imposer », disent « to curb »).

Courber, donc. Et c'est ici que nous retrouvons notre point d'interrogation — qui est d'ailleurs le signe de Socrate. D'exclamation roide en interrogation ventrue ? Eh oui. On a d'ailleurs défini la stratégie d'un des grands toreros modernes, Manolo Vasquez, par ce point à la forme féminine (le taureau est symbole de fécondité). Pourquoi ? Parce que le torero, dans ce schéma, fait faire au taureau cette trajectoire curieuse, droite, puis s'infléchissant et tournant de son corps, dévié, contenu, envoûté (la voûte, encore une courbe). Comment parvient-il à cette déviation ? En empiétant sur la ligne de charge du taureau, en « entrant dans son terrain », en « chargeant la suerte », en « se croisant ». Toutes formules à peu près synonymes, et signifiant toutes une prise de risques, une pénétration, un défi. En venant se placer sur l'axe de charge de l'animal, l'homme prend certes un risque : mais aussi un ascendant. Il occupe l'espace, dérange, trouble, s'impose. Il prend l'espace en mains, en corps. Il impose une trajectoire autre, par son déplacement vers, puis en travers de la route du taureau. Il a pris l'initiative. Il mène le jeu. En transformant le point d'exclamation (Rrran ! la force torrentielle de la bête) en point d'interrogation autour de lui (Viens-tu ? Où vas-tu ? Que fais-tu ? N'es-tu pas mien, maintenant ?) il a (mais c'est plus facile à raconter qu'à faire...) gagné la première manche.

Pour gagner la seconde, il lui faut s'imposer non plus seulement dans l'espace, mais dans le temps. Il lui faut non plus placer l'animal sur l'orbite choisie par l'homme, mais à la vitesse de croisière qu'il impose. Il lui faut, cette charge courbe, en faire une charge lente. Et il est vrai que la première opération conduit à la seconde, ne serait-ce que parce qu'on ralentit dans les virages. Mais il faut aller au-delà. Il faut que lui, le torero, principe d'immobilité, de hiératisme (qu'est-ce qu'un rite accéléré ? Le sacré est lent. Précipitez le mouvement d'une cérémonie à la tombe du soldat inconnu, comme au cinéma muet, et vous faites rire). Il faut qu'il ajuste à la suavité qui est son essence même, la fougue qui est l'essence du taureau.

Mais templer ne veut pas dire apaiser. Accorder plutôt. Ainsi fait le guitariste avant de jouer. Le temple tauromachique est fait de deux mouvements. D'abord le torero ajustera, accordera son geste au mouvement de son adversaire. Et puis il accordera celui-ci à celui-là. Il ne saurait imposer d'emblée son propre rythme, sous peine d'être emporté par le torrent. Il faut d'abord épouser le flux, puis le maîtriser peu à peu. Il ne s'en rendra maître qu'en allant d'abord à sa rencontre. C'est le régime des concessions mutuelles qui fait les bons ménages, les bons danseurs. Reste que, les premières avances faites, Ordoñez est bien décidé à rester maître du rythme. Et il le reste. Et ce temple qui fait sa muleta si plate face aux cornes, parce qu'elle reste constamment à un millimètre en avant d'elles, c'est encore lui, accord parfait, qui maintient l'étoffe rouge bien lisse, dix minutes plus tard, mais au rythme choisi, voulu par lui. A son rythme. L'allegro est devenu adagio, parce qu'il a su être d'abord « allegro ma non troppo... ».

Alors le coup d'épée ne devrait plus être que le très simple retour au point d'exclamation. Olé ! Tout droit, de nouveau ! Pourquoi faut-il que tant de ces artistes et de ces maîtres habiles à passer du premier point au second sachent mal revenir au premier, et repasser du courbe au rectiligne ? Mais ceci est une autre affaire, qui ne regarde plus tout à fait grammairiens ni guitaristes et n'intéresse plus que ce très obscur instinct qui est celui de la conservation. A quelques recettes près, on est ici dans un domaine secret où n'entrent que les deux protagonistes, où Casanova et Dupuy eux-mêmes ne sont plus d'un grand secours.

Mais auparavant quelle bonne lidia ! Chacun sait qu'il n'est pas facile de toréer al alimon, tenant à deux la cape. Ce Pablo et ce Pedro là l'ont fait avec la science d'un torero de Salamanque, avec l'alegría d'un matador de Jerez. Muchas gracias messieurs les Docteurs. Grâce à vous, nous ne sifflerons plus que les « coiffeurs » de cornes, les ganaderos imposteurs, les banderilles « à corne passée », les fabrications de faenas sur mesure, les estoqueurs fugaces, les présidents distributeurs d'oreilles abusives, et les revisteros qui n'auront pas lu votre livre !

Jean Lacouture.

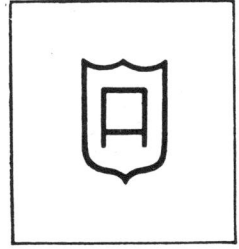
Hierro de Silvia M. Camacho

ABANICO : Eventail.

ABANICAR ou courir les toros *ABANICANDO* correspond à une *suerte** dans laquelle le torero tenant la cape à deux mains se déplace à reculons devant le toro suivant une ligne plus ou moins sinueuse pour changer la position de ce dernier et en particulier pour le mener au picador (*quite* abanicando*). Dans ce mouvement, le torero, coudes relevés, balance légèrement d'un coté et de l'autre la cape qui tombe devant lui comme un tablier (*delantal**).

On parle aussi d'*abaniqueo* ou *desplante* abanicando* lorsque, au troisième tiers, le matador *remate** une série de naturelles en imprimant à la muleta un mouvement circulaire répété qui fait décrire à l'étoffe une sorte de sinusoïde devant le muffle de son adversaire. Ordoñez était le prince de cet *adorno** qu'il terminait en pliant la muleta sous son bras gauche cependant qu'il tournait le dos au toro et souriait au public. Certains toreros ont acquis dans le maniement de leur poignet gauche, une dextérité qui leur permet de faire tourner la muleta comme une hélice.

ABANTO : Craintif, peureux.

Se dit d'un toro qui court çà et là dans l'arène, indifférent à l'appel des capes, ou bien prend le leurre avec réticence, souffle dedans, s'enfuit et se refuse à revenir. Si ce comportement se confirme, il sera qualifié de *manso*.

Si au contraire, la caste prend le dessus, en particulier aux piques où il peut se montrer douillet d'abord, on dira que le toro « grandit sous le fer » ou qu'il est allé *a mas* (à plus).

ABONO : Abonnement

On peut prendre un abonnement à toutes les corridas d'une plaza pendant une temporada, à toutes les corridas d'une feria.

Dans les deux cas l'avantage est d'avoir toujours la même place (*localidad*) pendant la temporada ou la feria et d'avoir la place de son choix car les abonnés sont servis les premiers. Par exemple dans les arènes de Nîmes, on peut louer sa place pour l'ensemble des courses de la saison. Les abonnés sont ainsi assurés d'avoir leur place réservée pour la célèbre feria de Pentecôte. Les billets restants pour celle-ci sont ensuite vendus en priorité à ceux qui prennent l'abonnement à toutes les courses prévues. Ceux qui ne désirent assister qu'à une ou deux corridas sont servis ensuite.

En Espagne, on appelle l'ensemble des abonnés du même mot : *abono*.

ABRAZO : Accolade.

Dans cette accolade on se donne réciproquement de courtes claques rapides dans le dos.

C'est le salut typique des Espagnols et par conséquent des taurins. Il correspond au baiser sur la bouche des Russes, au salut en flexion à 90º des Japonais, aux mains jointes des Hindous... et à la poignée de mains française.

Il termine la cérémonie d'alternative entre récipiendaire et parrain d'une part, et récipiendaire et témoin d'autre part.

Lors de la remise des trophées l'*alguazil** ne manque pas de donner l'*abrazo* au matador récompensé.

ABRIR PLAZA ou ROMPER PLAZA : Ouvrir les arènes.

C'est le fait du toro qui sort le premier du toril. En général sortent premiers les toros les moins bien présentés de manière à maintenir un crescendo dans l'intérêt de la course et à éviter qu'un petit toro sortant après un gros ne soit conspué par le public.

Réglementairement lors d'un concours de *ganaderías** l'honneur d'ouvrir la plaza est réservé à la ganadería la plus ancienne ; il appartient au dernier toro de *cerrar plaza* (fermer les arènes).

ABURRIMIENTO : Ennui.

C'est l'impression la plus catastrophique que puisse susciter une corrida dénuée d'intérêt.

Comme *aburrido* veut dire à la fois « ennuyeux » et « qui s'ennuie », on peut écrire que l'aficionado est aburrido par une corrida aburrida et c'est alors une tarde d'aburrimiento.

ABRIR PLAZA
(arènes de Nîmes)
Photo L. Clergue

ACOCHINADO : De *Cochino* : cochon, porc.

Se dit d'un toro gras, le plus souvent artificiellement gonflé grâce aux aliments composés, dont l'allure s'apparente plus à celle de la race porcine qu'au *trapío** du toro bravo.

ACOMETIDA : Attaque.

Ce terme s'applique couramment à la charge du toro et, dans cette acception, est volontiers confondu avec ceux d'*arrancada* et d'*embestida*.

Il existe cependant entre ces trois mots des nuances. L'*embestida* est la charge, au sens propre. Ainsi un toro à la charge franche est dit *de buena embestida*. L'*arrancada* est plus précisément le démarrage : ainsi le démarreur d'une voiture se dit *el arranque*. L'acometida enfin est l'attaque au sens large — *acometer un trabajo* signifie attaquer un travail — et cette attaque peut se faire avec une charge dangereuse et incertaine.

ACOSO : Harcèlement (Voir *tienta*).

ACTUACION : Prestation, performance.

C'est le travail que fournit le matador pour justifier son cachet. Les aficionados français ont même forgé le néologisme taurin : actuer.

ADORNO : Ornement, parure, embellissement.

C'est parfois une fioriture de bon aloi apportée à une *faena** complète et dominatrice. C'est aussi, bien souvent, une concession faite par le torero au goût du spectaculaire qui caractérise la masse du public non averti, dans le but de déchaîner son enthousiasme à peu de frais.

C'est en quelque sorte l'enjoliveur qui, soit dissimule la misère d'une guimbarde, soit ajoute à la richesse d'une luxueuse carrosserie.

L'adorno peut être un *desplante** ou une passe, celle-ci n'ayant pas alors pour but de toréer, c'est-à-dire de châtier ou de corriger, mais de plaire au public.

Parmi les passes d'adorno, on peut ranger la *chicuelina**, la *gaonera**, la *mariposa**, la *rebolera** et toute une série de passes de cape ou de muleta qui n'ont pas de nom particulier.

Le matador gitan Rafaël Garcia « Albaïcin » disait que l'adorno est « le complément et la grâce de la vérité », que celle-ci peut se montrer dénudée et belle sans adorno mais que celui-ci sans la vérité n'est rien ; et de comparer le toreo fait seulement d'adornos à un banquet au cours duquel on ne servirait que des hors-d'œuvre.

AFAROLADA, AFAROLADO : De *Farol**.

L'*afarolada* est une passe de cape dans laquelle celle-ci est projetée au-dessus de la tête du toro.

La cape est tenue d'une seule main ; il s'agit donc d'une *larga**, ce qui fait la différence avec le farol véritable dans lequel la cape est tenue à deux mains. Le plus souvent cette suerte est pratiquée à genoux : — *larga afarolada de rodillas* — dès la sortie du toro et en profitant de la charge violente et donc plausiblement franche de la bête. Elle est, dans la règle, pratiquée au fil des barrières, ce qui est prudent car le toro a tendance à s'orienter vers le centre du ruedo*, et elle gagne encore en émotion si le torero change les terrains : *larga cambiada*.

Dans ce dernier cas, le torero agenouillé, pose sa cape sur le sol entre la barrière et lui, puis, lors de la charge du toro, il fait passer le capote au-dessus de sa tête en le projetant vers le centre du rond, renvoyant ainsi le toro dans son propre terrain. Cette ancienne *larga cambiada afarolada de rodillas* a été remise à la mode par Luis Miguel « Dominguin » il y a quelques années et « Paquirri » est de nos jours, celui qui la sert le plus volontiers, enchaînant souvent la *suerte** deux ou trois fois de suite.

Il arrive plus rarement qu'un torero — en particulier un débutant en quête de « sensationnel » — fasse une afarolada de rodillas devant la porte même du toril, *a porta gayola*, suivant une expression portugaise.

C'est ainsi que Diego Puerta, alors novillero reçut, en 1957, dans la plaza de bois de Marseille, la première de ses nombreuses *cogidas** sérieuses.

L'afarolado est une passe en forme de farol donnée avec la muleta (pase afarolado), en général en terminant une passe de poitrine droitière : *ayudado cambiado por alto*. Quand les

Suerte de Capa

ADORNO

madrilènes découvrirent cette suerte, ils l'appelèrent *pase del gaban* (passe du pardessus) car le torero fait le geste de jeter ce vêtement sur ses épaules. C'est une passe ornementale et l'on vit, un temps, « El Viti » — conseillé a-t-on dit par des amis désireux de voir ce diestro adopter un toreo moins sévère — éclairer ses faenas par un afarolado.

Lorsque la passe est bien faite le torero embarque le toro dans le leurre et fait tourner la muleta aérienne en conservant le muffle de l'animal dans ses plis, *empapado* — littéralement absorbé — et la passe n'est plus seulement un *adorno** mais devient efficace.

AFEITADO.

Afeitado est un substantif dérivé du verbe castillan *afeitar* qui signifie raser. Dans les milieux taurins, on entend par là l'épointage des cornes et leur réfection frauduleuse pour leur donner un sommet arrondi et émoussé.

Sur le plan anatomique, l'afeitado supprime le diamant, cette calotte perpétuellement reconstituée par la jonction des fibres cornées sous-jacentes. La pointe néo-formée n'est alors que l'aboutissement des fibres tronquées, selon une section dégradée par la lime. Le moindre choc les dissociera et on voit là l'explication de la fréquence avec laquelle on signale des toros *astillados** ou *escobillados* au sortir du toril.

Le règlement taurin espagnol qui interdit toute manœuvre portant sur les cornes de toro de lidia, confie le contrôle de l'intégrité de celles-ci au Service Vétérinaire de la Police, mission qui apparaît aux yeux du Professeur Bressou « délicate tant en raison des sanctions qu'elle peut entraîner

AFAROLADA
(El Viti)
Photo L. Clergue

que de l'importance que l'aficion y attache ».

Il semble que cette pratique ne soit pas récente et remonte aux années 1935. Le règlement espagnol du 12 juillet 1930 n'en parle pas mais il est de notoriété publique que la plus grave blessure reçue par Domingo Ortega lui a été infligée par un toro afeité. La fraude était alors assez rare. Elle prit une ampleur considérable, après la guerre civile, avec « Manolete » (qui fut pourtant tué par un toro diminué), puis les « phénomènes » révélés dans les années 1950. Les divers règlements intervenus depuis celui du 10 février 1953, répriment sévèrement cette fraude.

Si l'afeitado n'empêche pas la blessure des toreros (exemples de Domingo Ortega et « Manolete »), il en réduit sérieusement le risque. Surtout lorsque l'opération est pratiquée peu avant la course : le toro perd ainsi le sens des distances et frappe dans le vide ; les pointes de ses cornes étant douloureuses, il hésite à frapper et se tient sur la réserve ; les manipulations qui accompagnent l'opération l'ont fatigué et provoquent la faiblesse des pattes.

Mais l'afeitado est essentiellement condamnable parce qu'il porte atteinte à l'éthique de la corrida, à l'intégrité de la bête qui n'a que les moyens physiques que la nature lui a donnés pour faire face à l'homme et à son intelligence.

AFICION : Penchant, goût.

AFICIONADO : Amateur.

LA AFICION : L'ensemble des amateurs.

AFICIONADO A LOS TOROS : Amateur de courses de toros et, faut-il l'ajouter, connaisseur.

Il y a deux sortes d'aficionados a los toros :
— les *toreristas*, plus sensibles au jeu du torero et à la beauté des passes qu'à l'émotion du combat ; ce sont essentiellement des esthètes,
— les *toristas*, plus soucieux de l'éthique de la corrida qui veut que le toro entre dans l'arène en pleine possession des moyens naturels que le Règlement Officiel reconnaît nécessaires, et n'apprécient le travail du matador qu'en fonction du respect de ce règlement.

Andrés Travesí a écrit que « les toreristas ne voient que la moitié de la corrida », car ils se privent de la partie de la course pendant laquelle le toro est roi : le *tercio** de piques qui fait les délices des toristas... lorsqu'il est convenable !

L'aficionado, avec l'indépendance qui lui conservera son libre arbitre, doit posséder au plus haut point la vertu de la patience. Et sous toutes ses formes :
— persévérance dans la perfection d'une éducation qui lui permettra de saisir les moindres incidents de la course et de les juger suivant des critères reconnus sains,
— constance, pour supporter stoïquement nombre de corridas décevantes et voir son torero favori se moquer de lui pour satisfaire la masse bruyante des ignorants,
— résignation à subir la masse de ces mêmes ignorants qui faussent la course et, s'il émet un avis, le traiteront même d'analphabète taurin,
— masochisme enfin, qui le fera se précipiter aux arènes à la moindre affiche sachant que son programme ne peut rien lui apporter.

L'*aficionado práctico* possède en outre, suffisamment de courage et de sang-froid pour mettre en pratique dans les arènes les belles théories qu'il veut voir respecter par les professionnels.

Le Comte de Las Navas a raconté qu'un aficionado de Cádiz fut blessé aux fesses alors qu'il toréait dans un festival de bienfaisance ; il fit écrire dans son testament qu'il désirait « être enterré sur le ventre pour que la glorieuse blessure puisse toujours être vue » !

AGUANTANDO : qualifie une manière de porter l'estocade.

Il existe deux façons voulues et préparées par la matador de porter le coup d'épée : le *volapié** dans lequel le toro « cadré » reste immobile, l'homme faisant à lui seul tout le voyage, et le *recibir** où l'homme immobile attend la charge du toro (voir estocada).

Les autres cas se produisent lorsque le toro s'élance vers le matador sans que ce dernier l'ait souhaité. Si la bête amorce sa charge au moment où l'homme va l'atteindre, l'estocade est portée *arrancando* » (au démarrage).

Si l'homme et la bête parcourent chacun la moitié du chemin, se recontrent au milieu du voyage, l'estocade est dite *a un tiempo*. Enfin dans l'estocade *aguantando*, l'homme a eu à peine le temps de commencer son mouvement vers le toro et, profitant de la charge inopinée de ce dernier, il porte son coup presque a recibir.

AGUANTAR (voir en fin de volume)

ALEGRAR AL TORO : C'est exciter le toro, l'inciter à charger.

On « alègre » le toro du geste ou de la voix, en agitant brusquement le leurre, en frappant le sol du pied, en appelant la bête. Un toro bravo n'a pas besoin d'être « alégré » : sa sauvagerie doit lui faire charger spontanément tout ce qui le provoque. S'il est mou, apathique ou distrait, quelques artifices doivent pallier ces défauts.

ALEGRIA : Joie, gaieté.

S'applique en général au torero et signifie alors : manière à la fois vive, gaie et gracieuse de toréer. C'est traditionnellement une qualité sevillane et Diego Puerta était sans doute le matador qui témoignait le plus souvent de l'*alegría*.

Peut aussi s'appliquer au toro qui charge à la moindre sollicitation.

Pour les curieux : les banderilleros sont de temps en temps appelés *alegradores*, allusion à l'un des buts (théorique) des banderilles qui est de « raviver l'ardeur du toro assoupie après le dur combat qu'il a livré au premier acte » (« Paco Tolosa »).

ALGUACILES ou ALGUACILILLOS : Alguazils.

Employés des arènes qui vont par paire, vêtus du costume noir et du bicorne portés par les officiers de police de Philippe IV (milieu du XVIIe siècle), chargés de tâches nombreuses et précises par le Règlement Taurin.

— Ils doivent assurer le dégagement de la piste avant le début de la course, travail de tout repos depuis que le public n'a plus accès au *ruedo**. Dans les temps anciens cette importante manœuvre constituait le *despejo*.

— Ils assurent le service intérieur du *callejon** où ils sont les représentants de l'autorité, en l'occurence la Présidence de la course. Dans les arènes importantes, ils communiquent avec le Président par téléphone et répercutent ses ordres aux toreros et employés. Dans cette tâche, le règlement leur impose de se maintenir « dans le ton de circonspection et de respect que requiert leur charge ».

— Au signal de la présidence, ils ouvrent le *paseo**, puis, les *cuadrillas** ayant défilé, l'un des alguazils remet la clé du toril, que lui a lancée le Président, au préposé à son ouverture.

— Ils surveillent l'ablation des trophées conformément aux décisions présidentielles et les remettent aux matadors récompensés.

Dans les petites arènes, il arrive qu'un seul alguazil assure le service. Il est parfois vêtu du costume des *vaqueros**, le *traje corto*. On a vu, dans des circonstances précises, une femme jouer les alguazils ; bien que toutes les professions soient ouvertes à ces dames, il ne paraît pas souhaitable que le procédé se généralise.

ALIMON (AL) : A deux.

On écrivait aussi autrefois *A LA LIMON*. Et l'on disait également : *ENTRE DOS*.

La suerte *al alimon* est une suerte de cape, sans aucune valeur taurine, qui se pratique à deux. Chacun des deux toreros tient la même cape par

ALGUACILES ou ALGUACILILLOS

ALIMON (AL)

une extrémité et le toro, éventuellement mis en suerte par un troisième, est amené à passer dessous sans risque pour personne.

Toréer *al alimon* était autrefois un signe de bonne entente entre les diestros et « El Gallo » et « Joselito » donnaient souvent cette démonstration de leur affection fraternelle.

« El Chiclanero » et « Cúchares » voulurent marquer ainsi la fin (officielle) de leur retentissante rivalité et les chroniques ont retenu la date du 12 mai 1887 où le vieux « Lagartijo » et le jeune « Guerrita » donnèrent ensemble la suerte al alimon.

De nos jours, on ne la voit plus guère que dans des élevages, lors des *tientas** ou *fiestas camperas*, pratiquée par des amateurs. C'est d'ailleurs, comme le remarque L. Bollain, le *quite** idéal pour que, dans une réunion chez un éleveur, un matador réputé fasse passer le « frisson du toreo » à une vedette de l'écran.

Dans une variété un peu différente de *suerte al alimon* on voit deux diestros, tenant chacun une cape, exécuter la même passe, mais en pivotant en sens inverse, au toro qui passe entre eux. José Luis Galloso et José Maria « Manzanares » ont repris cette suerte, le 10 juillet 1973 à Pamplona, toréant al alimon par chicuelinas un toro de Antonio Martinez Elizondo.

On dit également que des toreros banderillent *al alimon* lorsqu'ils se « placent » mutuellement le toro et clouent à tour de rôle. Pepe et Luis Miguel « Dominguin » étaient coutumiers de cette suerte.

ALLUMER (S') SOUS LE FER.

Se dit d'un toro dont la bravoure jusque là discrète se révèle sous l'effet de la douleur causée par le fer de la pique. Il s'agit donc en fait d'un « retard d'allumage » qui, le plus souvent, ne donne qu'un feu de courte durée, ces toros s'éteignant durant la faena de muleta.

ALMOHADILLA : Coussin.

Ustensile (on ne peut plus recommandable étant donné la consistance des sièges de la plupart des arènes) que l'on peut louer à l'entrée des *tendidos** mais qu'il est interdit de jeter dans le *ruedo**.

ALTERNATIVA : Alternative.

ALTERNATIVA

Lorsqu'un novillero (matador de novillos ou bêtes de trois ans) prend l'alternative, il est admis à tuer des toros adultes de 4 ans et à « alterner » avec les matadors de toros, catégorie supérieure de la profession.

Les détails de la cérémonie sont ordonnés par l'article 119 du Règlement Taurin : « Lorsqu'un matador de noviilos acquerra la qualité de matador de toros, le plus ancien de ceux qui alterneront avec lui dans la corrida au cours de laquelle lui sera conférée la nouvelle qualité, lui cèdera le tour au premier toro, en lui remettant la muleta et l'épée à titre d'investiture. Le matador le plus ancien occupera la deuxième place et celui qui le suit en ancienneté la troisième, tous reprenant pour les autres toros le tour correspondant à leur ancienneté respective ».

Le récipiendaire tue donc les premier et sixième toros ; le parrain, les deuxième et quatrième ; le témoin, les troisième et cinquième.

Si l'alternative est conférée en province ou dans un autre pays que l'Espagne, elle doit être « confirmée » en plaza de Madrid suivant le même cérémonial.

En principe cette consécration doit être méritée par le novillero. Il doit avoir fait la preuve de connaissances et de moyens suffisants pour se présenter au public en corrida formelle et combattre des toros adultes. Jusqu'au début du siècle, les jeunes toreros s'aguerrissaient dans les cuadrillas de leurs ainés. Depuis les années 20, l'alternative s'est dévaluée peu à peu et d'une façon inquiétante depuis la dernière guerre. Chaque année un nombre de plus en plus grand de novilleros prennent l'alternative et 8 sur 10 ne méritent pas cette promotion. Ils y sont poussés par la crise de la novillada, qui n'intéresse pas le gros public pour qui elle n'est qu'un spectacle mineur. La seule solution serait une règlementation officielle, mais bien difficile à établir, en imposant au postulant une certaine pratique en novillada ; ce qui ne serait d'ailleurs, en aucune façon, un critère d'évaluation de ses qualités de torero.

La question de l'ancienneté des matadors n'a pas toujours été résolue avec autant de netteté que maintenant. En 1779, il fallut tirer au sort pour que Pedro Romero soit désigné comme plus ancien que « Costillares » ; au milieu du XIXe siècle, les alternatives octroyées hors de Madrid et des Maestranzas (Sevilla, Ronda, Granada, Zaragoza) ne furent pas reconnues.

Finalement, on en vint au concept logique qui veut que l'alternative soit conférée par le fait même d'alterner avec des matadors de toros, quel que soit l'endroit où se déroule l'événement. La confirmation à Madrid n'étant qu'une cérémonie protocolaire.

Le Landais « Félix Robert », le torero à moustaches, fut le premier français à prendre l'alternative et il la confirma à Madrid en 1899, la date ayant été fixée au 2 mai, de façon incongrue si l'on se souvient de la rébellion contre les troupes de Murat et de la répression qui suivit : le *dos de Mayo* de Goya.

Il y a « alternative double » lorsque deux novilleros sont sacrés matadors de toros lors de la même corrida. Il en fut ainsi pour :
— « Machaquito » et « Lagartijo Chico » le 16 septembre 1900 à Madrid,
— Carlos Lombardi et Pedro Lopez le 10 octobre 1909 à Barcelona.

Pour ces deux alternatives doubles, il y eut deux parrains chaque fois. Par la suite un seul torero transmit les *trastos** aux récipiendaires qui furent :
— « Varelito » et Domingo « Dominguin » le 26 septembre 1918 à Madrid avec Joselito,
— Aparicio et « Litri » le 12 octobre 1950 à Valencia avec « Cagancho »,
— Juan Pareja Obregon et Juan Doblado le 1er janvier 1951 à Utrera avec « Chicuelo »,
— Curro et Rafael Giron le 2 septembre 1956 à Barcelona avec leur frère César Giron,
— Pepin Vega et Diego Cadena le 25 septembre 1971 à La Algaba avec « Utrerita ».

Une curiosité historique : à Sevilla, le même jour, 28 septembre 1919, « Chicuelo » prit l'alternative dans la plaza de la Maestranza, des mains de Juan Belmonte et Juan Luis de la Rosa dans la Monumental aujourd'hui disparue avec « Joselito » comme parrain.

Dix-sept alternatives ont été octroyées en France dont celles de :
— Pierre Pouly, en Arles, le 5 septembre 1920 mais il y renonça aussitôt pour la reprendre à Barcelone le 7 août 1921,
— Jeronimo Pimentel à Bordeaux, le 30 septembre 1951, qu'il confirma à Madrid le 20 avril 1952,
— Pierre Schull, en Arles, le 12 octobre 1958, qui ne l'utilisera jamais en Espagne,
— « El Bala » en Arles encore, le 10 avril 1966 peu avant de recevoir une blessure qui entraîna une amputation de jambe et, plus récemment les toreros français suivants :
— « Simon Casas », le 17 mai 1975 à Nîmes,
— Frédéric Pascal, le 21 août 1976 à Nîmes,
— « Nimeno II », le 28 mai 1977 à Nîmes,
— « Chinito », le 4 mai 1978 à Palavas,
— Patrick Varin, le 2 septembre 1979 à Palavas,
— Richard Milian, le 5 juillet 1981 à Dax,
— « Curro Caro, le 26 septembre 1981 à Nîmes ».

On donnait autrefois l'alternative aux subalternes (banderilleros et picadors). Puis on supprima cette cérémonie toute théorique car ceux-ci actuaient indifféremment devant des toros ou des novillos.

AMORCILLADO.

Lorsqu'un toro mortellement blessé tarde à tomber, qu'il « se couvre » empêchant le matador de descabeller, qu'il lutte en écartant les pattes, on dit qu'il est *amorcillado,* terme uniquement tauromachique. C'est la dernière manifestation de la caste qui soutient ainsi le toro bravo. Cette lutte contre la mort est très belle et seuls les profanes ne la goûtent pas. Ainsi l'agonie d'un toro amorcillado est hélas ! souvent accompagnée de sifflets, ce qui ne rend justice ni au toro qui refuse de se rendre, ni au matador qui l'a estoqué dans les règles.

ANTIGUEDAD : Ancienneté

1º Pour les toros :
Une ganaderia entre dans l'ordre d'ancienneté le jour où elle présente ses produits en plaza de Madrid. L'ancienneté est attachée au fer et à la devise ; toute modification de ces caractéristiques de l'élevage entraîne la perte d'ancienneté. Par contre le changement de nom en cas de succession ou de vente ne modifie pas l'ancienneté. Outre l'élément de prestige, l'ancienneté intervient dans l'ordre de sortie des toros en cas de « concours de *ganaderías** ».

Actuellement, la plus « ancienne » ganaderia est celle de don Manuel Garcia-Aleas Carrasco ; c'est le 5 mai 1788 que Manuel Aleas présenta ses toros à Madrid (Luis Uriarte affirme que les 5 et 12 mai de cette année-là, il plut tellement à Madrid que les courses ne purent avoir lieu et que la présentation intervint le 19).

Viennent ensuite Juan Pedro Domecq (2 août 1790), Villar-Vega (14 juillet 1817), Antonio Arribas (16 septembre 1822), Mariano Sanz (3 octobre 1831)...

Si l'on se réfère à la date de création de l'élevage, c'est l'élevage de Salvador Gavira qui est le plus ancien puisqu'il descend de l'antique ganaderia de *Moruchos Castellanos* dite « El Raso Del Portillo » (XVe siècle).

2º Pour les toreros :
C'est la date de l'alternative* qui donne l'ancienneté aux matadors de toros. Pour les novilleros c'est la présentation à Madrid. Ce concept intervient pour fixer l'ordre dans lequel les matadors doivent entrer dans la lidia. Le plus ancien matador est « chef de lidia » (jefe de lidia).

APARTADO : Séparé, mis à part ou opération qui consiste à séparer, mettre à part (les toros).

Employé comme substantif désigne la mise au toril des bêtes, le matin d'une corrida, après le *sorteo* (tirage au sort).

La loge correspondant au « toril particulier » où va être enfermé le toro séparé s'appelle *chiquero* et le mot *enchiqueramiento* est synonyme d'apartado.

Pendant la feria de Bilbao, qui est véritablement celle du Toro-Toro, l'apartado fait partie du programme quotidien de l'aficionado. Comme à Madrid et Pamplona, l'apartado de Bilbao est ouvert au public mais c'est la seule arène qui dispose d'installations spéciales. Chaque toro est présenté dans une courette entourée de gradins. L'un des côtés de ces gradins est réservé aux autorités, aux vétérinaires, à *l'empresa**, aux ganaderos, aux toreros. Lorsque les *cabestros** ont conduit le toro dans cette courette, le président de la course qui officiera le soir en donne les caractéristiques : nom, *señal**, poids, couleur de la robe, ordre de sortie, matador qui l'estoquera. L'opération se déroule dans un silence religieux qui n'est rompu que par les applaudissements lorsque la bête est particulièrement bien présentée.

APLOMADO DE *PLOMO* : Plomb. *De plomo* : Plomb.

Qui a du plomb dans l'aile.

Etat du toro alourdi tel qu'il doit se présenter en fin de faena de muleta. C'est le 3e état du toro après qu'il ait été *levantado* à sa sortie du toril puis *parado* après les piques.

APODERADO : Fondé de pouvoir, manager, impresario.

Depuis quelques décennies, son importance s'est considérablement accrue et sa responsabilité dans l'évolution de la corrida est grande.

Jusqu'aux premières années du XXe siècle, les matadors étaient des hommes mûrs, capables de gérer leurs affaires et surtout confrontés à des problèmes considérablement moins complexes que ceux de la vie moderne. Lorsque, pour devenir matadors, les toreros n'eurent plus à passer par un long apprentissage dans les cuadrillas des maîtres, on vit apparaître des professionnels de 16 ou 17 ans, issus le plus souvent de milieux modestes, parfois illettrés. Les représentants des matadors, chargés jusque là de l'intendance, devinrent les véritables interlocuteurs des organisateurs de corridas. Avec l'arrivée dans le métier d'un ancien matador obscur mais supérieurement intelligent et avisé, José Florés « Camará », la figure de l'apoderado a pris des dimensions nouvelles. Lorsque après la guerre civile, il se chargea des intérêts de l'idole du moment, « Manolete », on vit l'importance qu'allait prendre l'apoderado dans le *bull-fight-business*. Antonio Diaz Cañabate le qualifia de « plus grand pontife du nouveau marché taurino-administratif ».

APARTADO

Conscient de détenir la clé des affaires taurines avec le torero-vedette qui remplit les arènes, l'apoderado en est arrivé à imposer ses exigences qui, outre les prétentions financières normales, comprennent des manœuvres tendant à diminuer le risque couru par son mandant.

Défendant les intérêts de son poulain, l'apoderado défend les siens puisqu'il est rémunéré au pourcentage. Et lorsque cet apoderado a le génie des affaires comme « Camará » ou le célèbre découvreur d'« El Cordobés », « El Pipo », son influence dans le milieu taurin est considérable.

Les organisateurs de corridas importants, se rendant compte du danger, se sont faits eux-même apoderados. Avant la guerre, l'*empresa** de Sevilla, Madrid, San Sebastian et autres lieux, Eduardo Pagés avait tracé la voie en prenant parfois sous contrat d'exclusivité pour une saison ou une tournée, les grandes vedettes que furent Juan Belmonte (dans sa dernière période), Rafael « El Gallo » ou Domingo Ortega. Actuellement les empresas importantes (Balañá, « Chopera », « Camará », les frères Lozano...) sont, de différentes manières, les apoderados de toreros cotés.

Le flair du découvreur est à l'apoderado ce que le *duende** est au torero. S'il est facile à un manager influent de débaucher les découvertes des autres, il est indéniablement plus délicat de miser sur un inconnu. L'homme possédant le plus de flair a été Rafael Sanchez surnommé « El Pipo », pittoresque personnage au sombrero noir et au havane impressionnant, qui fit et perdit plusieurs fortunes successives grâce à un « nez » exceptionnel et à des goûts dispendieux. Dans les années 60, il découvrit successivement « El Cordobés », José Fuentes et Curro Vazquez qui sont ou furent tous trois des toreros « intéressants ».

APODO : Surnom, sobriquet, pseudonyme.

De tous temps de nombreux toreros ont pris un *apodo*. Pour différentes raisons :
— parce qu'ils étaient connus ainsi avant de toréer,
— pour se différencier d'un autre torero plus ancien portant le même patronyme,
— parce qu'un père, un frère, un parent était devenu avant eux un torero célèbre,
— parce que leur propre nom était trop commun, ou trop difficile à prononcer ou ridicule.

Ces surnoms sont :
— soit des diminutifs du nom : « Varelito » pour Vare, « Saleri » pour Sal, « Guerrita » pour Guerra...
— ou du prénom : « Paquirro », « Pacorro », « Paquirri », « Currito » pour Francisco ; « Joselito », « El Pepe » pour José ; « Manolete », « Manole » pour Manuel...
— soit découlant du lieu de naissance : « El Malagueno », « El Castellano », « El Salamanquino », « El Ecijano », « El Jerezano », « Alcalareño »...
— soit découlant du précédent métier ou de celui du père : « El Sombrerero », « El Panadero », « El Barbero », « El Platero », « El Huevatero », « El Relojero », « El Marinero », « El Espartero »...
— soit parce que ce surnom fut celui d'un parent : « Dominguin », « Chicuelo »... lorsque le frère aîné est déjà connu sous cet apodo, on fait suivre celui-ci de « Chico » (petit) : « Lagartijo Chico », « Maera Chico »...
— soit venant d'une particularité physique : « El Quemado » (brûlé), « Ojitos » (petits yeux), « Cuatro Dedos » (quatre doigts), « El Zurdo » (gaucher), « Gordito » (petit gros), « Cara Ancha » (figure large), « Morenito » ou « Morenillo » (brun), « Rubio » (blond) et... notre « Pouly » national (joli en provençal).
— soit de pure imagination : - publicitaire : « Clasico », « Maravilla », « Professor », « Temerario »,... - fantaisiste : « El Bala » (la balle), « Gazolina », « Brujo » (sorcier), « Zorro » (renard), « Caracol » (escargot).

Les toreros ne sont pas les seuls taurins à porter un apodo. Les *revisteros* (journalistes) en font autant. Nous avons en France : « Paco Tolosa » (A. Lafront), « Don Fernando » (F. Lapeyrére), « Perdigon » (J. Cavaillès), « Paquito » (F. Cantier)...

Des apoderados et des organisateurs ont conservé l'apodo sous lequel ils étaient connus comme toreros (« Camará », « Valencia »...) et parfois leur fils après eux reprennent le pseudonyme.

Parmi les apodos célèbres « Chicuelo II » et son frère « Chicuelo III » n'avaient aucun lien de parenté avec le grand « Chicuelo » (qui lui-même n'était pas le premier « Chicuelo »). Dans le cas des premiers, l'apodo fut choisi à cause de l'identité du patronyme (Jimenez).

ARAGONESA : Aragonaise.

Voir de *Frente por detras*.

ARENEROS.

Employés des arènes chargés de l'entretien du ruedo pendant la corrida : nettoyage après l'arrastre, aménagement de la piste, réparation de la barrière (dans ce cas il s'agit du *carpintero*, charpentier), épandage de sciure en cas de pluie.

ARRANCADA : Charge brusque (du toro).

Voir *Acometida*.

ARRASTRE : Opération de traînage.

Arrastrar c'est traîner le cadavre du toro (ou autrefois du cheval) hors du *ruedo** vers le *matadero** où il sera débité.

Le *train d'arrastre* est un attelage de mules ou de chevaux affecté à l'arrastre. L'article 33 du réglement prévoit deux attelages de mules. Les mules du train d'arrastre sont harnachées de luxe avec drapeaux, grelots, dorures...

Lorsque la présidence accorde un tour de piste à la dépouille de la bête, le train d'arrastre doit effectuer celui-ci au pas.

Le train d'arrastre, pour des raisons d'économie ou d'absence dans les petites arènes, est parfois remplacé par un engin motorisé ; on a déjà vu officier ainsi des camions, des tracteurs, des jeeps, et pendant la guerre civile espagnole... un tank. En 1961, à Beyrouth on vit arrastrer une grue sur roues. En 1961 également, à Barancabermejo (Colombie) pour la Fête du Pétrole, l'arrastre se fit par hélicoptère (ce dont fut privé par les autorités, Salvador Dali, qui en rêvait pour Figueras !).

En 1956, à Soria, on parla de remplacer les mules par un tracteur. La Fédération des Sociétés Taurines Espagnoles fit paraître dans la presse le communiqué suivant :

« Nous avons appris le projet de l'*empresa** de Soria de remplacer l'arrastre du toro par un tracteur. Nous ne pouvons que nous opposer à cette décision qui modifie de manière antiesthétique une des traditions les plus antiques de notre fête. Nous aimons et défendons le progrès dans la science

ARRASTRE

mais nous nous y opposons lorsqu'il tend à mécaniser ce qui par tradition était plus beau auparavant pour le même résultat. Nous demandons instamment aux autorités et à l'aficion de Soria, chargées de veiller à l'intégrité de la Fiesta, de ne pas permettre une aussi grande mutilation du contexte beau et coloré de la corrida ».

La Fédération eut évidemment gain de cause.

ARREGLAR (LOS PIES) : Régler, arranger (les pieds... du toro).

C'est amener le toro, par les mouvements de muleta convenables, à placer les deux pieds antérieurs sur une même ligne perpendiculaire à l'axe du taureau. Si les postérieurs sont également alignés, le toro est cadré (*cuadrado*). Cette manœuvre du matador précède l'estocade. On admet généralement que si les pieds antérieurs ne sont pas alignés, le quadrilatère osseux à l'intérieur duquel doit s'enfoncer l'épée se trouve déformé et plus difficile à atteindre. On sait que ce quadrilatère est formé par la colonne en dedans, l'omoplate en dehors, une côte en avant, une côte en arrière. Et si le matador entre a matar à toro non cadré, des protestations s'élèvent des tendidos.

Il s'est cependant trouvé pour contester le bien fondé de la manœuvre :
— des raisonneurs qui rappellent les milliers de toros bien tués *a recibir, arrancando, a un tiempo, aguantando*... c'est-à-dire le toro n'étant pas immobile, donc non « cadré »,
— des *estoqueadores* célèbres, dont *Mazzantini*, qui pensaient qu'il n'y a aucun inconvénient à entrer *a matar* si le toro a la jambe droite en avant ;
— de savants vétérinaires, tels le Professeur Bressou, qui pensent que le « cadré » ne facilite pas spécialement la pénétration de l'épée.

Les curieux se trouveront bien de lire la thèse de Paul Maubon « La corne du taureau de combat » ; les autres se contenteront de l'opinion de l'aficionado orthodoxe : il faut *arreglar los pies* avant d'entrer *a matar*.

ARRIMARSE : S'approcher.

En fait dans la terminologie tauromachique, on entend plus couramment « s'accrocher », « s'attaquer à l'ouvrage »... ce qui sous-entend évidemment qu'il faut « s'approcher » de la bête et donc faire preuve de courage et de volonté. Les aficionados français disent « s'arrimer ».

Arrímate ! C'est le cri qui part régulièrement des gradins à l'adresse du torero pusillanime. Ce qui pallie rarement sa déficience.

Trois anecdotes le confirment.

Arrímate ! hurlaient un soir les *bilbaínos* à Mazzantini qui se montrait peu soucieux de les satisfaire. *Arrímate !* s'époumonnait un spectateur des barreras qui se montrait si insistant qu'il finit par agacer Don Luis. Bientôt, excédé, le torero s'approcha du tendido et demanda à l'aficionado : Qu'est-ce que vous voulez avec vos hurlements ?
— Que vous vous arrimiez ou que vous vous retiriez !
— Eh bien, conclut Mazzantini, imperturbable, je ne m'arrime pas et je ne me retire pas. Est-ce que je puis faire autre chose pour vous ?

Dans des circonstances identiques, le grand picador « Badila » s'écria :
— Vous ne pensez tout de même pas que je vais danser la *habanera* avec le toro !

Et « Currito », le fils du grand « Cúchares » :
— Laissez tomber ! Le toro en fait bien assez lui-même pour s'approcher de moi !

ARROBA : Arrobe.

Ancienne unité de mesure espagnole équivalant à « un poids de vingt-cinq livres à seize onces la livre ». Il y a quelques décades, elle servait encore à évaluer le poids de la carcasse du toro dépouillé et vidé, c'est-à-dire sans tête ni aucun viscère, soit les quatre quartiers plus la queue. Elle est aujourd'hui pratiquement abandonnée étant donné la complexité de cette base de calcul que les Anglais devaient envier aux Espagnols. Une arrobe vaut en effet 11 kilos 502. Le rendement en viande du toro de combat étant reconnu à 63 %, on peut retenir la table de correspondance suivante :
— 10 arrobas = 115 kilos de viande correspondant à 182,500 kg. en vif.
— 15 arrobas = 172,500 kg. de viande correspondant à 273,800 kg. en vif.
— 20 arrobas = 230 kg. de viande correspondant à 365 kg. en vif.
— 25 arrobas = 287,500 kg. de viande correspondant à 456,500 kg. en vif.
— 30 arrobas = 345 kg. en viande correspondant à 547,600 kg. en vif.

Un toro combattu en plaza de première catégorie doit peser au minimum 460 kg. soit 25,2 arrobas ; en plaza de deuxième catégorie, 435 kg. ou 23,8 arrobas ; en troisième catégorie, 410 kg. ou 22,4 arrobas.

Mais les « vieux aficionados » vous diront qu'au dessous de 28 arrobas, un toro est une chèvre !

ARRUCINA.

Passe de muleta ainsi appelée du nom de son créateur, le mexicain Carlos Arruza qui la donna le 2 avril 1945 à Barcelona.

La muleta tenue dans la main droite et aggrandie par l'épée est portée dans le dos du torero par le bras replié et l'étoffe vient ainsi dépasser le flanc ou la cuisse gauche de l'homme. Le toro est appelé sur cette petite surface de leurre et, *a jurisdiccion**, le torero pivote, dans un sens ou dans l'autre, élevant la muleta au-dessus de la bête s'il tourne en sens inverse de la course du toro.

Personne ne se plaindra de ne voir cette suerte baroque et inefficace, que très exceptionnellement exécutée.

ASPERO : Apre, rugueux.

Se dit d'un toro rude, acharné, de charge désordonnée.

ASTA ou CUERNA ou PITON : Corne du toro de combat.

La corne du toro prend son

Ch. Bernheim, phot.-édit.; O. A., à Nîmes.
5 Toros de MIURA, 1 de LIZASO
destinés à la Corrida du 7 Octobre 1906, à Nîmes.
Matadores : MACHAQUITO et COCHERITO de Bilbao.

ASTA ou CUERNA ou PITON

insertion sur le côté supéro-externe de l'os frontal. Elle continue par sa base la ligne du chignon, et chez les animaux au profil très convexe, elle se dirige légèrement vers l'arrière. A 10 cm de sa naissance, elle s'infléchit pour décrire un arc de cercle dirigé vers l'avant, dans un plan horizontal. Cet arc de cercle se continue par une ligne droite parallèle à l'axe longitudinal de l'animal, et légèrement ascendante. Cette ligne se termine par la pointe nettement dirigée vers le haut, et légèrement tournée vers l'intérieur.

Les deux cornes de l'animal doivent être symétriques par rapport à l'axe longitudinal de son corps. La figure qu'elles dessinent dans l'espace est connue sous le nom de « berceau ».

Les Espagnols divisent la corne du toro de combat en trois parties :

a) - Le *PITON* ou pointe est la partie terminale relevée ; c'est dans cette région, généralement de couleur noire que la corne présente son diamètre minimum. Cette partie acérée, dure, se termine par le « diamant » qui, sur des cornes intactes, est un cône étiré, comparable à la moitié d'un gros noyau d'olive. Mais sa description est difficile car les coups en marquent la surface qui apparaît taillée de facettes ou aplatie dans le plan horizontal. Le piton et son diamant, ou gland, comme on le désigne dans les milieux taurins, s'étendent sur 10 cm de long environ.

Cette pointe a une importance capitale dans la corrida. Intacte et acérée, elle glisse sur l'étoffe de la cape ou de la muleta, sur le satin tendu de la culotte ; atteignant le torero elle produit une blessure pénétrante mais nette, comme avec un instrument tranchant ; elle coupe et perce.

b) - La *PALA* ou partie médiane, d'une longueur de 20 cm environ, est de section circulaire et c'est à son niveau que la courbure de la corne est minime. Sa couleur est encore foncée, mais laisse prévoir l'éclaircissement basal.

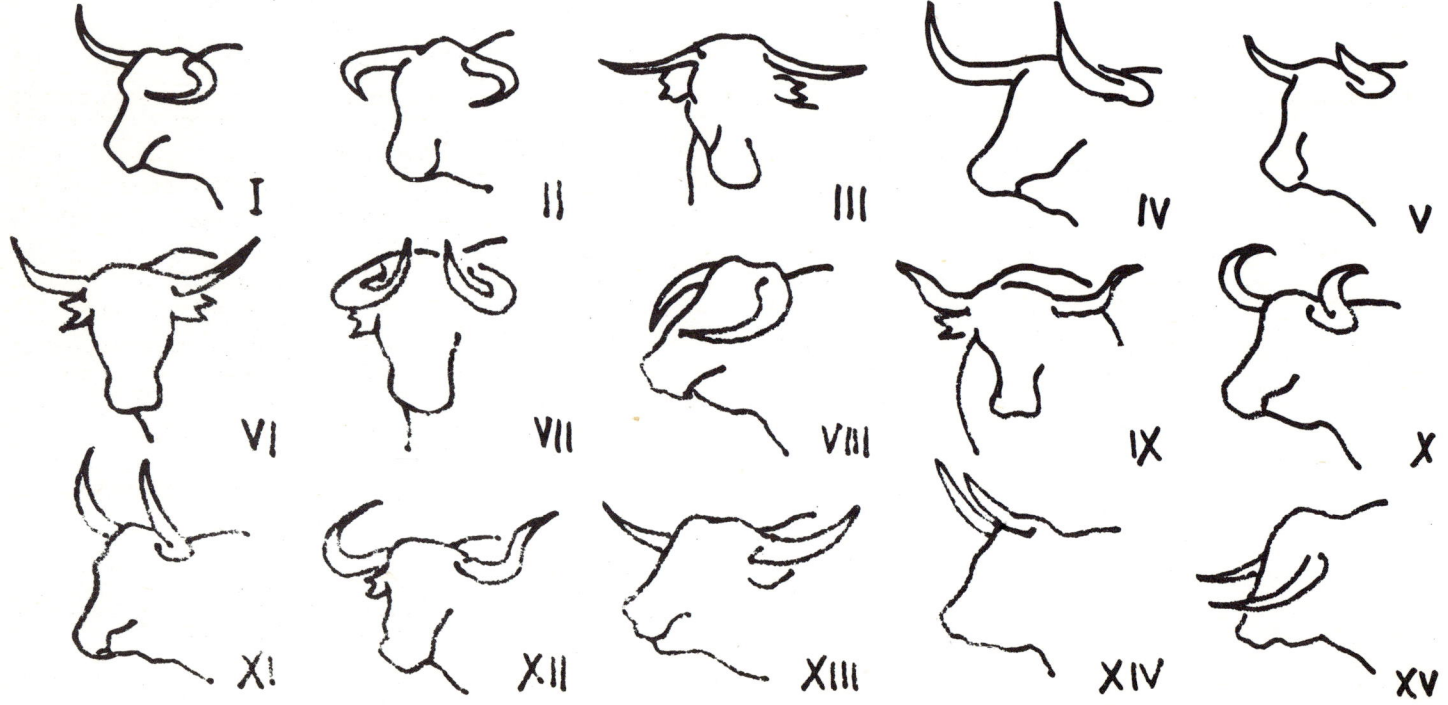

c) - La *CEPA* ou base représente la partie inférieure de la corne qui dessine un arc de cercle. Sa section est ovalaire mais la courbure de la face externe est beaucoup plus accentuée que celle de la face interne. Sa surface est chagrinée, porte des écailles plus ou moins exfoliées et des sillons circulaires peu nets. Sa teinte est brunâtre et s'éclaircit sur les animaux peu pigmentés.

La cepa se continue par la peau, peu chargée en poil mais recouverte d'un abondant furfu qui traduit l'intense activité métabolique en cette région.

Qualificatifs du toro en fonction de l'aspect des cornes :

I - *BIZCO* : lorsqu'une des cornes est plus basse que l'autre.

II - *BROCHO* : aux cornes un peu tombées et aux pointes rapprochées.

III - *CAPACHO* : aux cornes un peu tombées et aux pointes ouvertes.

IV - *CORNALON* : aux cornes très développées.

V - *CORNICORTO* : aux cornes courtes.

VI - *CORNIABIERTO* : aux cornes normalement plantées mais dont les pointes s'écartent l'une de l'autre.

VII - *CORNIAPRETADO* : aux cornes normalement plantées mais dont les pointes se rejoignent.

VIII - *CUBETO* : aux cornes tombées se rejoignant.

IX - *CORNIPASO* : aux cornes dont les pointes se retournent vers l'extérieur.

X - *CORNIVUELTO* : aux cornes dont les pointes se tournent vers l'arrière.

XI - *CORNIVELETO* : aux longues cornes dressées vers le ciel.

XII - *PLAYERO* : Corniabierto dont les cornes se tournent vers l'arrière.

XIII - *CORNIAVACADO* : aux cornes dont la naissance est placée en arrière et ouvertes.

XIV - *CORNIDELANTERO* : aux cornes dont la naissance est placée en avant.

XV - *CORNIGACHO* : aux cornes dont la naissance est placée plus bas.

Détermination de l'âge par examen de la corne.

L'étui corné proprement dit n'est visible chez le toro de combat qu'à partir du deuxième mois.

La croissance de la corne s'effectue alors de façon assez régulière jusqu'au dix-septième mois à raison d'un centimètre par mois. Mais la courbure de la future corne s'ébauche dès six mois. Chez le *becerro**, la surface de l'étui corné est inégale et écailleuse. Une couche épidermique semblable à celle que l'on voit sur le sabot des poulains nouveaux-nés la recouvre puis s'exfolie vers un an.

C'est la puberté qui détermine ce changement des caractères de la corne, maintenant plus brillante, plus lisse, plus dure et marquée à sa base d'un anneau à peine perceptible. Tout près de la peau, il établit la limite d'un premier cornet emboîtant toute la pousse de la corne.

Le bourrelet continuant à produire de la substance cornée, les nouvelles couches se trouvent placées en dedans de l'ancien étui dont le bord basal s'élève naturellement de quelques couches au-dessus de la nouvelle pousse. Cette solution de continuité, cette dénivellation se traduit par l'anneau qui ceint la base de la corne. De vingt mois à deux ans apparaît un nouvel anneau déprimé, véritable sillon superficiel. Il signe la naissance d'un troisième étui corné qui s'emboîtera dans les deux précédents.

A trois ans, les deux premiers anneaux disparaissent pour céder la place à un troisième, permanent cette fois, que l'on regarde quelquefois à tort comme étant le premier. Les tubes cornés qui s'en détachent montent jusqu'à la pointe de la corne où leur jonction forme comme une « mouche », le fameux diamant, ce que les Espagnols appellent *bellota*, très net jusqu'à trois ans.

A quatre ans on assiste à la formation d'un nouvel anneau au ras de la peau, et ainsi successivement chaque année voit la naissance d'un sillon annulaire, inférieur aux précédents.

Ces sillons sont utilisés pour déterminer l'âge des animaux.

Il s'agit de les compter en procédant de la pointe de la corne vers la base. Puisque le premier sillon perceptible est apparu à trois ans, il convient d'ajouter deux au nombre total de sillons présents pour avoir l'âge du toro.

15 CORRIDA DE TOROS. — *Un pase de muleta*. — LL.

ASTA ou *CUERNA* ou *PITON* : Toro Corniveleto

ASTIFINO : Aux cornes fines.

Etat naturel du toro dont les cornes doivent présenter un développement régulier et se terminer par le diamant (voir : *asta*).

Le toro qui n'est pas *astifino* est dit :
— *afeitado** si la réduction de la corne est dûe à la main de l'homme ;
— *astillado** ou *escobillado* lorsque la pointe est éclatée.
— *mogon* si la réduction de la corne est dûe à une cause naturelle et si la surface de la pointe est lisse ; si la cause est dûe à la maladie (ver dit *hormiguillo*), le toro est dit *hormigon*.

ASTILLADO.

De *ASTILLA* : fragment, esquille, éclat. Se dit d'un toro dont la pointe de l'une ou des deux cornes est éclatée et se divise en plusieurs brins. Si l'éclatement est prononcé et si le bout de la corne présente l'aspect d'un balai (*escoba*) on dit du toro qu'il est *escobillado*.

C'est le résultat de coups de cornes donnés dans des matières dures et rigides comme les murs des *corrales* ou des *chiqueros*, le bois des cages, de la barrière ou des *burladeros**. Le résultat est d'autant plus grave que la pointe présente moins de résistance pour avoir été « afeitada » (voir : *asta*).

ATORADO : Engorgé, embourbé.

Un matador est *atorado* lorsqu'il est saturé de toros pour avoir participé à de trop fréquentes corridas. C'est la rançon du succès. Certaines vedettes prennent part en été à des corridas presque quotidiennes. A la tension nerveuse que cela suppose, s'ajoute la fatigue des voyages parfois organisés d'une manière démentielle. Le matador atorado perd alors l'envie, le goût de toréer et se cantonne dans la médiocrité, se contentant de *cumplir** ou d'être *regular**.

ATRAVESADA : voir *estocada*

ASTIFINO

AVISADO : Avisé, averti.

Toro que l'instinct ou une *lidia** déficiente porte à se rendre rapidement compte de la réalité du danger ; il s'avise alors que l'ennemi n'est pas le leurre mais la main qui le manie.

On dit aussi que le toro est *de sentido**.

Le grand « Paquiro » ayant eu à combattre un toro de *mucho sentido* s'en défit d'une première et heureuse estocade à *media vuelta*. Il déclara ensuite : « Si j'avais raté mon coup, je serais allé me changer pour qu'il ne me reconnaisse pas ».

AVISO : Avis.

C'est un rappel à l'ordre dispensé par les *clarines* sur l'ordre de la présidence.

Dès que le matador a donné la première passe de sa faena de muleta, le règlement lui donne dix minutes pour estoquer son toro. Lorsque ces dix minutes sont écoulées, si le toro est toujours debout, la présidence au moyen d'une sonnerie de clairon avertit le matador que le temps qui lui était imparti est écoulé. Trois minutes plus tard, si le toro est toujours vivant, sonne un second rappel à l'ordre. Enfin à la quinzième minute, le troisième et dernier avis retentit.

Le matador doit alors cesser son travail et se retirer à la barrière. Les *cabestros** pénètrent dans le ruedo et conduisent le toro au corral où il sera achevé.

Actuellement, alors que la faena a tendance à s'allonger démesurément pour plaire au public, le président oublie souvent de regarder sa montre si le matador réalise un travail de qualité. Ce qui n'est pas pour plaire aux puristes comme Vicente Zabalá qui souhaiterait l'installation dans toutes les arènes d'une pendule automatique qui déclencherait une sonnerie aux moments réglementaires.

AYUDADO : Aidé.

PASE AYUDADO : passe aidée.

On appelle ainsi toute passe des deux mains ou de la gauche, dans laquelle l'épée soutient, aggrandit ou dirige la muleta. Il est d'usage, malgré la présence obligatoire de l'épée, de ne pas ranger systématiquement dans les aidées les passes de la droite.

On hésite à en attribuer la paternité à « Cúchares » ou à Manuel Dominguez « Desperdicios ».

On distingue les aidées hautes (*ayudados por alto*) et les aidées par le bas (*ayudados por bajo*). On y ajoute de rares passes exécutées à hauteur moyenne et dites « aidées de ceinture ».

Les aidées hautes peuvent se donner les pieds joints ou non, le toro venant de la droite ou de la gauche. Leur finalité peut être de redresser la tête du toro mais elles constituent surtout un début de faena élégant. Parfois l'immobilité de l'homme, pieds joints, l'a fait appeler « Statuaire » (*estatuario*). La valeur technique de cette passe est très limitée car rester immobile n'est pas toréer. Lorsque Rafael « El Gallo » la remit en honneur au début du siècle ses ennemis la nommèrent *pase del celeste imperio* voulant dire qu'elle n'était bonne qu'à mystifier les Chinois. Cette note méprisante devait disparaître lorsque les grands gitans (« Cagancho », « Gitanillo »...) la reprirent avec éclat. Quand Manolete plus tard en abusa, elle reçut le nom de *guarda barrera*. Le pathétisme du mexicain Luis Freg lui valut l'appellation de *pase de la muerte*.

Luis Procuna avait pour sa part imaginé une aidée haute baroque dans laquelle le diestro pivote en fin d'éxécution, reprise par Joaquin Bernadó, et appelée *san juanera*.

Personne n'a eu l'idée de mésestimer les ayudados por bajo et c'est l'apanage des grands toreros que de savoir les donner avec efficacité et

PASE AYUDADO

beauté. Cette fois le toro est toréé ; la muleta termine par une courbe sèche la ligne droite initiale et la suerte convient au toro qui charge étourdiment ou se révèle fuyard. En fonction du *genio** de l'animal le diestro pourra la rendre rugueuse pour châtier un animal âpre comme le faisait si bien Domingo Ortega ou suave et caressante à la manière d'Antonio « Bienvenida ».

L'ayudado por bajo est, avec le *doblon**, la suerte où la position à genoux se justifie le mieux.

La principale des aidées de ceinture est le *kikiriki** dont le parrainage des « Gallos » a fait la célébrité.

On parle de naturelle* aidée lorsque le torero faisant une passe normale de la gauche pique la pointe de l'épée, tenue dans la main droite, dans l'extrêmité de la muleta. Ceci est tolérable lorsqu'il y a du vent, ou dans les premières passes d'une série, lorsque le matador vient de prendre la muleta de la gauche et n'est pas encore sûr du comportement du toro.

Hierro de « Pinto Barreiros »

BABOSA : Limace.

Se dit, de façon figurée, d'un toro petit et inoffensif. Ce n'était pas le cas du toro d'Urquijo pesant 607 kilos, en face duquel Antonio Ordonez réalisa le 22 avril 1967 à Sevilla, une faena fabuleuse. Or ce toro s'appelait « Babosa ».

BAJO : Bas.

PASE POR BAJO : passe par le bas.

Passe de muleta, aidée ou non, ayant en général pour but de châtier, en opposition à la passe par le haut qui tend plus particulièrement à alléger ou soutenir.

Voir *ayudado* et *doblon*.

BAJONAZO.

Coup d'épée porté excessivement bas. Le suffixe *azo* vient apporter une nuance péjorative à ce qui serait sans lui une *estocada baja* et signifie en général que le coup a été porté sans vergogne et effrontément. Par exemple, d'un toro vraiment dangereux, on dira que le matador a été forcé de s'en débarrasser d'une estocade basse. D'un matador qui n'a pas accepté de prendre des risques raisonnables, on dira qu'il a liquidé le toro d'un *bajonazo*. Il suit de là que le bajonazo est souvent suivi d'une *bronca* — ou en tout cas il devrait l'être — puisque, porté en esquivant complètement le risque de la corne droite, il trahit l'éthique de la corrida.

BALLESTILLA.

Flamme, espèce de lancette dont les maréchaux se servaient pour saigner les bêtes.

Etait utilisée à la fin du XIXᵉ siècle pour une forme de *descabello**.

BANDERA : Drapeau.

Pase de la bandera : passe du drapeau.

Passe spectaculaire mais sans valeur qui voit le toro, ni dirigé ni commandé, passer tout droit sous la muleta tenue à bout du bras droit par le torero qui pivote sur place dans le sens contraire à la course du toro. C'est le dernier recours du torero en échec pour forcer le succès auprès d'un public peu exigeant.

Cette passe peut être faite lorsque le toro a peu de charge ou même reste immobile, le torero « marchant à la queue ». C'est alors le torero qui passe au lieu du toro et la figure devient ridicule.

La bandera peut avoir par ailleurs l'inconvénient de pousser le toro à trop relever la tête au moment de l'entrée *a matar*.

HASTA LA BANDERA : jusqu'au drapeau.

Se dit lorsque la plaza est remplie de spectateurs et qu'on affiche le *no hay billetes* (« plus de billets »).

TORO DE BANDERA.

Toro d'une caste exceptionnelle s'étant comporté tout au long de sa lidia d'une manière exemplaire. Il arrive que la présidence, sur pétition du public, lui accorde la vie sauve ; plus souvent sa dépouille est seulement honorée d'un tour de piste.

BANDERILLAS : Banderilles.

Encore appelées *rehiletes, garapullos, palos, palitroques* et en français : « fuseaux ».

Ce sont des bâtonnets de section circulaire, de 65 à 70 centimètres de long, engainés de papiers de couleur et terminés par un harpon de 4 centimètres de long pour 16 millimètres de large.

Il est communément admis que l'usage en dérive de celui du *rejon**. Lorsque les toreros sont descendus de cheval pour combattre le toro à pied, le rejon est devenu banderille. Aux premiers temps, les toreros tenaient la cape d'une main et une banderille — une seule — de l'autre, qu'ils clouaient n'importe quand et presque n'importe où... pourvu que ce soit aux

BANDERILLAS

alentours du *morrillo**. La coutume de poser les banderilles par paires remonte pour les uns au fameux Licenciado de Falces, immortalisé par Goya, pour les autres aux subalternes de Francisco Romero.

La finalité du *tercio de banderillas* n'est à vrai dire pas claire. S'agit-il de laisser souffler le toro après la dure épreuve des piques, voire de le ranimer et de l'exciter ? S'agit-il au contraire de compléter l'action des picadors en réglant sa tête pour le préparer à la mort ?

Ce qui est certain c'est qu'un deuxième tiers mal conduit ou trop long, comportant de nombreux *capotazos* amène le toro à se décomposer et à s'aviser. Au point que Ricardo Torres « Bombita » avait demandé que les toros ne soient banderillés que si le matador le jugeait opportun et Federico Alcazar souhaitait que l'on supprimât cette suerte.

Cependant cette action de l'homme désarmé, *a cuerpo limpio**, constitue un épisode gracieux et vif, quand il est bien mené et lorsque l'homme, après avoir décrit une légère courbe, s'immobilise et redresse son corps devant la tête du toro (*cuadrarse en la cabeza*), lève haut les bras en joignant les poignets et cloue avec force les deux bâtons « dans un même trou » sur le *morrillo**, avant de sortir de suerte avec élégance, spectacle à vrai dire trop rare !

Les trois banderilleros d'une cuadrilla se répartissent la pose des banderilles aux deux toros de leur maestro de la manière suivante :

Les première et troisième paires sont posées au premier toro par le plus ancien des subalternes et au second toro par le plus jeune ; la seconde paire de chaque toro étant à charge de l'autre péon.

La manière commune de poser les palos est le *cuarteo** qui peut, si la charge du toro est inattendue et rapide, et le banderillero athlétique et valeureux, devenir de *poder à poder**.

Les paires *a media vuelta**, *a toro corrido* voire *al relance**, se voient avec des toros difficiles et des péones trop peureux ou manquant de moyens physiques.

Le maestro peut prendre les bâtons, parfois sous la pression du public qui le réclame, mais il doit alors se distinguer par un cuarteo impeccable servi au centre du rond, par un *quiebro** brillant, ou par une paire *al sesgo**.

En vérité, il ne doit pas le faire pour compenser sa faiblesse à la cape ou à la muleta mais pour montrer qu'il domine la course de bout en bout. « Lagartijo », Fuentes, « Joselito » furent des banderilleros incomparables. Le méxicain Gaona plaça une des paires les plus mémorables de l'histoire taurine le 8 juillet 1915, restée fameuse sous le nom de *el par*

CUADRARSE EN LA CABEZA

(Paquirri à Arles)
Photo L. Clergue

BANDERILLAS

de Pamplona. C'est à ses merveilleuses paires de poder a poder qu'un autre mexicain, Carlos Arruza, doit en partie son large succès péninsulaire. Lors de sa présentation à Madrid, le 18 juin 1944, après sa troisième paire, la plaza se couvrit de mouchoirs réclamant déjà l'oreille.

Comme la *suerte de varas**, comme les *quites**, comme l'estocade, le deuxième tiers est de nos jours bien souvent sacrifié à ce qui est devenu le clou de la corrida ; la *faena de muleta*.

A côté des banderilles normales, on trouve :
— les banderilles courtes parfois utilisées dans la pose *al quiebro**,
— les banderilles *de lujo* (de luxe) que de riches ornements de papier et des rubans rendent difficiles à manier,
— les banderilles « noires », placées comme on le peut, au toro superlativement *manso** sur ordre de la présidence qui exhibe à cet effet un mouchoir rouge, dont le harpon est un peu plus long que le normal mais qui sont surtout un signe de déshonneur infligé au ganadero. On les appelle aussi les veuves (*viudas*), à cause de la couleur du papier : deux bandes noires encadrant une bande blanche.

On a employé, de 1791 jusqu'en mars 1950, une invention de José Ruiz « El Calesero », les banderilles *de fuego* (de feu) contenant des cartouches de poudre qui explosaient lors de la pose et qui étaient réservées aux toros refusant les piques. Ce sont ces instruments barbares que les « noires » ont remplacés.

Un aficionado, Alfonso de Aricha, proposa un jour que les toros trop faibles pour subir trois piques ne reçoivent qu'une paire de banderilles de couleur verte ce qui interdirait automatiquement au matador l'obtention d'un trophée quelconque. La proposition n'eut pas de suite.

GAGNER LA TETE

L'expression est utilisée en pratique dans la suerte de banderilles au cuarteo, lorsque le banderillero, qui est parti pour décrire un arc de cercle tel qu'il se trouve devant la tête du toro lorsque les trajets de l'homme et de la bête seront prêts à se croiser, s'aperçoit qu'il va être pris de vitesse et risque, *a jurisdiccion** d'être devant la corne du toro, donc en danger, plusieurs solutions sont alors possibles : la sortie en faux pure et simple, la pose des banderilles *cambiando los terrenos* — suerte risquée et difficile — et la manœuvre suivante : le torero modifie la courbe de l'arc de cercle qu'il décrit en raccourcissant le rayon de ce dernier. Le trajet à parcourir est donc plus bref. L'homme peut alors « gagner la tête du toro » et clouer.

BANDERILLERO : Celui qui pose les banderilles.

BARBA : Barbe.

CON TODA LA BARBA : Se dit d'un véritable toro, d'âge et de trapío.

BARBEAR : Atteindre avec le menton.

C'est ce que fait le toro qui passe la tête sur la barrière cherchant un refuge dans le *callejon*. C'est un réflexe de toro manso et il n'est pas rare que la bête saute ensuite dans le couloir.

BARBERO : Barbier, coiffeur.

SUERTE DEL BARBERO : Suerte du coiffeur : *afeitado**.

BARRERA : Barrière.

Cette barrière délimite le *callejon** dans le *ruedo** ; barrière de bois dans laquelle sont ouverts les accès aux *burladeros** extérieurs (dans la piste), les portes du *patio de caballos* et du *patio de cuadrillas* ainsi que celle du toril. Au bas de la barrière, à une vingtaine de centimètres du sol, court un marchepied (*estribo*) permettant aux toreros de prendre appui pour sauter. On appelle aussi la barrière, *las tablas* (les planches).

D'autre part, on nomme ainsi le premier rang des gradins, situé immédiatement au-dessus du callejon dont il est séparé par la *talanquera*.

Le second rang est la *contrabarrera*.

Il est à remarquer que les places de *barrera* ou de *contrabarrera* sont vendues sous cette appellation. Le terme de premier rang des gradins (*fila una de tendidos*) désigne donc en fait le troisième rang.

BASTO : Grossier, rustre.

Se dit d'un torero dont l'allure n'est pas élégante, qui n'a pas la *planta torera* ; lorsqu'il est petit, a les jambes courtes et trop musclées, la taille épaisse.

BECERRO.

Terme qui s'applique au veau, de sa naissance jusqu'au moment où il est qualifié de novillo (3 ans). Péjorativement sera traité de becerro, le novillo ou le toro dont l'aspect ou les facultés s'apparenteront plus à ceux du veau que de l'adulte.

Les becerros sont réservés aux courses pour débutants *becerradas* ou « novilladas sans picador ». Les toreros sont alors des *becerristas*.

Les becerradas sont essentielles dans le schéma taurin. C'est là que se révèlent et s'aguerrissent les jeunes gens attirés par la profession. Ces aspirants, parfois groupés en *cuadril-*

las de niños toreros deviennent vedettes comme enfants toreros. Les cas les plus connus furent ceux de « Joselito » et « Limeño » au début du siècle et des frères Manolo et Pepe « Bienvenida » dans les années 25.

BICHO : Bestiole.

Par extension tauromachique sans signification péjorative : toro. Sert essentiellement aux journalistes taurins (*revisteros*) à éviter les répétitions du mot toro dans leur compte rendu.

BIGOTES : Moustaches.

BIGOTES

Il est de tradition que les toreros n'en portent pas. A la Belle Epoque, alors que la mode les imposait partout, en Espagne seuls les toreros et les curés n'en portaient pas. Les « toreadors » français de la course dite hispano-provençale ou hispano-landaise suivaient par contre le mouvement et se trouvaient ainsi exposés aux railleries du public espagnol lorsqu'ils se produisaient outre-Pyrénées... Ce qui ne faisait qu'ajouter une raison supplémentaire pour que ce public se gausse d'eux étant donné leur maladresse et leur inexpérience dans les *suertes* traditionnelles du toreo.

BILBAINA.

Passe en rond de muleta dans laquelle le matador fait faire au toro un tour complet.

Dans cette passe, parfois appelée *circular,* mise à la mode en 1964, le matador se place de dos, mais fait pivoter au maximum sa ceinture vers la gauche, jusqu'à regarder le toro qu'il cite de la droite. Si ce toro est docile, il bouclera le cercle pendant que le torero « se dévisse ».

L'attitude disgracieuse du cite, la suavité nécessaire du toro, la valeur technique très limitée de la suerte ne font pas souhaiter qu'elle se généralise.

Voir : « Naturelle ».

BILLETE : Billet.

Jusqu'au milieu du XIXᵉ siècle, on payait à l'entrée des arènes. Lorsqu'il y avait affluence, les spectateurs faisant rarement l'appoint, il s'ensuivait des bousculades et une « resquille » considérable.

En 1840, les organisateurs de Madrid ouvrirent un guichet dans la *calle de Carretas,* puis dans *Alcalá,* où les aficionados purent retenir leur place sans attendre l'ultime moment. Les billets au début furent des rectangles de carton de 5 centimètres sur 4 centimètres. En 1850, on mit en circulation les billets à talon détachable. Ils furent d'abord très simples, puis un imprimeur, Regino Velasco, se spécialisa dans leur édition et leur donna un aspect plus avenant. Les plus grands peintres du genre ont été sollicités par les maisons spécialisées : Ruano Llopis, Roberto Domingo, Saavedra..

BLANDO : Mou, tendre.

Toro qui, sans être *manso*,* ne prend pas les piques avec vigueur, se défend sans pousser, cherche à désarmer le picador et finalement sort seul de la rencontre.

BOTA : Gourde de cuir pour le vin.

La bota fait partie de l'équipement indispensable de tout participant à certaines ferias du Nord de l'Espagne (Pamplona, Vitoria, Logroño...) réputées pour la consommation de vin particulièrement généreuse qui s'y fait. La technique d'absorption du liquide est redoutable, la tradition voulant qu'un long jet trace son arabesque entre la *bota* et la bouche du consommateur. On n'a pas intérêt à laisser le vin séjourner trop longtemps dans cette gourde dont le cuir est intérieurement enduit d'un produit laquant qui ne manque pas de laisser des traces gustatives. C'est sans doute pourquoi les *mozos* de Pamplona n'attendent pas que le vin ait pris ce mauvais goût.

BOYANTE ou CLARO.

Toro franc, facile à combattre, noble, chargeant droit, répondant au cite en mettant bien la tête dans le leurre, sans *derrote*.*

BRAVO.

Adjectif espagnol qui peut signifier : brave, hardi, courageux, intrépide, féroce, fier, arrogant, superbe, éclatant, sauvage, irrité.

Lorsqu'un toro est *bravo,* il mérite l'ensemble de ces qualificatifs.

Entre le toro bravo et son contraire, le toro *manso*,* l'aficionado place le toro *bravito* ou *mansote* suivant que son humeur le porte à l'optimisme ou à la morosité.

BRAVURA : Bravoure.

C'est l'honneur du toro de lidia, de sa famille. Ce devrait être aussi celui de l'éleveur. C'est l'art de mourir en beauté, après avoir combattu loyalement, crânement, jusqu'au bout.

Origine de la bravoure : l'Espagne, la race *brava,* les pâturages andalous et un complexe neuro-hormonal héréditaire et influencé par la sélection.

Antinomie : l'ingérence des *apoderados* et le souci des éleveurs d'adapter leur production au goût de

Plaza de Toros. - Suerte de Vara
Picador repoussant le taureau avec la pique

BRAVO

l'acheteur et du public.

Expression de la bravoure : pour les classiques, par le mépris de la douleur, d'où l'acharnement sous les piques. Plus couramment par la charge. Car le toro bravo a le sens de « l'offensive » ; comme si, estimant que la meilleure défense est l'attaque, il convertissait son instinct de conservation en agressivité lorsqu'il se sent en danger, hors de son milieu naturel. Au cours de la *lidia**, l'expression de la bravoure varie, mais peut toujours s'apprécier par les qualités de la charge ; s'agit-il d'un vernis de bravoure, il s'écaille sous la première pique, s'efface sur le caparaçon, se volatilise alors que la fatigue apparaît. La bravoure profonde au contraire, la vraie, est celle du toro adulte qui *va a mas*, se grandit sous le châtiment, choisit le centre comme terrain de prédilection, répond par une charge prompte, vive et longue, à la moindre invitation. La bravoure s'exprime encore lorsque la notion de combat, voire de danger, s'installe dans l'arène, car elle est la somme du nerf et de la noblesse. Celui-là, isolé, crée la notion de danger, mais permet rarement un travail serein. Celle-ci sans le nerf, autorise la sérénité mais non le relief.

Sanctions de la bravoure : le tour de piste pour la dépouille du toro bravo et la satisfaction des aficionados. Très exceptionnellement le toro peut être gracié (voir : *indulto*).

Il y a lieu de distinguer la « bravoure de fond » qui se manifeste à tout moment du combat et en tout lieu, de la « bravoure de circonstance » qui peut se manifester par moments ou en certains endroits (*en querencia** par exemple) et qui n'est qu'un trompe l'œil.

BREGA : Lutte.

La brega constitue l'ensemble des actions sur le toro qui permettent la réalisation des diverses suertes — à part la suerte suprême — tout au long de la corrida ; par exemple : la réception du toro à sa sortie, l'action de l'amener aux cheveaux, de le placer pour les banderilles. Le travail est fait avec la cape et, pour la plus grande part, effectué en général par les peones. Dans les cas difficiles, le maestro et éventuellement le chef de lidia — le matador le plus ancien — peuvent intervenir.

C'est pour l'aficionado conscient un plaisir de choix que de voir une bonne brega.

BRINDAR (« brinder ») : Porter un toast, dédier.

Offrir au président, à l'ensemble du public ou à une personne déterminée, la mort du toro avant la faena de muleta.

La petite cérémonie du *brindis* (toast) a ses règles traditionnelles : muleta et épée dans la main gauche, le torero se découvre et s'adressant à la personne honorée prononce quelques mots avant de lui envoyer sa *montera**. Lorsqu'il brinde à l'ensemble du public, le torero jette la montera

8. Le Brindis   A. R.

BRINDAR

derrière lui sur le sable. C'est un moment romantique où l'on entend le torero assurer que s'il ne tue pas le toro, c'est lui qui sera tué et autres fariboles folkloriques.

En fait, le seul intérêt du brindis réside dans les bonnes dispositions dont fait preuve le torero car il ne sert à rien d'offrir quelque chose si on n'a pas espoir que ce cadeau sera de qualité. La coutume veut que la personne honorée envoie au torero avec la montera, après la mort du toro, un cadeau. Picasso était spécialisé dans la montre en or et les starlettes le sont dans leur numéro de téléphone.

Rafael « El Gallo », le « Divin Chauve », le jour de la première de ses nombreuses retraites, s'inclina devant la présidence et lui brinda le toro de ses adieux provisoires ; puis successivement il fit de même pour un ami aperçu à la barrera, puis pour les jolies femmes de l'assemblée (*para las mujeres de bandera*), pour le public du soleil, puis pour le public de l'ombre, puis en général pour les « bons aficionados de Sevilla », enfin pour un torero soudain découvert sur les gradins... Il n'en finissait plus. Devant cette débauche d'honneurs distribués, le public se frottait les mains pensant assister à la plus belle faena jamais vue. Mais posément, Rafael s'approcha de « Joselito », son frère, qui alternait avec lui et lui dit : « José, maintenant que j'ai brindé, tue-le toi ! ». Et il sauta la barrière.

Peu avant sa mort, Ignacio Sanchez Mejias, toréait à Barcelona pour la corrida de la Presse. Alphonse XIII arriva alors qu'Ignacio avait déjà commencé sa première faena de muleta et il s'en fut avant que ne paraisse le second toro du sevillan. N'ayant pu, de ce fait, offrir la mort d'un toro au souverain, Ignacio se dirigea vers un secteur des gradins où se trouvait la *peña Joselito* et lui dédia la mort de son second adversaire en ces termes :
— Maintenant que tous ont brindé au roi vivant, je brinde au souvenir du roi disparu.

BRINDIS : Toast.

Action de *brindar**.
Le premier toro que chaque matador va estoquer est obligatoirement l'objet d'un brindis au Président de la corrida.

BRONCA.

Concert de clameurs, sifflets, injures et vociférations diverses, traduisant la vive désapprobation du public pour ce qui se passe dans la plaza.

C'est, mis à part le jet de projectiles divers plus ou moins vulnérants — pratique qu'on ne saurait trop condamner — le moyen le plus expressif dont disposent les spectateurs pour marquer leur mécontentement au torero.

Mais la bronca peut aussi s'adresser au bétail — et à travers ce dernier à l'*empresa* —, ou à la présidence lorsque les décisions de celle-ci ne sont pas du goût du public.

C'est ce qu'il advint le 9 juillet 1931 à Barcelona. Les six toros de Perez Tabernero sortirent tous plus petits et moins armés les uns que les autres, sous une bronca incessante. Au cours de la lidia du sixième, des jeunes gens sautèrent en piste et entreprirent de toréer, plusieurs se faisant blesser. Pendant ce temps, d'autres spectateurs prenaient d'assaut la loge présidentielle. Le Président et ses assesseurs s'enfermèrent dans un réduit devant la porte duquel une dizaine de gardes civils, sabre au clair et pistolet au poing, tinrent les aficionados en respect. Les meneurs haranguèrent la foule et décidèrent de se rendre en groupe au Palais du Gouverneur Civil pour protester. La Garde à Cheval tenta de disperser les manifestants à coups de sabre.

La bagarre dura jusqu'à la nuit et ne cessa que « lorsqu'on eut assommé la plus grande partie des aficionados restés dans l'arène ». Le Gouverneur destitua à vie le Président de la course pour n'avoir pas fait remplacer le toro indécent.

BRONCO : Apre, rude, désagréable.

Qualifie un toro qui charge de façon irrégulière et donne avec violence des coups de corne imprévus.

BUEY DE CARRETA : Bœuf de charette.

Qualificatif qui donne une idée de la caste d'un toro lorsque son comportement en piste permet le rapprochement.

BULLE : Décret du pape scellé de plomb.

Pour l'*aficionado a los toros*, la plus célèbre des bulles pontificales est celle du pape Pie V, portant la date du 1er novembre 1567, intitulée *De taurorum et aliorum animalium agitatione et pugna*. Elle est plus connue par les permiers mots du texte : *De Salute gregis Dominici*.

Emu par les nombreux accidents entraînés par les jeux taurins d'alors, le pape menaçait d'excommunication les rois qui autorisaient les courses de toros et refusait la sépulture sacrée aux victimes de la corne. Philippe II se soumit mais ses théologiens, quatre ans après, trouvèrent la parade : on fit courir des vaches. Puis, après le décès de Pie V en 1575, son successeur Grégoire XIII autorisa les courses de toros à condition qu'elles se déroulent les jours de fête et que « des précautions soient prises pour éviter les morts d'hommes ».

BULTO : Silhouette, corps.

C'est le contraire de l'*engaño* (leurre). Pour le toro c'est l'homme et le groupe picador-cheval.

Hacer por el bulto : lorsque le toro charge l'homme.

Huir el bulto : lorsque l'homme évite le toro en particulier en exagérant son cuarteo aux banderilles.

BUREL : Synonyme de toro.

BURLADEROS.

Refuges placés devant les ouvertures ménagées dans la barrière permettant aux toreros d'accéder à la piste par des chicanes étroites inaccessibles aux toros.

Dans le callejon doivent également être installés des burladeros réservés aux délégués de l'Autorité, aux forces de l'ordre, aux vétérinaires, à la direction et aux cuadrillas lorsqu'elles ne sont pas *de turno**. Un burladero abrite l'équipe médicale à proximité de la porte donnant accès à l'infirmerie.

Les burladeros se sont généralisés lorsque Juan Belmonte démontra que pour toréer il n'était pas nécessaire d'être une athlète et qu'il fallait assurer un abri aux toreros manquant de moyens physiques. Encore faut-il que le torero soit assez mince pour s'insinuer aisément dans l'étroit espace qui sépare le burladero de la barrière. Le 20 juin 1889 à Baeza, Manuel Fuentes « Bocanegra » assistait à une novillada pour débutants ; le toro Hormigon de Agustin Hernandez semait la panique dans le ruedo. « Bocanegra » descendit dans l'arène pour aider les novilleros et, poursuivi par Hormigon, ne put entrer dans le burladero, fut pris par l'aine droite et mourut le lendemain.

BURLADEROS

BURRICIEGO : Qui ne voit pas clair.

Atteint d'un défaut de la vue. Voir *ojo*.

CABALLERO EN PLAZA
(Angel Peralta)
Photo L. Clergue

Hierro de Rocio de la Camara

CABALLERO EN PLAZA : Torero à cheval.

Originellement l'expression s'appliquait à des cavaliers non professionnels qui, dans les fêtes royales ou les galas de bienfaisance, combattaient le toro au javelot (*rejon*), évoquant les chevaliers qui aux XVIᵉ et XVIIᵉ siècles attaquaient la bête à la lance. Sous le règne de Philippe V les nobles espagnols abandonnèrent le toreo à cheval et ce n'est qu'au Portugal qu'on pouvait voir des *cavaleiros*. Le renouveau du toreo à cheval en Espagne a été l'œuvre d'Antonio Cañero dont il importe de souligner qu'il était cordouan et professeur d'équitation et qu'il s'était acquis une certaine réputation dans les concours hippiques.

Dans les années 1921 à 1924 il fixa les canons du *rejoneo* moderne : port de l'habit de cavalier andalou, pose des banderilles à cheval et, si le toro n'est pas tombé après deux ou trois coups de *rejon de muerte*, courte faena effectuée à pied et mise à mort du toro avec l'estoque utilisé par les matadors. Le toreo à cheval a été ainsi pratiqué, mais un peu en marge de la lidia formelle, ajouté au programme normal de la corrida. L'esprit chevaleresque des *toreadors** d'autrefois a été perpétué près de nous par don Alvaro Domecq, figure exceptionnelle du toreo à cheval, et par le duc de Pinohermoso, qui rédigea le *Decálogo del rejoneador :* ces deux artistes « actuaient » en effet « pour le sport » et utilisaient leurs cachets à des fins charitables. De nos jours les toreros à cheval sont le plus souvent des professionnels. Il est arrivé que des matadors célèbres, après leur *despedida* (retraite) aient entrepris une nouvelle carrière comme *caballero ;* ainsi le mexicain Carlos Arruza qui « fit paire » avec « Manolete » et qui, après avoir connu mille dangers dans les arènes est mort dans un accident d'automobile. Des femmes aussi ont contribué à la vogue du rejoneo, comme la fameuse péruvienne Conchita Cintron ou la très belle Amina Assis.

Depuis quelques années, il arrive que deux rejoneadores travaillent *al alimon**, ensemble contre un seul toro ; ce qui réduit encore le risque encouru et dévalue d'autant le combat. Les frères Peralta, José Samuel Lupi et Alvaro Domecq fils ont mis ainsi à la mode des corridas où six toros sont travaillés seulement pas des cavaliers. D'autres les ont imités.

Le rush touristique sur l'Espagne a entraîné une vogue extraordinaire du toreo à cheval. Les meilleurs rejoneadores parviennent à signer une centaine de contrats chaque année, alors que dans les années 50 à 60, Angel Peralta, le meilleur sinon le seul spécialiste dans le genre, ne parvenait pas à en décrocher une trentaine.

Il est frappant de constater que, bien souvent l'aficionado *de verdad* n'accepte le spectacle de caballero avec quelque intérêt que parce que rien de taurin ne peut lui être étranger, alors que le néophyte, ou le « tiède », sont volontiers séduits par l'élégance et l'habileté équestre de l'homme, la beauté et les qualités du cheval. Mais il s'agit en vérité d'une question d'éthique. Le caballero confie sa sécurité à un animal qui court plus vite que le toro et qui prend d'ailleurs l'essentiel du risque. Pour diminuer ce risque couru par un cheval que ses qualités et son long dressage rendent précieux, le torero à cheval combat des novillos aux cornes sectionnées — car l'exemple de Cañero qui laissait ses adversaires intacts n'est plus guère suivi — et change deux ou trois fois de monture, dès que son cheval se fatigue ou s'essoufle. Dès lors est-il nécessaire de tuer un torito pour présenter une démonstration d'art équestre ? demandent les contestataires.

CABECEAR : Dodeliner de la tête, donner des coups de tête à tort et à travers.

CABESTRO : littéralement : licou.

CABESTROS (ou *mansos*) : Bœufs dressés servant à l'encadrement de toros bravos lors de leurs déplacements dans les arènes ou les ganaderias. Ils sont utilisés également dans les *encierros**.

Le plus souvent blanc et roux, aux longues cornes rognées, sonnailles au cou, l'œil apeuré guettant en coin son congénère sauvage et entier, le cabestro est indispensable dans des opérations aussi importantes que le tri au sein du troupeau ou l'*apartado**.

Le règlement impose aux arènes la présence de trois cabestros servant, en outre, à ramener au toril, sur l'ordre de la présidence, un toro défectueux ou que le matador n'a pas réussi à tuer dans le temps réglementaire.

Les cabestros de la plaza de Bilbao sont stupéfiants d'habileté et d'intelligence dans la « manipulation » des énormes bêtes de la *Feria del Toro*.

CABEZA al RABO (de) : Tête à queue.

Lorsque le matador exécute un *derechazo* ou une naturelle, s'il laisse flotter la muleta le long du dos du toro (*peinar el lomo :* peigner l'échine), on parle de « tête à queue ».

CAIDA : Tombée, chute.

Adjectif qualificatif : se dit d'une estocade « tombée » c'est-à-dire se situant sur le côté droit du toro, sans être un *bajonazo**. Il est assez difficile de différencier les estocades placées dans cet endroit entre l'épaule du toro et la *cruz** ; il n'y a pas moins de 5 ou 6 expressions pour une surface de peau relativement réduite.

Nom commun : c'est la chute du groupe équestre, cheval et picador, sous la poussée du toro. Obtenir la chute est évidemment à porter à l'actif de la bête. Il y a lieu toutefois d'estimer cette chute à sa juste valeur. Il arrive qu'un toro manso, fuyant le fer, tourne le cheval et le prenne sur son côté gauche ; il arrive aussi que la

CABESTROS ou MANSOS

chute soit obtenue par surprise sans châtiment ; il arrive encore que le punch du toro lui permette de culbuter le piquero dès la mise en place du fer. La véritable chute, obtenue « au mérite », est celle qui succède à une longue poussée du toro, alors que le picador ayant placé correctement son arme s'applique à châtier la bête dans les règles.

Il arrive également que la chute soit celle du toro *flojo de remos**.

CALIFA : Calife.

En souvenir du royaume maure de Cordoue, on a donné le titre (honoraire !) de calife à trois grands toreros du cru : « Lagartijo » premier calife, « Guerrita » deuxième calife et enfin « Manolete ». Peut-être la postérité accordera-t-elle au « Cordobés » la dignité de « Calife IV » ?

C'est l'écrivain et humoriste Mariano de Cavia « Sobaquillo » qui, le premier, décerna le titre de calife à « Lagartijo ».

« Manolete », dont la carrière se déroula pendant la seconde guerre mondiale puis dans la période où la frontière espagnole était fermée, ne toréa en France qu'en novillada sans picador en complément du spectacle donné par la troupe comique *Califas de Córdoba*. On le vit ainsi le 2 juin 1934 à Arles et le 3 juin à Nîmes. Un veau du Marquis de Baroncelli le blessa légèrement. Le veau devint ensuite le grand cocardier « Lou Migratour ».

CALLEJON.

Couloir circulaire, entre le mur des tendidos et la barrière de la piste, de 1,50 m à 2 m de large dans lequel ne devraient se tenir que les cuadrillas. Le règlement prévoit un certain nombre de *burladeros** pour diverses personnalités. Malheureusement le callejon est régulièrement occupé par des amis de la direction, des autorités ou des matadors qui gênent les toreros et les *mozos de estoque** et attirent l'attention du toro. Dans ces dernières années les photographes s'y sont multipliés. On ne peut le regretter lorsqu'il en résulte des photos comme celles de Lucien Clergue qui a illustré cet ouvrage.

Dans certaines petites arènes, il n'y a pas de callejon ; le règlement impose alors un burladero par cuadrilla.

Il arrive qu'un toro manso saute dans le callejon ; il y provoque alors une panique qui a été fatale à plusieurs occupants mortellement

CALLEJON

blessés pour n'avoir su ou pu se réfugier dans un burladero ou dans le ruedo.

CAMADA : Nichée, portée, couvée.

Production annuelle d'un élevage, née en général entre octobre et février. Depuis 1969, les éleveurs doivent marquer chaque veau de la camada du millésime de son année de naissance.

CAMBIADA, CAMBIADO, CAMBIO : Changée, changé, changement.

En pratique on appelle *cambio* toute suerte dans laquelle la sortie du toro est au début indiquée d'un côté, mais finalement donnée de l'autre. Cette manœuvre peut se faire avec la cape (*larga cambiada*) ou avec la muleta (*cambio de muleta, pase cambiado*). La finalité de ces suertes est le plus souvent de faire montre de virtuosité ou de « chauffer les gradins » (c'est le cas de la *larga cambiada de rodillas*, c'était le cas de la *pedresina**, par exemple), mais peut aussi être un recours en cas de danger imprévu.

Au deuxième tiers, beaucoup d'aficionados chevronnés nomment *al cambio* des paires de banderilles dites *al quiebro** par les puristes. Ces derniers considèrent en effet qu'il ne saurait y avoir ici de *cambio* puisque la sortie indiquée au toro reste la bonne en fin de suerte et qu'il ne saurait y avoir de *cambio* sans usage du leurre.

Enfin d'éminents auteurs d'ouvrages classiques utilisent le terme de *cambiado* dans une acception que l'aficionado ne reconnaît pas toujours. « Pepe Illo » en effet appelait déjà la passe de poitrine : *pase cambiado por alto* (passe changée par le haut) et Cossío classe les passes de muleta en trois variétés :
— *Pase natural* (de la droite ou de la gauche) dans laquelle le toro ne change pas de terrain.
— *Pase cambiado,* dans laquelle le toro change obligatoirement de terrain.
— *Pase ayudado,* aidée, exécutée des deux mains (l'une tenant l'estoque) ce qui rend la passe hybride.

Dans cette optique, la passe de poitrine et la *trinchera** par exemple sont des passes changées.

Telle ambiguïté de terme n'est pas rare dans le langage taurin.

CAMBIAR LOS TERRENOS : Changer les terrains.

Voir *terrenos*.

CAMBIAR EL VIAJE : Changer le voyage.

Voir *viaje*.

CAMBIO DE MANO : Changement de main.

Passe d'ornementation dans laquelle le torero pour lier une série à un autre type de passe fait passer, soit par devant, soit par derrière, la muleta d'une main dans l'autre.

CAMPO : Campagne, champ.

Un des plaisirs raffinés de l'aficionado est d'aller voir les toros au *campo*.

CAMPO ABIERTO (en) : plein pâturage (en).

(Voir : *tienta por acoso*).

CAMPO CHARRO.

Région d'élevage qui s'étend entre Salamanca et Ciudad Rodrigo. C'est une des trois zones traditionnelles pour le bétail de combat avec l'Andalousie et la Nouvelle Castille ; les plus connus, sinon les meilleurs, des élevages du campo charro sont ceux de la famille Perez Tabernero (Antonio, Alipio, Juan Maria, Mercédés, Ignacio, Javier...). Autres familles prolifiques de la région : les Galache et Cobaleda.

CANAL : Carcasse.

PESO EN CANAL : Poids en carcasse.

La carcasse est représentée par les quatre quartiers de la bête c'est-à-dire la dépouille (y compris la queue) sans tête ni viscère, soit 63 % environ du poids de la bête en vif. Ce poids était évalué en *arrobas** il y a quelques décades. On n'utilise plus que les kilos.

CAPA, CAPOTE : Cape.

La cape est l'instrument fondamental du toreo à pied. Elle a même été utilisée autrefois comme un bouclier enroulée autour du bras gauche.

Les premiers toreros empruntèrent pour cet usage la cape dont ils se servaient normalement comme vêtement.

La *capa de torear* a une longueur de 1,05 m à 1,20 m selon la taille du torero. Elle fut d'abord rouge et faite de laine légère mais la laine n'est pas assez lisse et le moindre contact avec la corne provoquait de larges déchirures. La soie et le coton furent alors essayés. Pour des raisons de prix, on réserva vite la soie et le satin aux luxueuses capes *de paseo** brodées d'argent et d'or et la toile de coton (percale) aux capes *de brega**. De là vint l'expression « changer la soie pour la percale », l'ornement de parade pour l'outil de combat. Mais cette phrase n'a plus qu'un sens symbolique depuis que les fibres synthétiques et les polyesters ont tout envahi, même les capes des toreros.

La couleur du capote a également varié, le rouge vif des premiers temps a laissé place au rose cyclamen doublé sur l'intérieur d'un tissu jaune citron. Parfois un diestro, amateur d'harmonies délicates, assortit ce dernier à la couleur de son habit (Luis Miguel « Dominguin », Curro Romero...).

On est toujours surpris lorsqu'on prend en main une cape de brega de son poids et de sa rigidité.

Pendant toute la corrida, le rôle de la cape est fondamental, pour la *brega** comme pour l'*adorno**.

Le travail de cape doit préparer efficacement celui de muleta. Ecoutez le « Cordobés », capeador inélégant mais efficace : « Il faut montrer très vite au toro, dès la sortie du toril, qui est le maître. Et dans ces véroniques par le bas, en le reprenant pour le doubler, que je lui donne, se trouve la fabrique de ma faena de muleta ». (Rapporté par « Don Antonio » et « Païto »).

CAPEA.

Corrida « économique », sans picador, ni mise à mort, au cours de laquelle autrefois, pour la fête patronale des villages, des aficionados ou d'obscurs novilleros étaient opposés à des toros d'âge et de poids. Le caractère économique de l'entreprise interdisant la mise à mort, les mêmes bêtes ressortaient autant de fois que leur propriétaire était sollicité et devenaient ainsi plus au fait des subtilités du toreo que les pauvres bougres qui tentaient de les travailler. Ces « toros professionnels » causaient de si nombreuses victimes que le gouvernement espagnol finit par interdire les capeas le 15 février 1908. Mais cette interdiction fut illusoire tant la coutume était vivace. Le 28 août 1931, la *Gobernacion* renouvelait l'interdiction sans beaucoup plus de succès puisque Antonio Elorza écrivait en 1933 : « *Los toreros de capea no ganan dinero ; ganan cornadas y privaciones* ». En 1962, le règlement officiel confirme cette interdiction. Toujours en vain semble-t-il car en 1966, le Gouverneur de l'Aragon dut interdire formellement les capeas à la suite de la mort de « Frasquito » à Fustinana. Les Aragonais ont toujours été friands de ces spectacles. Le chroniqueur « Barico » raconte qu'en Aragon au début du siècle, une vache nommée « la Pelos » avait fait d'innombrables victimes ; elle portait une cloche au cou et le son de celle-ci lorsque la bête entrait en piste, annonçait une nouvelle tragédie.

La plus curieuse anecdote concernant la capea remonte à 1908, lorsque l'interdiction commença par jeter un certain trouble et sonna la mort d'un toro de Sapina nommé Droguero qui avait tué 15 aficionados et blessé plus d'une centaine d'entre eux dans les villages de la *huerta valenciana*. Il fut conduit à l'abattoir, attaché et entravé. Un apprenti torero gitan nommé « Gabardito » se présenta alors et sollicita l'autorisation d'abattre le toro. C'était le frère d'un novillero surnommé « Litri », tué par Droguero à Alcacer. On lui tendit la puntilla mais avant de frapper, il creva les yeux de la bête. Puis après le dépeçage, il coupa les testicules, les fit griller dans la cour de l'abattoir et les mangea en compagnie de sa sœur.

CAPEAR :
Faire des passes avec la cape.

La définition donnée par les dictionnaires du XVIIIe siècle est plus poétique : « Se dit de ceux qui vont jouer, badiner avec les taureaux en leur présentant leur manteau ».

CAPILLA :
Chapelle (... des arènes).

« Dans toutes les plazas de caractère permanent, quelle que soit leur

CAPEA

catégorie, on réservera pour la chapelle une pièce spacieuse, d'accès facile pour les lidiadores à leur arrivée à la plaza.

Cette pièce sera décorée avec le respect qui s'impose et dotée d'un autel où l'on puisse célébrer à un moment déterminé le Saint-Sacrifice de la Messe » (article 16 du Règlement Taurin).

« Resteront exclues de la vente... 2 places assises pour ceux qui auraient à donner assistance spirituelle (2 prêtres) pour le cas où ce serait nécessaire... » (article 52 du Règlement Taurin).

Lorsqu'en 1900, la plaza barcelonaise de Las Arenas fut inaugurée, il ne fallut que quelques mois pour que tous les taurins soient persuadés qu'elle portait malheur. Domingo Del Campo « Dominguin » venait d'être tué ; « Parrao » et « Litri » les matadors, « Colo », « Bocanegra », « Palomar Chico » les novilleros, y avaient été gravement blessés, de même que les picadors « Postigo », « Zafra » et « Bronca ».

On finit par découvrir la cause du maléfice ; dans la chapelle des arènes se trouvait la statue de la *Virgen de la Purísima Conception* qui, comme chacun devait le savoir, foule au pied une couleuvre. Or, dans la mythologie taurine, le serpent porte malheur. On déboulonna la Très Pure Conception et on la remplaça par la *Virgen del Carmen*. Ce qui rend courage et sérénité aux toreros et confiance à l'empresa. Le novillero « Navarrito » y fut toutefois tué en 1919.

CAPITALISTA : Capitaliste.

On appelle ainsi par dérision un garçon qui est loin de l'être mais qui cherche à le devenir. C'est en général le fait d'un *maletilla** désireux d'attirer l'attention du public, de la presse et des professionnels afin d'obtenir une *oportunidad** pour avoir sa chance dans une profession où l'on peut rapidement (... sous certaines conditions !) devenir un vrai capitaliste.

A cette fin, le garçon entre normalement aux arènes et s'assoit sur les gradins, dissimulant une muleta et une épée de bois ou ce qui peut en tenir lieu ; lorsque le moment lui paraît opportun, lorsqu'il se sent inspiré, en pleine *lidia** d'un toro, il gagne précipitamment le premier rang, saute dans le *callejon** et de là dans le ruedo et tente de toréer la bête en piste. Cette pratique étant sévèrement interdite et le règlement punissant les toreros qui ne s'opposent pas à l'action des capitalistas, les matadors ne désirant pas par ailleurs que leurs adversaires puissent être abîmés ainsi, tout le monde se précipite sur le garçon qui, en général n'a pas le temps de montrer son savoir-faire. L'équipée se termine en prison, s'il ne peut pas payer l'amende prévue de 500 pesetas. De plus il lui est interdit de participer à un spectacle taurin pendant deux ans.

C'est de cette manière que le « voleur d'oranges » Manuel Benitez a débuté dans une profession où il est devenu le capitaliste « El Cordobés ».

En 1952, on a vu une jeune fille tenter ainsi sa chance à Madrid. L'affaire se termine parfois tragiquement, comme le 22 septembre 1929, à Sévilla où Juan Trigo Rodriguez fut tué par un toro qui était travaillé par « Vaquerin ».

On appelle aussi le capitalista : *espontáneo* (spontané). Il est curieux de noter que si le capitalista n'a rien d'un capitaliste, cet espontáneo n'a rien de spontané puisque son équipée est préparée de longue date et minutieusement préméditée.

CARCEL : Prison.

Bien que cette sanction ne soit pas prévue au règlement, le matador est incarcéré lorsqu'il se refuse à tuer un des toros que le sorteo lui a attribués (au motif : « trouble l'ordre public »).

Le 27 juillet 1924, à Inca (Baléares), « Valencia II », « Facultades » et Fuentes Bejarano furent emprisonnés tous les trois pour s'être refusés à estoquer les six toros de Graciliano Perez Tabernero qu'ils jugeaient trop grands et trop armés. Ceux-ci furent travaillés, quinze jours plus tard, par « Torquito », Antonio Sanchez et Joselito Martin.

Le 3 novembre 1967 à Lima, Paco Camino refusa de tuer un toro de la Vina prétextant la pluie de coussins que le public, excédé par la mansedumbre du toro et le mauvais vouloir du torero, fit tomber sur le ruedo de la capitale péruvienne. Incarcéré pour 24 heures, Camino fut rejoint par Julio Aparicio et « El Cordobés » qui partagèrent sa détention pour lui manifester une solidarité exemplaire, voire excessive.

Le grand habitué des prisons pour crime de lèse-tauromachie fut Rafael « El Gallo ». Un soir à Valladolid, il n'en finissait plus de tuer un adversaire récalcitrant. Un spectateur hurla :
— En prison ! En prison !
— Je ne demanderais pas mieux, soupira le Divin Chauve.

CARGAR LA SUERTE : Charger la suerte.

Tous les connaisseurs vous diront que, pour bien toréer, il faut charger la suerte. Mais les modalités de cette action fondamentale ne sont pas aisées à préciser. La clé, pour bien comprendre, est la suivante : le verbe *cargar* doit être pris dans son sens littéral, c'est-à-dire « insister, appuyer sur la suerte, dans l'intention de la mener à fond » (Calendau), l'homme affirmant son *dominio* sur l'animal en modifiant sa trajectoire, en lui imposant au maximum un voyage décidé par la volonté du torero. Mais ceci doit être interprété en fonction de l'époque où l'on se situe dans l'histoire du toreo, c'est-à-dire du type de toro lidié et du degré d'évolution de la technique tauromachique. C'est pourquoi la définition du « cargar la suerte » n'est pas la même dans les anciens traités et dans les ouvrages récents.

Tout au long du XIXe siècle, les toros étaient peu sélectionnés, ils étaient âgés et dangereux, et les passes étaient couramment données en esquivant et en rompant. A cette époque, tout ce que pouvait faire le diestro pour imposer son *dominio** était de ne pas céder, de rester immobile et de renvoyer le toro dans son terrain par un large mouvement de bras. Charger la suerte, c'était alors « ... toréer en allongeant le bras et en tenant les pieds dans la plus grande immobilité possible » (« Pepe-Illo »), et « ... mettre le leurre, dans le terrain du dehors, pour sortir le toro de son propre terrain » (Montés).

Au début du XXe siècle, après « Guerrita », avec Belmonte, le toro, mieux sélectionné est plus jeune et plus maniable, la technique taurine a progressé et l'homme fait un pas de plus dans la domination ; il ne se contente plus de ne pas rompre, il fait mieux : il avance, prenant du terrain au toro. « ... Avancez un peu la jambe, accompagnez légèrement la charge avec le corps... » conseille Domingo Ortega et, en 1950, « Paco Tolosa » définit ainsi le « cargar la suerte » : « ... mouvement des bras par lequel le torero déplace l'étoffe vers le terrain du dehors... afin de mieux éloigner la bête, le torero peut donner plus d'amplitude à ce mouvement en avançant légèrement la jambe contraire (c'est-à-dire celle qui est opposée à la direction d'où vient le toro) ». Plus récemment, « Paco Tolosa » rappelait lui-même cette remarque de Federico Alcazar : « ... les traités de tauromachie conseillent de charger la suerte vers le terrain du dehors, qui est celui du toro, mais depuis que les terrains ont été inversés — c'est-à-dire depuis qu'on enchaîne les passes — la majorité des toreros la chargent aussi vers le dedans ».

Enfin, les auteurs modernes sont encore plus exigeants. C'est ainsi que Luis Bollain estime que la suerte doit être chargée plus profondément. Il faut non seulement avancer la jambe (*adelantar la pierna*), mais faire porter tout le poids du corps sur cette jambe avancée, en la maintenant verticale, le pied posé bien à plat, ce qui permet de faire pivoter le corps au maximum et donc de prolonger le plus loin et le plus longtemps possible l'arc de cercle que décrit la main qui tient la muleta. Les jambes du diestro et le sol dessinent alors un triangle rectangle, la jambe contraire d'appui étant verticale et l'autre, oblique, ne reposant que sur la pointe du pied.

Ainsi, la suerte gagne en émotion quand le torero avance la jambe de sortie, car alors « le chemin du toro se ferme » ; la suerte gagne en longueur parce que l'homme peut tourner longuement et son bras aller très loin, « courant la main », ce qui est moins facile si les pieds sont joints ou même si, compas ouvert, les deux pieds reposent à plat sur le sol, et c'est enfin le meilleur moyen pour enchaîner les passes, ce qui est devenu de nos jours, l'art suprême du toreo.

Quoiqu'il en soit le phénomène essentiel du « cargar la suerte » reste le fait que la charge du toro est déviée sur une oblique par le mouvement du bras et du corps de l'homme. On conçoit que les matadors qui toréent de profil et laissent le toro aller droit, ne dominent point. Mais sauf exceptions (« El Cordobés », Diego Puerta) lorsque les toros ne sont pas de bons collaborateurs ils restent à la merci des cornes et, dans la règle, ne peuvent guère durer.

CARIOCA.

Sous le nom de cette danse brésilienne, se cache une des pratiques qui font du moderne « tercio de piques », une entreprise de massacre systématique du toro bravo. La manœuvre est simple : lorsque le toro prend la pique, le picador fait tourner son cheval vers la droite, enfermant le toro entre la barrière et le mur du caparaçon, lui interdisant sa sortie naturelle vers le centre de la piste. Le toro s'épuise sans espoir dans une longue lutte où on ne lui laisse aucune chance.

C'est le picador Miguel Atienza qui inventa ce guet-apens, pour la plus grande joie des toreros qui y ont trouvé le moyen de châtier durement le toro en une seule rencontre. Le gros public ignorant applaudit à cette pique unique alors que le toro y est saigné beaucoup plus qu'en plusieurs rencontres. Les aficionados, par ailleurs, sont ainsi privés de la beauté du combat et le tercio de piques de sa signification.

Dans une certaine mesure cependant, la carioca est tolérable lorsqu'il s'agit de châtier un toro *manso** et fuyard.

CARRETON : Voiture à bras.

On appelle ainsi dans le monde taurin, une paire de cornes montée sur une roue de bicyclette.

Le torero s'entraîne devant ce *carreton* manié par un comparse grâce à deux bras de brouette.

A la place du morrillo, un morceau de bois ou de liège permet de s'habituer à la pose des banderilles.

CARRIL : Rail (*ferrocarril* : chemin de fer)

DE CARRIL : sur rails.

Se dit du toro dont la charge mesurée est franche et le trajet rectiligne.

C'est pour le torero un partenaire plutôt qu'un adversaire.

Il n'a pas besoin d'être « toréé » et permet à l'artiste de s'exprimer sans appréhension. C'est, bien sûr, le toro rêvé par les matadors.

On l'appelle aussi le « toro bleu », la « sœur de charité » ou la « poire au sirop ». Si l'esprit coopératif de ce sauvage relatif touche à la complicité on le traitera de *babosa* (limace).

CARTEL : Affiche.

Les premières annonces de corrida étaient faites par un crieur public aidé d'un tambourin dans les villages modestes, de clairons et de timbales dans les villes de catégorie. La date de la première affiche n'est pas assurée mais le premier cartel dont le texte soit conservé annonce les corridas de mai 1761 à Sevilla et se présente comme la « liste des propriétaires des toros qui vont jouer », suivie des couleurs et de la devise des élevages. Des toreros il est dit seulement « que

Dieu les garde en paix et que tout reste un nonnête divertissement sans aucune disgrâce ». Depuis deux siècles, les affiches des *cartels*, ont varié à l'infini dans leur forme, leurs couleurs, leur décoration et leur texte.

De nos jours, ce texte est arrêté règlementairement. L'affiche de tout spectacle taurin, préalablement approuvée par l'Autorité, doit mentionner : le lieu, le jour et l'heure de la corrida, le nombre des bêtes et leur catégorie, le nom de l'élevage et ses caractéristiques, le nom des matadors par ordre d'ancienneté, la classification des places et leur prix, la dénomination de la Direction.

Par ailleurs, une mention traditionnelle (depuis qu'elle est parue sur le cartel de la temporada de Madrid en 1791) dit que la corrida aura lieu « si le temps le permet ». Voir *reembolso*.

CARTEL

CARTELITOS DE SEDA : Petites affiches de soie.

Lors des corridas dites extraordinaires (comme celle de *beneficencia* à Madrid), il était courant que l'on édite le cartel sur soie. Ces cartelitos faisaient et font encore les délices des collectionneurs.

Cette pratique est maintenant réservé aux grandes ferias (Sevilla, Madrid, Jerez). Des firmes commerciales éditent ces cartelitos de soie qu'elles réservent à leurs clients.

TENER BUEN CARTEL-TENER MUCHO CARTEL : Avoir bonne presse, être très côté.

CARTILLA : Memento, précis.

La première *tauromaquia* concernant le toreo à pied connue est un manuscrit conservé à la bibliothèque d'Osuna (province de Sevilla) jusqu'à une époque assez récente où elle fut transférée à la bibliothèque nationale. Il s'agit d'un cahier de 22 feuilles intitulé *Cartilla en que se notan algunas reglas de torear a pie, en prosa y verso*. La Cartilla n'est pas datée mais divers indices la situent aux alentours de 1680, en tout cas à la fin du XVIIe siècle. Elle comporte un prologue au lecteur suivi d'une introduction où il est dit que *el torear a pié es uno de los ejercicios que, entre lo bizarro, demuestra el corazon*. Après quelques vers qui décrivent l'attitude convenable de l'aficionado, sont exposées 23 règles, exprimées d'abord en vers et développées ensuite en prose. Les dernières lignes de l'œuvre manquent et l'on ignore le nom de l'auteur du premier traité technique de tauromachie.

CASTA : Caste, lignage.

Il est bien entendu que lorsque les aficionados prononcent ce mot, ils se comprennent. En tout cas, ils l'affirment.

Etymologiquement un toro qui a de la caste est un toro dans les veines duquel coule du sang bleu des bovidés et qui descend donc d'une lignée aristocratique. En effet, jusqu'au milieu du XVIIIe siècle, les toros sortaient dans l'arène plus d'une fois sur deux impropres à la lidia, mansos, dangereux et devaient être livrés aux chiens avant d'être achevés. Mais vers cette époque les toreros, approuvés par les aficionados, sélectionnèrent un certain nombre d'élevages correspondant à des bêtes propres à donner du *lucimiento* (éclat) au combat et dont l'ensemble constituait une « caste » : celle des meilleurs toros de lidia. Et l'on rapporte les noms d'une douzaine d'élevages connus : Jijon, Cabrera, Gallardo, Espinosa... Donc, la « caste », c'est d'abord le lignage qui rattache un toro à ces races d'élite.

Mais ces races ont aujourd'hui disparu, même si on se plait à retrouver du Cabrera chez Miura ou du Gallardo chez Pablo Romero. Par ailleurs tous les élevages descendent plus ou moins des Vistahermosa ou des Vazquez. En sorte que logiquement on dit d'un toro qu'il a de la caste lorsqu'il possède les qualités qui ont précisément été recherchées lors de la sélection des élevages d'élite cités plus haut : la bravoure, la noblesse, l'*alegría**, et on devrait ajouter le *trapio**.

Mais c'est ici que pratiquement les choses se compliquent. Si caste = bravoure + noblesse + alegria, beaucoup d'aficionados admettent plus ou moins :
— qu'un excès de bravoure n'enlève rien à la caste, au contraire ;
— mais qu'un excès de noblesse, donnant un toro naïf et innocent, correspond à un défaut de casta ;
— cependant qu'un excès d'alegria devient alors du *nervio*, du *genio**, ce qui ne diminue pas la caste mais la rend de mauvais aloi : on parle alors

de *mala casta*, ce qui est clair sur le plan du vocabulaire, mais paradoxal sur le plan de l'étymologie.

Dans cette dernière acception, la « casta » c'est le « sang », le degré d'exubérance vitale, la loupe qui grossit les qualités et les défauts du toro, l'indomptabilité. Sans doute ce dernier point de vue, qui aboutit à faire dire que certains toros ont « trop de caste » et se souvient trop que le cheval « pur sang » a la réputation d'être nerveux et ombrageux, n'est en définitive pas heureux. Mais il est communément accepté.

Il reste à dire qu'on appelle *encastado* un toro qui a de la *casta* et *morucho* un toro demi-sang, de caste incertaine.

CASTIGO : Châtiment, punition.

En tauromachie, il ne s'agit pas de châtier au sens d'infliger une correction, de mortifier, de condamner ou de punir mais plutôt de « rendre plus correct », d'amener à un état souhaitable pour le bon déroulement de la course.

En fait tous les actes essentiels de la corrida sont de châtiment. S'ils ne le sont pas ce sont des *adornos**. Les véroniques, les banderilles, la pique, les passes de muletas de base sont autant d'actes *de castigo*.

Le terme *pase de castigo* (passe de châtiment) s'applique toutefois en général à celles qui font plus particulièrement ressentir au toro le châtiment, c'est-à-dire celles qui l'obligent à se retourner rapidement et sèchement en baissant la tête au maximum. C'est le propre des *doblones** donnés en début de faena de muleta des toros insuffisamment piqués ou de caractère aventureux (pour le torero !) du *macheteo*, des *pases de piton à piton**.

CASTIZO : Pur, vrai, de bonne souche.

Se dit des hommes comme des animaux. Miguel de Unamuno en a tiré le substantif *casticismo* qui est aussi difficilement traduisible que *duende*, profondeur... mais parfaitement perceptible par les initiés.

On dit, par exemple, d'un ganadero qu'il est *castizo* lorsqu'il ne recherche dans l'élevage du toro de combat qu'à produire des bêtes de caste, de race, avec les caractéristiques physiques et morales du véritable toro. Cela demande une certaine force d'âme car ce genre de toro n'est pas prisé des vedettes de l'arène et bien souvent ce ganadero voit se terminer la saison sans qu'on ait fait appel à son troupeau. Il préfère alors envoyer ses toros à l'abattoir plutôt que d'introduire dans « son » sang des éléments d'édulcoration ou de se plier à des manipulations honteuses de ses produits.

A l'inverse, le ganadero qui consent à ce que ses toros soient ainsi diminués est dit *ganaduro* (du verbe *ganar*, gagner, et du nom commun *duro*, pièce de cinq pesetas...) mais dans un langage qui, lui, n'est pas du tout castizo !

CATEDRA : Chaire.

En tauromachie, c'est le noyau des meilleurs connaisseurs. On dit que toréer à la *Monumental* de Madrid équivaut à passer un examen devant la *catedra*. Les agrégés qui la composent ne manifestent leur opinion qu'en de très grandes occasions ; c'est pourquoi quelques applaudissements discrets de certains valent plus pour le torero que les deux oreilles.

CHARLOTADA : Charlotade.

Becerrada comique à charge de cuadrillas de clowns, charlots et autres bouffons portant des tenues extravagantes.

Bien que connues depuis la fin du XVIIIe, les charlotades connaissent une vogue certaine depuis 1916 lorsque Carmelo Tusquellas prenant l'*apodo** de « Charlot » mis alors à la mode par Chaplin, rénove le genre, suivi par Rafaël Dutrus « Llapisera » qui créa avec un génie certain des passes à effet que les matadors ont repris en lidia formelle. Le tremendisme n'est qu'une application face aux toros des recettes que les charlots mettent en pratique devant ces becerros.

Qualifiant une course formelle, le mot de charlotade exprime parfaitement l'intérêt qu'on a pu y trouver.

On appelle les toreros de charlotade : *toreros bufos*.

CHICUELINA.

Cette passe de cape est l'*adorno** habituel, on pourrait dire inévitable, des *quites** d'aujourd'hui. Curieuse-

CHARLOTADA

CHICUELINA
(Luis Miguel « Dominguin » à Arles)
Photo L. Clergue

ment cette passe gracieuse a été longtemps l'apanage des toreros comiques. Les érudits vous diront que l'idée de l'introduire dans la corrida formelle est due à Francisco Diaz « Pacorro ». Mais il est certain qu'elle éclata en public à Valencia en 1921, lors de la corrida dite « des trois Manuel » : « Varelito », « Chicuelo » et Granero. Au cours d'un « duel de quites » avec ce dernier, « Chicuelo » improvisa la suerte qui devait porter son nom.

Tous les diestros donnent la chicuelina et il existe autant de chicuelinas que de matadors. Ecoutez Lujan : Manolo « Bienvenida » la donnait avec la cape très basse, de façon cachée, secrète ; « Cagancho » la délivrait avec une énorme négligence et un rare mystère ; « Andaluz » tenait une cape palpitante avec une sourde virilité ; « Calesero » les donnait lentes, arrêtées, invraisemblables... » C'est que la chicuelina ne vaut que par ce que l'on y ajoute et trop de matadors en livrent de vulgaires, d'insipides, de lassantes, sans valeur torera et s'évertuent parfois à salir leur habit de lumières en se serrant sur le flanc sanglant du toro après le passage de la corne.

Mais voici Paco Camino. Admirez son cite de face, balançant légèrement le capote. Il laisse venir le toro avec une parfaite quiétude, « le gavant de tissu ». Lorsque l'animal a bu la toile, il commande encore son voyage et alors seulement pivote avec une grâce inouïe.

Il arrive que le diestro conduise le toro au piquero par une série de chicuelinas dans une marche en zigzag ; on parle alors de *chicuelinas corridas* (chicuelinas marchées).

CHIQUEROS.

Loges qui composent le toril. Les toros y sont enfermés séparément dans l'obscurité, le matin de la corrida, après le *sorteo**.

A noter qu'à part cette acception tauromachique, les chiqueros ne sont que des porcheries.

CHOTO : Veau de un an.

Par assimilation, terme de mépris pour du bétail plus âgé.

CITE.

Se dit de toute action par laquelle l'homme attire l'attention de la bête dans le but de provoquer sa charge.

CLARINES : Clairons.

Un timbalier au moins (dans les plazas de catégorie) et deux clairons sont chargés de signifier en piste les ordres de la présidence. Ils interviennent pour l'ouverture du toril, pour le changement de tercio (fin de la suerte des piques et des banderilles) et pour indiquer éventuellement au matador les avis que lui vaut son retard dans la lidia.

CLAVEL : Oeillet.

Fait partie de la panoplie du parfait spectateur de corrida. On vend des œillets à la porte des arènes en Espagne.

CODICIA : Cupidité, convoitise.

En tauromachie, c'est l'agressivité du toro, son instinct combatif. On dit d'un toro qu'il est *codicioso* lorsque cette agressivité et cet instinct sont plus développés que ne le suppose la caste courante.

On dit aussi, d'une manière plus imagée, que le toro « mange » la cape ou la muleta.

CODILLERO : de *codillo* : coude.

Est *codillero* le torero qui ne parvient pas en donnant une passe, à décoller son coude du corps. Ce « défaut fatal » lui interdit de réduire le toro pour ne pouvoir ni *mandar** ni *templar** parce qu'il ne court pas la main. Lorsque le toro entre dans la muleta (ou la cape), pour lui garder la tête dans les plis du leurre et l'envoyer le plus loin possible afin de préparer la passe suivante, le torero doit le conduire d'un geste le plus ample possible en allongeant au maximum le bras. Si le coude reste auprès du corps, la muleta vient vers l'homme et le toro suit la muleta mettant le torero en péril ; il doit alors rompre, perd du terrain et ne domine pas. En général ce vice est conséquence de la peur, de l'appréhension.

COGIDA.

Du verbe *COGER* : prendre, cueillir.

Action par laquelle le toro atteint un homme avec sa corne. L'homme est alors *cogido*. Le sens littéral est en principe le même que celui de *cornada* mais l'usage veut que la cornada implique une certaine gravité de la blessure qui en résulte, ce qui n'est pas nécessairement le cas pour la cogida. Notons pour les curieux le contre-sens de Théophile Gauthier qui écrit dans le « Voyage en Espagne » : « La cogida se dit de la charge du taureau ».

COJO : Boiteux.

Un toro qui sort en piste en boitant est atteint d'un de ces « défauts physiques » qui impose à la présidence son remplacement. Sur injonction du mouchoir vert présidentiel, les *cabestros** ramèneront le boiteux au corral où, dans une cage aménagée à cet effet, il sera puntillé « immédiatement après la fin de la corrida, devant le Délégué de l'Autorité, le Ganadero et la Direction, ou leur représentant légal » (Article 49 du Règlement). En principe les vétérinaires auraient dû déceler ce défaut lors de la « reconnaissance » des bêtes. Ils encourent une sanction sur proposition de l'Inspection Provinciale de Santé Vétérinaire. Mais il se peut que la bête s'abime une patte dans le chiquero. Il arrive que la boiterie disparaisse avec l'échauffement des muscles. Le changement du toro boiteux reste à la discrétion de la présidence. Le public manifeste alors son désir de voir effectuer le changement en criant avec insistance : *cojo ! cojo !*

COLADA.

Action par laquelle le toro prend mal le leurre et passe plus près du diestro qu'il ne l'eut fait s'il avait

COGIDA
(en plaza de Nîmes)
Photo L. Clergue

normalement obéi. Il s'ensuit que le torero peut être mis en péril de façon imprévue et en tout cas bousculé.

COLEAR : De *COLA* : Queue.

Tirer le toro par la queue.

Strictement interdit par l'Article 111 du Règlement ; ce qui se conçoit fort bien et du point de vue esthétique et du point de vue éthique.

Cependant « ce recours extrême sera toléré dans les cas où ce sera indispensable pour sauver quelqu'un de la cogida ». C'est le *quite coleando*.

COLETA : Queue, natte, tresse.

Petite tresse de cheveux montée sur un bouton couvert de tissu noir que les toreros portent fixée sur la nuque. C'est l'insigne de la profession et se couper la coleta signifie prendre sa retraite (le mot s'est étendu en Espagne aux autres professions).

QUITE COLEANDO

Au temps de Goya, les toreros portaient les cheveux longs serrés dans une résille derrière la tête. Ce chignon est l'ancêtre de la coleta. Lorsque la mode vint aux cheveux courts, les toreros, pour se distinguer dans la rue, conservèrent une longue mèche de cheveux qu'ils tressaient.

Pendant l'hiver 1914-1915, Juan Belmonte révolutionna la planète des toros en entrant dans un salon de coiffure et en demandant qu'on lui coupe la coleta ; on crut à sa retraite. En fait Juan devait gagner la caserne pour effectuer son service militaire et son appendice capillaire ne lui paraissait pas convenir sous l'uniforme. Tous les toreros l'imitèrent à l'exception de « Joselito » qui portait toujours une tresse véritable lorsqu'il fut tué en 1920 à Talavera de la Reina. Comme la coleta paraissait inséparable de l'état de torero, on la remplaça par un postiche.

Le mot *coleta* est employé comme synonyme de torero.

Le bouton support de la tresse postiche est dit *mona* ou *castaneta*. Ce postiche se dit également : *añadido*.

COLETUDO : Porteur de coleta.

Synonyme de torero.

COMPAS : Compas.

Ce mot fait allusion à la figure formée par les jambes du torero.

L'expression « ouvrir le compas » signifie que le matador avance la jambe contraire en chargeant la suerte.

A signaler que certains matadors ouvrent démesurément le compas au moment du cite ; outre que l'effet est inesthétique, ils s'interdisent tout recours pendant la passe et ne peuvent plus charger la suerte.

COMPETENCIA : Concurrence, rivalité entre toreros.

Elle se produit lorsque deux matadors de valeur et le plus souvent de styles différents, luttent pour la conquête de la première place dans le toreo. Tous les historiens s'accordent à reconnaître que c'est un facteur prépondérant d'évolution et d'attrait de la corrida. Elle entretient un intérêt souvent passioné dans l'aficion qui partage ses faveurs. Les grandes competencias historiques ont correspondu à des périodes fastes de la tauromachie. C'est grâce à la rivalité entre « Cúchares » et « El Chiclanero » dans les années 1850 que le toréo poursuivit son évolution amorcée par « Paquiro » (« Don Ventura » rapporte que, le « Chiclanero » disparu, « Cúchares » se laissa aller à son penchant pour le baroque « exécutant des choses en marge de l'art taurin ») ; *lagartijistas* et *frascuelistas,* 20 ans après, firent retentir la planète des toros des échos de leur lutte passionnée ; l'âge d'or de la tauromachie correspondit à la competencia entre les deux plus grands toreros de son histoire « Joselito » et Belmonte, au début de notre siècle ; après la guerre civile, « Manolete » dut repousser les assauts d'Arruza d'une part et de Luis Miguel « Dominguin » de l'autre ; plus près de nous, les *mano a mano* Luis Miguel-Ordoñez ont permis de pousser ces deux grands toreros à se donner au maximum.

Ces competencias, provoquant la passion des aficionados et donc attirant la foule aux guichets des arènes, les organisateurs suscitèrent des rivalités, sans lendemain lorsque l'un des compétiteurs était largement supérieur à l'autre ; ce fut le cas d'Aparicio face à « Litri » ou de « Pedres » face à Juan Montero.

La competencia qui déchaîna le plus de passion fut celle qui mit aux prises les deux sévillans « El Tato » et « El Gordito » dans les années 1860. « Don Ventura » raconte qu'à Madrid, les deux toreros séjournaient dans la *calle de la Aduana* à quelques maisons l'un de l'autre. Un matin de corrida, la rue fut parcourue par un groupe de guitaristes aveugles chantant :

« Que le Seigneur du Ciel, et la Vierge Souveraine,
Permettent que ce soir don Antonio
Ne reçoive pas de blessure... »

Lorsqu'ils passèrent sous la fenêtre de « Gordito », qui s'appelait Antonio Carmona, celui-ci leur envoya un *duro* aux applaudissements d'un cordonnier de ses supporters qui vivait au même logis. Plus loin « El Tato », qui s'appelait Antonio Sanchez, leur lança de son balcon *5 duros* en or déchaînant l'enthousiasme d'une marchande de poterie de ses amis. Le *zapatero* accourut furieux et en vint aux mains avec la *cacharera* qui traitait « Gordito » de radin. Ils furent conduits au commissariat où ils reconnurent... n'avoir vu toréer ni l'un ni l'autre de leur dieux. Tout ne se passa pas toujours aussi simplement : le 25 juillet 1867, à Cádiz, les partisans tatistes et gordistes déchaînèrent une émeute qui entraîna l'intervention de la force armée et un débat au Parlement. La competencia hélas ! s'arrêta lorsque le « Tato » dut être amputé en 1869 après une blessure reçue à Madrid d'un toro de Vicente Martinez.

Parfois la rivalité de deux toreros est sous-tendue par des divergences d'opinion politique. Il en fut ainsi de la competencia entre le libéral « Juan Leon » et le conservateur Antonio Ruiz, « El Sombrerero » ; on pouvait prévoir à l'avance les villes où l'un ou l'autre serait applaudi !

CONFIRMACION (de la ALTERNATIVA) : Confirmation (d'alternative).

Voir au mot *alternativa*.

CONOCEDOR : Connaisseur.

Régisseur, intendant, bayle, plus connu sous le nom espagnol de *mayoral*, d'un élevage de toros de combat.

L'étymologie suppose sa parfaite connaissance des règles de l'élevage du toro bravo. Il surveille le personnel, tient les livres d'élevage, dirige les *tientas**

Il accompagne les lots de toros de son élevage dans les plazas où ils seront courus et doit les surveiller. Considéré par le Règlement comme *Guardia Jurado* (gardien assermenté) il est responsable de l'intégrité des toros jusqu'à leur entrée en piste. Il note alors leur comportement afin d'en tenir compte pour les futurs croisements.

Il peut être appelé à donner la *vuelta al ruedo* lorsque ses produits ont été d'une bravoure notable.

A la fin du siècle dernier, alors que les toros n'étaient pas tirés au sort mais voyaient leur ordre de sortie décidé par le seul ganadero, Nicanor Villa « Villita » était allé voir les toros qui lui étaient destinés dans les corrales de Barcelona le 5 août 1894 ; voyant l'aspect inquiétant des cornes d'un toro qui lui était à charge, il dit avec calme au conocedor :
— *Es que tu amo cree que yo no hago falto en mi casa.*
(Est ce que ton patron s'imagine qu'à la maison on n'a pas besoin de moi).

CONSENTIR : Consentir.

Forcer la charge d'un toro qui s'y refuse. Cela suppose s'en approcher, entrer dans son terrain et donc augmenter les risques de cogida.

Ne pas confondre cette action valeureuse avec les simagrées faites à la pointe des cornes d'une bête rendue.

CONTRARIO : Contraire.

L'aficionado français traduit ainsi en toutes circonstances le mot espagnol dont les implications tauromachiques sont multiples. Dans certains cas cependant, l'adjectif « opposé » pourrait être une traduction plus précise.

La *suerte contraria* s'oppose à la *suerte natural*. Le terrain du toro normal est le centre du ruedo et l'animal a tendance à s'y rendre spontanément et surtout, comme le note Popelin, « a un besoin instinctif de sentir la voie vers ce point libre de toute interception ». Dès lors, il convient qu'en cours de suerte le torero indique au toro une direction vers le centre et qu'en fin de suerte, l'homme se situe ainsi entre le toro et la barrière.

On appelle *suerte natural* toute suerte au cours de laquelle ces données stratégiques sont respectées et *suerte contraria* celle où la sortie du toro se fait vers la barrière (voir *terrenos* et « gagner du terrain »). Si nous imaginons un matador prêt à porter l'estocade parallèlement à la barrière, il entre a matar dans la suerte natural si la barrière est à sa gauche et dans la suerte contraria si elle est à sa droite. Lorsqu'un toro manso ou épuisé choisit comme terrain celui des barrières (voir *querencia*) il est souhaitable de toréer ou estoquer dans la suerte contraire. Pas toujours sans danger d'ailleurs et c'est ainsi que « Manolete » fut mortellement blessé à Linarés le 28 août 1947 par le toro « Islero » de Miura.

La « jambe contraire » est celle qui est opposée au côté d'où vient le toro ou si l'on préfère celle qui est du côté de la main qui tient la muleta dans la naturelle* ou le *derechazo*. C'est, malgré les controverses et les interprétations, la signification à retenir. Sa position et son mouvement sont essentiels pour définir le « *cargar* la *suerte* » tels que les modernes le conçoivent. C'est d'elle qu'il s'agit lorsqu'il est conseillé de mettre ou d'avancer la jambe (adelantar la pierna) ou d'éviter lors d'une passe de cape ou de muleta le *paso atras*.

La « corne contraire » revêt dans le toreo actuel une importance considérable. C'est la corne qui est du côté opposé à celui où se trouve le matador. Si, lors d'une passe de muleta, l'animal ne répond pas au cite et demeure *quedado*, le diestro dispose de deux recours : il peut s'approcher (*arrimarse**) et il peut progresser vers la corne contraire en traversant une ligne prolongeant l'axe longitudinal du toro (voir *cruzarse*). Cette marche à la corne contraire, devenue courante, semble avoir été systématiquement employée d'abord par « Pedrés » dans les années 50. Il se plaçait « en se présentant de côté au milieu du berceau des cornes, la muleta pendant à bout de bras, et il lui suffisait alors d'avancer le leurre de quelques centimètres pour que la bête fonce » (Adrien Chastelas « Calendau »). Le diestro, désireux de déclencher une charge que le toro fait attendre mais refusant de s'exposer en s'avançant jusqu'au berceau, agitera devant l'œil et la corne contraires le *pico** d'une muleta tenue à bout de bras.

Une estocade est dite contraire lorsqu'elle est située en bonne place mais du côté gauche de la colonne vertébrale alors que le coup normal est porté à sa droite ; la plupart des défauts de l'estocade viennent de ce que le matador n'est pas entré droit et a essayé d'éviter la corne droite en se projetant sur sa gauche. Une estocade contraire est le gage que le torero n'a pas triché en s'engageant et n'est donc pas critiquable. Au contraire.

TERRENO CONTRARIO

CORAZON : Cœur.

Tener corazon peut signifier aussi avoir du courage.

Ainsi que l'a dit Agostin de Foxa : *Aqui el unico musclo importante es el corazon* (Ici - dans l'arène - le seul muscle important, c'est le cœur).

Et comme dit Felipe Sassone, le matador doit se présenter avec *la muleta en la izquierda, la espada en la derecha y en medio el corazon* (la muleta dans la main gauche, l'épée dans la main droite et au milieu le cœur).

CORNADA : Coup de corne ou blessure par coup de corne.

Une cornada correspond à un degré de pénétration dans les tissus suffisant pour atteindre ce que les anatomistes nomment le plan aponévrotique. Si la pointe seule (*piton*) de la corne pénètre on parle de *puntazo* et si ce dernier dessine une plaie allongée, de *puntazo corrido*. D'autres fois le coup se produit tangentiellement et sans pénétration de la pointe, porté seulement avec la *pala* (partie moyenne de la corne) ; il s'agit alors souvent de cogidas spectaculaires au cours desquelles le torero est projeté en l'air avant de tomber mais se relève indemne. On appelle cet accident : *varetazo*, ou en argot taurin *paletazo* et, si le varetazo entraîne une légère érosion cutanée, *varetazo con sangre*.

La cornada proprement dite est en principe plus grave. Les plus dangereuses sont portées par les *cuernos delanteros*, c'est-à-dire les cornes dirigées vers l'avant ; les *gachos* (dirigées vers le bas) ou les *apretados* (aux pointes qui se rejoignent) blessent moins que les *abiertos* (dirigées en dehors) ou les *veletos* (dirigées vers le haut). Un dicton taurin prétend que *los toros dan las cornadas con los cuartos traseros* (les taureaux donnent les cornadas avec l'arrière train), c'est-à-dire ce qui conditionne la violence de la charge. Mais en réalité ce qui influence le plus la qualité de la *cogida** c'est le *sentido* (connaissance, jugement) et donc l'âge du toro avec lequel le sentido *va a mas*.

Les régions du corps atteintes par les cornadas peuvent se distinguer en deux catégories : celles qui témoignent du courage et de la science du diestro et celles que peuvent occasionner la peur, la maladresse ou la malchance.

Les premières intéressent d'abord la face antéro-interne de la cuisse — surtout à droite — cette région dite triangle de Scarpa, où courent les vaisseaux fémoraux dont la lésion peut conduire à l'amputation du membre (« El Tato », « Corbacho », « Cobijano », « El Bala ») ; ensuite la partie basse de l'abdomen et le périnée. C'est en effet en pratiquant correctement et honnêtement les diverses suertes qu'on s'expose à de telles blessures et les professionnels en exhibent volontiers les cicatrices. Rafaël Guerra disait cependant : « Ce n'est pas le toro qui vous prend, c'est vous qui vous laissez prendre » et Luis Miguel est de l'avis de « Guerrita ». Mais ceci est vrai surtout de la deuxième catégorie de cornadas, celles qui peuvent siéger n'importe où, du thorax (Pascual Marquez) à l'orbite (Granero).

Les blessures par cornadas sont généralement contuses, infectées, génératrices de choc traumatique ou hémorragique et comportent volontiers des corps étrangers inclus. Il faut signaler la fréquences des *lesiones con despiste* dans lesquelles les dégâts véritables sont très loin de la porte d'entrée et les plaies pénétrantes sans déchirure évidente des habits.

Il arrive que certains aficionados entament une discussion sur les risques respectifs qu'il y a à toréer de profil ou de trois quarts et avancent comme argument le fait que les décès dans l'arène étaient plus nombreux aux temps où « Manolete » n'avait pas encore généralisé le toreo de profil. Mais là n'est pas la vraie raison de la diminution des blessures mortelles depuis vingt ans. La vraie raison tient tout simplement aux progrès de la réanimation médicochirurgicale et à l'avènement des antibiotiques dont l'essor a coïncidé avec la mort de « Manolete » (1947) ; les toreros le savent bien qui ont élevé à Madrid une statue à Fleming.

La cornada est « le contrepoint dramatique de la fiesta ». Elle vivifie l'aficion. Il n'y aurait pas d'éthique dans la corrida si le toro n'avait pas « une mort à chaque corne ». Il est touchant de se souvenir que le médiocre matador que fut « Carnicerito de Méjico » dut, peut-être, à sa blessure mortelle sa plus grande satisfaction taurine. Avant de mourir à Villaviciosa, frappé par le toro « Sombreiro », il put dire orgueilleusement : « Je meurs de la même blessure que « Manolete ».

En deux cents ans, de 1771 (José Cándido Esposito à Puerto de Santa Maria) à 1974 (José Falcon à Barcelona) 50 matadors de toros ont été victimes d'une cornada mortelle.

CORRAL : Cour attenante aux arènes.

Clôturée de hauts murs, elle est équipée de burladeros et d'auges destinées à alimenter les toros qu'on y amène, venant de l'élevage, dans l'attente du jour de la corrida où ils seront mis dans les chiqueros pendant l'*apartado**.

Dans les grandes plazas, il y a plusieurs corrales destinés à recevoir les lots de la feria.

Les arènes romaines de France (Arles, Fréjus, Nîmes) ne disposant pas de corrales attenant (et pour cause !) ceux-ci ont été édifiés dans la banlieue de la ville. Le matin de la corrida, après le *sorteo**, les toros sont mis un à un dans des caisses semblables à celles dans lesquelles ils sont arrivés de l'élevage et transportés aux arènes où ils sont mis soit dans des *chiqueros** (Arles), soit dans un dispositif composé d'un couloir étroit en bois divisé en loges par des portes guillotines (Nîmes). Pour sortir, les toros passent ainsi d'une loge dans l'autre pour arriver dans l'arène. Bien entendu cette opération supplémentaire, le matin de la corrida, et la station dans cet étroit couloir, causent aux bêtes une fatigue supplémentaire.

A Pamplona, il y a trois groupes de corrales destinés à faciliter l'encierro :
— celui dit « del Gas », hors de la ville où sont amenés les lots en provenance des ganaderias,
— celui dit « de Rochapea » aux bas des remparts,
— celui des arènes.

Le transfert des corrales du Gas à ceux de Rochapea constitue l'*encie-*

CORRAL

rillo de nuit, celui de Rochapea aux corrales des arènes constitue l'*encierro* qui se déroule à 7 heures du matin.

CORRALEADO ou CORRALERO.

Toro qui a séjourné dans un corral. C'est le cas des toros de réserve qui restent parfois des mois dans les corrales d'une plaza. Le toro corraleado est toujours soupçonné de mauvaises intentions et de *mansedumbre**. Ce n'est pas toujours son cas. C'est ainsi que le 12 août 1973 fut lidié à Béziers un *sobrero** de La Quinta (Buendía Hermanos) qui avait séjourné deux mois dans les corrales de Nîmes avant d'être envoyé dans ceux de Béziers ; il fut d'une grande bravoure (prenant quatre piques en partant de loin) et d'une noblesse idéale.

CORRER LA MANO : Courir la main.

Signifie au sens strict : déplacer la main qui tient le leurre devant la tête de l'animal pour le toréer. Or, il est essentiel pour le matador de courir la main, c'est-à-dire de conduire le toro le plus loin possible. Ce qui a de multiples mérites : accroître la durée de la suerte pour l'émotion et le plaisir des yeux, permettre à l'homme, en fin de passe, de pouvoir enchaîner la passe suivante sans avoir besoin de se déplacer et au total : dominer le toro (voir : *codillero*).

CORRER LOS TOROS : Courir ou faire courir les toros.

Lorsqu'on dit en français que l'on court un animal (cerf, lièvre), il est bien entendu que l'on court *derrière*. En tauromachie, il est extrêmement rare que l'on poursuive un toro et dans ce cas l'expression qui nous occupe est impropre. Lorsqu'on court un toro, on le fait *devant* lui. Si possible avec un leurre qui permet de s'en préserver.

Courir le toro est le premier travail du subalterne. Tenant sa cape d'une main, le peon se fait poursuivre en déplaçant le leurre. Il peut ainsi voir, ou montrer au maestro, de quelle manière charge le toro, quelle est sa « corne maîtresse », s'il est *boyante** ou s'il *derrote**. C'est une tâche essentielle, à charge du peon de confiance.

Le torero peut lui-même « courir le toro » et à *cuerpo limpio** lorsque, banderilles en main, il se fait poursuivre pour mettre la bête en suerte sans l'aide des capes des subalternes. Faut-il ajouter que c'est là spectacle assez rare.

CORRIDA : Course.

CORRIDA DE TOROS : Course de toros.

En fait le mot de corrida dans le langage taurin français s'applique à la corrida dite formelle, avec piques et mise à mort de toros de 4 ans pesant 460 kilos dans les arènes de première catégorie et 435 dans celles de deuxième catégorie.

Course de taureaux. Torero Peon amenant le taureau au picador

CORRER LOS TOROS

Les autres manifestations taurines portent un nom particulier : *becerrada, corrida de novillos*, avec ou sans picador, dites *novilladas, capeas*.

Il est frappant de constater que dès l'aube de l'humanité, la Nature non humaine, ni bonne, ni mauvaise à l'homme, simplement formidable et indifférente, fortuitement providentielle ici et criminelle là, a été d'abord et presque jusqu'à nous symbolisée par le Taureau, Divinité puissante d'où sortaient le mal et le bien, exigeant le sang des hommes mais donnant la chair et la fertilité, si on savait les lui ravir et méritant les égards dûs à un dieu.

Parcourons avec J. Conrad (1), l'histoire du « Culte du taureau » depuis l'art des cavernes qui nous apporte les bisons d'Altamira ou de Niaux, les taureaux de Lascaux ou de Pindal, le bœuf d'Isturitz. Dans la Mésopotamie ancienne, le « Bœuf sublime, Dieu taureau » est le créateur du monde, le « Seigneur de la parole de vie ». Il y a quatre mille ans, le long de l'Indus, l'aurochs sacré est vénéré, dieu du tonnerre et de la pluie, terrorisant « même l'innocent » mais « fécondateur de toutes choses ». L'Inde est encore de nos jours, le pays des bovins sacrés. L'Egypte ancienne a sans trêve glorifié le Taureau sauvage, dispensateur de la vie et c'est le dieu Bœuf Apis qui apportait les inondations bienfaisantes du Nil. C'est en Crète que Thésée fut le premier matador dont la légende nous ait transmis le nom.

Il avait d'autant plus de mérite que le Minotaure qu'il estoqua était un Toro criminel. Mais il a légué à l'île sa corne d'abondance, et dans les arènes crétoises, il semble bien que des toreros de métier se livraient à des jeux taurins dont nous dirions aujourd'hui qu'ils sont un mélange de « pega » portugaise et de dangereuse voltige. Le Taureau était ensuite rituellement sacrifié « pour que l'homme vive ».

Des corridas étaient organisées, mille ans avant notre ère en Grèce, et Sophocle, dans son Antigone, fait curieusement écho à notre propos :

« ... innombrables sont les merveilles du monde mais aucune plus que l'homme : la mer tumultueuse cède devant sa proue, la terre porte la marque de ses socs ; oiseaux, poissons, viennent se prendre dans les filets de son esprit, le lion sur la colline, le cheval sauvage se soumettent à lui et son joug pesant a domestiqué le puissant taureau ».

D'ailleurs Zeus ne dédaigne pas de se « taureaufier ». Dyonisos a le pied taurin et Eschyle invoque le taureau de la montagne « Dieu, Bête, Mystère ».

Pendant des siècles, Rome a développé le culte de Mithra, Héros dont la mission divine fut de tuer en combat le taureau primordial, source de vie, dont le corps, après l'estocade livra au bénéfice de l'homme le vin et le blé. On dit que Jules César introduisit dans son pays l'usage des toreros à cheval et les Espagnols affirment qu'il en avait pris goût dans la péninsule ibérique. Martial nous livre le nom du célèbre matador Carpophorus, fameux pour son coup d'épée. Ovide décrit l'usage de la muleta et Pollion rapporte le premier cas connu de désaccord entre la présidence et les aficionados. Un « venator » — lisez matador — avait tué le bicho en dix voyages. L'Empereur l'ayant cependant couronné, répondit à la bronca « qu'il estimait difficile de manquer le toro tant de fois » — avant goût du favoritisme pro-cordobesiste ! Puis vint le christianisme. Il est curieux de remarquer que le Moïse de Michel-Ange qu'on admire à Saint-Pierre-aux-Liens a le chef orné d'une paire de cornes.

Mais on voit que dans ce combat sans fin de l'homme et de la Divinité-Nature dont nous avons besoin pour vivre et que nous devons vaincre pour ne pas mourir, la nature est obstinément symbolisée par le Taureau.

Nous ne sentons plus clairement ce « combat essentiel » contre la nature, raison d'être historique et métaphysique de l'homme depuis 40 ou 50 mille ans. Mais nous portons l'empreinte inconsciente et profonde de la lutte avec la nature brute et sauvage que nous aimons, que nous craignons et qu'il faut vaincre.

Or, dans l'arène se rejoue le combat éternel. L'homme de lumière, vertical, au cerveau hypertrophié et aux mains libres s'oppose en combat singulier et mortel à la puissance horizontale et noire du Taureau-Nature qu'il lui faut tuer pour accomplir son destin.

Pour triompher, il obéit aux exigences de son âme et il se sert de son courage et de son intelligence. L'intelligence : ce sont ses outils, « los trastos de muerte », la muleta et l'épée, le sens des terrains, les passes à choisir. Il faut à l'homme un rare courage pour attendre la charge du fauve, l'apaiser, la diriger, la maîtriser enfin en vue du sacrifice. Il faut que la beauté jaillisse du combat sans quoi il manquerait à la faena une « qualité humaine ». Et le sens moral devient de plus en plus exigeant au fur et à mesure que l'homme domine mieux son art, impose son éthique de la corrida.

Il faut enfin obéir au rite. Il faut qu'à un moment donné la Nature ait sa chance pour que la cérémonie trouve son sens profond et c'est l'instant de vérité. La notion aiguë de la mort, du temps irréversible entre dans le rond avec chaque taureau. Ainsi comme l'a noté Enrique Lafuente Ferrari, la corrida « fait revivre en quelques instants le grand drame de l'histoire de l'homme, désarmé en face de la nature et réduit à l'invention des moyens propres à convertir l'hostile en favorable ».

Il y a là sans doute une raison d'ordre psychanalytique à l'attirance sans pareille de la tauromachie sur l'homme, parvenu de l'univers. Il est bon, sain et nécessaire que l'homme se souvienne du long combat qui l'a modelé. L'alpiniste qui affronte gratuitement une paroi dangereuse suit une voie parallèle. Mais il affronte en solitaire une nature inanimée au lieu d'assumer, comme le matador pour des milliers de ses semblables, un combat plus grandiose puisqu'il se mesure au vivant.

Peut-être certains adversaires in-

---

(1) J.-R. Conrad. « Le culte du taureau ». Payot, Paris 1961.

conditionnels de la corrida obéissent-ils à ce qu'il faut bien appeler un complexe, celui de parvenu qui veut répudier ses origines parce que leur souvenir fait horreur à son subconscient. Ils acceptent de manger du bœuf, mais veulent oublier le long cheminement qui l'a conduit dans leur assiette pour nourrir leurs propres tissus.

Ils veulent se rapprocher de l'Ange.

Il est frappant de constater que jusqu'au XXᵉ siècle, en France, aussi bien qu'en Espagne, les opposants aux courses de toros, n'envisageaient de les interdire que pour protéger des vies humaines dangereusement exposées. « Considérant que la course des bœufs est la cause d'événements dont l'humanité n'a que trop souvent à gémir ».
(Préfet d'Alphonse, Nîmes le 24 Messidor an 12).

Puis, en France surtout, il ne fut plus question que de la protection de l'animal, le sort de l'homme important moins aux âmes les plus sensibles. Gaston Doumergue, grand aficionado et futur président de la République, s'écriait en plein Parlement en 1900 : « On comprend que les hommes aient si peu d'amis, quand les animaux en ont tant », dans une allocution où Montherlant retrouva « l'accent triste de Sénèque ».

Qu'on ne se réjouisse pas qu'au Portugal la mise à mort interdite ne soit que simulée en fin de course. Car dès qu'il est sorti de piste, l'animal retrouve — évidemment — son destin ; il est clandestinement abattu, pour finir, comme en Espagne, et comme ailleurs, sur l'étal des boucheries.

La corrida tue moins d'hommes que les courses d'automobiles, moins de taureaux que les abattoirs et moins de chevaux que les hippodromes.

L'Aficionado, qui aime et adore le taureau de combat, a le sentiment de lui rendre justice en le faisant participer à une fête tragique où l'homme se surpasse pour faire naître de la beauté. Mais la corrida impose une éthique. Il faut que le toro ait « une mort à chaque corne ». Il ne faut pas que le matador prenne des risques inutiles : il faut qu'il accepte ceux qui sont nécessaires au triomphe terrestre de l'homme sur les dieux.

CORRIDA MONSTRUO : Corrida monstre.

Le 16 juin 1913 à Santander, 18 toros furent estoqués dans la journée, lors d'une même corrida divisée en trois parties :
— à 10 h 30 : six toros de Benjumea mis à mort par Vicente Pastor, « Cocherito de Bilbao » et « Torquito »,
— à 15 h 15 : six toros de Parladé par « Machaquito » et « Joselito » en mano à mano.
— à 18 h : six Saltillos estoqués par « Bombita » et Rafael « El Gallo » également en mano à mano.

« El Gallo » (génial) et « Bombita » (dominateur) furent les meilleurs. Le dernier coupa la seule oreille du jour, ce qui lui donne toute sa valeur lorsqu'on lit les noms des matadors de l'affiche. Ruvenat dans « El Chiquero » de Zaragoza, résuma la course ainsi :

*« De la corrida montruosa
Que ha celebrado Santander
Gallo y Bombita logran ser
Los de la nota mas hermosa ».*

« De la corrida monstre
tenue à Santander
Gallo et Bombita ont pu être ceux
qui ont donné la note la plus belle ».

CORRIDA PATRIOTICA.

Corrida donnée en Espagne au bénéfice des victimes de conflits nationaux (guerre du Maroc par exemple) comportant une organisation en rapport avec le but poursuivi.

CORRIDA REAL ou CORRIDA REGIA.

Course qui est donnée sous la présidence du souverain espagnol (lorsque l'Espagne est un royaume !).

CORTAR EL TERRENO : Couper le terrain.

CORRIDA PATRIOTICA

Ceci se produit lorsque le toro ne suit pas la trajectoire que le torero lui fixe et ne se laisse pas leurrer. C'est le propre du toro *avisado, de sentido*.

CORTO : Court.

Se dit d'un torero dont le répertoire de suertes est limité : *torero corto*, ou de sa manière de toréer : *toreo corto*. Il s'ensuit le plus souvent qu'un torero corto ne peut dominer que des toros d'un style qui lui convient, et sert une faena stéréotypée. En ce sens l'épithète « corto » a une valeur péjorative par opposition à un torero *largo* (long), qui dispose au contraire de recours multiples, d'un jeu varié et qui peut dominer les toros les plus divers. Et, en effet les toreros cortos sont souvent décevants. Mais de même qu'un boxeur peut ne posséder qu'un crochet du gauche et coucher au sol plus d'adversaires qu'un boxeur frappant tous azimuts des deux poings, de même on peut préférer la monotonie du « Viti » et les éclairs de Curro Romero au toreo largo de Damaso Gómez ou de « Miguelin ». Un torero corto peut même atteindre les sommets : les moyens limités de Juan Belmonte étaient soulignés par sa confrontation avec « Joselito », *torero larguísimo*. Belmonte fut cependant un torero - cime. Et ce fut « Joselito » qui fut tué à Talavera par Bailador.

COSO : Synonyme de « plaza de toros » : arènes.

COSTADILLO (DE) : Côté (de).

Qualifie une manière peu louable de toréer sans faire face au toro et en restant prêt à rompre.

El pase de costadillo est une passe de muleta droitière dans laquelle le torero, pieds joints et placé de profil par rapport au toro venant de sa droite reçoit ce dernier en lui tournant le dos par un pivotement vers la gauche qui l'écarte des cornes et soulève le leurre sous lequel passe la bête. Cette suerte est encore appelée *pase militar* peut être parce que l'homme au garde-à-vous paraît brandir un drapeau. Miguel Mateo « Miguelin » affectionnait cette passe sans valeur et l'a malheureusement prodiguée dans le film de Rosi « Le Moment de Vérité », dont il est le protagoniste.

CRUZ

CRUZ : Croix.

C'est le point de mire visé par l'épée ; territoire anatomique, mille de la cible-toro, dont le centre est représenté par le point de rencontre de deux droites : l'une suivant l'épine dorsale, l'autre perpendiculaire à celle-ci et passant par l'axe des épaules. C'est la région du garrot dans laquelle doit pénétrer l'épée. La cruz est constituée de deux légères dépressions limitées par des reliefs osseux : au centre la colonne vertébrale et ses apophyses épineuses, de part et d'autre les omoplates. Ces dépressions musculaires de 3 à 4 cm de large sont, du fait de l'absence de clavicule chez les toros, les seules voies d'accès direct par le 3e et 4e espace intercostal, à la cage thoracique.

Ce trajet idéal conduit, si l'estocade a été portée selon les règles, vers la pointe du cœur et plus fréquemment, à travers les poumons, vers la veine cave postérieure, gros vaisseau mal protégé dont toute lésion entraîne la mort par hémorragie.

Emprunter ce trajet suppose que l'angle selon lequel est porté le coup d'épée soit idéal car :
— trop latéral le coup butera sur l'omoplate,
— trop central, sur la colonne vertébrale,
— trop horizontal, le fer ne s'engagera pas dans l'espace intercostal. Dans ce cas l'épée n'intéressant que les masses musculaires de l'épaule sera mobilisée par les mouvements des pattes et aura tendance à remonter et à sortir seule.

Le coup trop vertical dans la cruz, ce qui suppose le maximum d'engagement de la part du torero, risquera d'intéresser la base du cœur située en région très antérieure et sera récompensé par une mort très rapide.

Dans tous les cas, et quelle que soit la rapidité des effets d'une estocade portée dans la cruz, le seul fait d'engager selon les canons de la tauromachie une épée profonde dans une zone si bien défendue mérite des éloges. Car il est plus aisé de tuer un toro en enfilant dans la cage thoracique une épée basse, en avant des épaules, qui escamote tous les obstacles anatomiques.

CRUZAR : Croiser.

Habituellement employé dans le sens de « faire la croix » (*hacer la cruz*). Il ne s'agit pas du signe de croix que le matador fait toujours en entrant dans l'arène et, en de grandes occasions, avant d'entrer a matar, mais de la croix dessinée par les deux bras du matador au moment de tuer. Le bras droit est dirigé en avant dans un sens longitudinal par rapport à l'axe du toro, pour enfoncer l'épée. Le bras gauche se dirige transversalement de la gauche vers la droite de l'homme pour que la muleta indique à la corne gauche la sortie de ce côté ; cependant que l'homme, basculant sur la corne droite va se retrouver sur le flanc du toro.

Ainsi le bras gauche perpendiculaire au bras droit, passe sous lui réalisant la croix dont il s'agit. Le mouvement de la main gauche, permettant au corps du torero de franchir impunément la corne droite est essentiel, au point qu'on a pu dire que « c'est la main gauche qui tue ».

Fernando « El Gallo » avait coutume de dire : « Celui qui ne fait pas la croix, le diable l'emporte ! » (*Al que no hace la cruz, se lo lleva el diablo*).

L'éleveur de toros bravos emploie le mot croiser dans un autre sens : faire accoupler un mâle et une femelle de races différentes, pour essayer d'améliorer la caste... au moins en principe.

CRUZARSE : Se croiser.

On dit qu'un torero se croise lorsqu'il cite en se tenant dans le prolongement de la charge naturelle du toro, ce qui l'oblige à changer le voyage de la bête en cours de suerte. Faute d'agir ainsi, il torée *fuera de cacho**. Voir également *frente*.

CUADRAR.

Ce verbe a de nombreuses significations dont trois au moins ont pu être utilisées en langage taurin :
1º) — *Cuadrar*, terme d'équitation qui, appliqué au cheval, veut dire s'arrêter ferme sur ses pieds et, plus communément, signifie donner la forme d'un carré. C'est cette acception, appliquée au toro, qui se traduit en français par le verbe « cadrer ». Lorsqu'il utilise celui-ci, l'aficionado se sert d'un néologisme taurin car si vous ouvrez un Larousse au mot cadrer, vous lisez : « avoir des rapports avec, convenir à ». Ce à quoi le matador donne la forme d'un carré — ou pour être plus exact d'un rectangle — c'est le quadrilatère formé par les pieds du toro. A toro « cadré » (*cuadrado*), les pieds de l'animal sont immobiles, la tête est dans le prolongement du garrot et l'extrémité vertébrale des côtes est à peu près perpendiculaire à la colonne, en sorte que l'espace situé entre celle-ci et le paleron s'ouvre au maximum. Ces dispositions sont en principe idéales pour la pénétration de l'épée et le *cuadrar al toro* est la première action du diestro abordant la suerte de matar (Voir *Arreglar los piés*).
2º) — *Cuadrar*, terme de géométrie : mettre en position perpendiculaire. Ce sens, parfois retenu en tauromachie, s'applique au leurre (*cuadrar el engaño, muleta cuadrada*) et veut dire que le matador dispose la cape ou la muleta perpendiculairement au voyage, supposé rectiligne, du toro (*su rectitud*).
3º) — *Cuadrarse*, terme militaire, appliqué au soldat signifie : se mettre au garde-à-vous. En tauromachie on l'emploie dans l'expression *cuadrarse en la cabeza* ; littéralement : se mettre au garde-à-vous devant la tête (du toro). Ce mouvement correspond à la pose des banderilles et veut dire que l'homme, au moment de clouer, marque un temps d'arrêt et fige son corps en extension au centre de la suerte, les coudes au-dessus de la tête et les poignets rapprochés. Cette manœuvre est nécessaire pour conférer à l'action un degré suffisant d'émotion et d'esthétique, en particulier dans la variété dite *au cuarteo* qui serait de peu de mérite si le torero négligeait de « cuadrarse en la cabeza ».

CUADRILLA : Equipe qui accompagne le matador.

La composition de l'équipe qui aide le matador dans le ruedo est strictement réglementée :
— deux picadors et trois subalternes pour une corrida normale avec trois matadors ;
— pour un *mano a mano* (deux

Une Corrida Espagnole - 12. - Mazzantini et Guerrerito entourés de leurs cuadrillas

CUADRILLA

CRUZARSE
(Antonio Ordonez)
Photo L. Clergue

matadors seulement) : trois picadors et quatre subalternes ;
— si le matador assure seul la course, il doit engager trois cuadrillas, soit six picadors et neuf subalternes.

L'un des subalternes est dit *peon de confianza* (subalterne de confiance) ; c'est lui qui accueille le premier toro afin de le jauger et de faire profiter le maestro de son expérience.

Les subalternes doivent obéir à certaines règles :
— ils doivent faire courir les toros en tenant leur cape d'une seule main (règle qui n'est que rarement respectée) ;
— ils ne doient pas donner des *recortes* (coups de cape secs), aveugler la bête avec leur cape, la faire frapper contre les barrières et abris (règles également peu respectées...) ;
— les banderilleros travaillent deux par deux, alternant en fonction de leur ancienneté ; au premier toro, le plus ancien pose deux paires, le second une ; au deuxième toro, le second une et le plus jeune deux paires.

L'un des subalternes tient le rôle de *puntillero* (voir *puntilla*).

Les picadors et subalternes sont soit attachés à un maestro pour la durée de la saison, soit engagés pour une course (c'est le cas lorsque le matador n'a pas suffisamment de contrats pour entretenir une cuadrilla permanente).

Les subalternes sont payés au cachet, par corrida. Leurs salaires sont établis chaque année par leurs syndicats et sont dégressifs suivant la catégorie du matador et celle des arènes.

La cuadrilla est complétée par le *mozo de estoque** (valet d'épée).

CUARTEANDO : En effectuant un *cuarteo*.

CUARTEO.

Bien que le sens littéral habituel de *cuarteo* soit « écart », le torero ne fait aucun écart lorsqu'il pose les banderilles « au cuarteo », ce qui est la manière la plus courante de procéder.

Le toro étant placé dans le terrain* de l'homme, ce dernier gagne le centre du ruedo et, quand l'animal a commencé sa charge, le torero va parcourir un arc de cercle qui va couper la trajectoire du toro de telle manière qu'au moment du croisement le banderillero soit devant la tête. C'est là, dans le berceau, qu'il doit en principe *cuadrarse en la cabeza* et clouer. Lorsque le torero qui, à partir du centre du rond, a avancé en droite ligne et n'effectue qu'un léger cuarteo — un petit arc de cercle — au dernier moment on parle de *par de frente* (paire de face). A l'inverse, lorsque les trajectoires de l'homme et de la bête vont se croiser à angle aigu, l'homme doit gagner le toro de vitesse et c'est la paire *de poder a poder* (de pouvoir à pouvoir), très émouvante lorsque la course du toro est rapide.

Lorsque le torero, pour clouer sa paire, fait vraiment un écart, à la manière landaise, les banderilles sont dites *al quiebro* ou fréquemment, mais moins correctement, *al cambio* (voir *frente* et *quiebro*).

On parle aussi parfois d'estocade *al cuarteo* ou « au pas des banderilles », lorsque le matador, au lieu d'entrer droit, comme il convient, décrit un arc de cercle vers sa gauche qui lui permet de sortir de la ligne de la dangereuse corne droite, ce qui doit être censuré. Pour s'apercevoir de ce défaut d'exécution il convient que le spectateur observe le chemin que suivent les pieds du matador entrant à matar.

CUERPO LIMPIO : Corps propre.

A CUERPO LIMPIO : se dit en général d'un *quite** fait par un torero sans leurre, à mains nues.

En la plaza de Tetuan, un torero s'étant fait désarmer et laissant sa cape sur les cornes du toro, un spectateur lui cria :
— Profite pour lui faire un quite a cuerpo limpio !
Et un farceur d'ajouter :
— Mais prends d'abord un bain !

CUMBRE : Cime.

S'emploie en tauromachie dans deux expressions :
— *Torero-cumbre* : torero qui se trouve au sommet de la hiérarchie ; on dit aussi « torero d'époque » ;
— *Faena-cumbre* : travail du matador particulièrement réussi dans toutes les parties de la faena qui laisse un souvenir dans l'aficion (la relation des faenas cumbres occupe la plus grande partie des conversations entre aficionados).

CUERPO LIMPIO

CUMPLIR : Accomplir (son devoir), respecter (ses engagements), satisfaire (aux règles).

S'applique aussi bien au toro qu'au torero et signifie qu'il a été moyen dans sa prestation. En fait, dans ce cas, l'intéressé a été un peu au-dessus de *regular* (voir ce mot).

C'est une de ces formules pudiques qui permettent aux espagnols de laisser entendre et de faire comprendre sans employer de termes qui fâchent.

CUNA : Berceau.

Il s'agit en général de celui des cornes.

Ce terme s'applique également à une ville ou une région d'où est issu un grand torero : Ronda est la *cuna* d'Antonio Ordoñez et Córdoba celle des « Califes » : « Lagartijo », « Guerrita », « Manolete »... On appelle, dans cette acception, la cuna : *patria chica* (petite partie).

Hierro de Jose Luis Martin Berrocal

DANZA (ou BAILE) : Danse.

Suite de mouvements cadencés du corps au son des instruments ou de la voix (Larousse).

En tauromachie : petit ballet non cadencé exécuté devant la tête d'un toro par un matador en perdition au son d'une *bronca**.

Bailador (Danseur) : qualificatif appliqué habituellement au torero dont le jeu de jambes et les manières s'apparentent plus à l'art de Terpsichore qu'à celui de « Cúchares ».

Le toro qui tua le grand « Joselito » s'appelait Bailador.

DAR EL BANO : Donner le bain.

Se dit d'un matador qui se montre meilleur que son rival.

S'emploie dans le cas d'une *competencia**. C'est ainsi qu'en 1958, Luis Miguel « Dominguin » fut surclassé par Antonio Ordoñez en particulier à Nîmes, le 26 mai, devant des toros de Carlos Nuñez alors que le troisième matador était le modeste mexicain Guillermo Carvajal qui, ce jour-là, se surpassa. Et Luis Miguel « prit le bain ».

DEFENDERSE : Se défendre.

Se dit d'un toro qui, couard ou épuisé, prend *querencia** — en général *en tablas,* près des barrières — refuse de charger et *derrote** sur place.

DEGOLLADO - DEGOLLAR : Egorgé - Egorger.

Lorsque le matador veut se débarrasser d'un toro promptement et sans risque (hors celui de se faire conspuer !) il prémédite un « coup bas » (*bajonazo*) c'est-à-dire qu'il vise directement la poitrine, en avant du défaut de l'épaule. Lorsque le mauvais coup ainsi porté l'est droit dans le cou (*gollete*) le toro est proprement égorgé et l'estocade est dite *golletazo*. Le toro vomit alors par saccades des flots de sang et s'écroule après quelques secondes, étouffé.

C'est, bien entendu, parfaitement infâmant pour le matador. Mais il arrive que quelques applaudissements jaillissent des gradins provenant de « touristes » qui apprécient la rapidité et l'efficacité de la mise à mort. Ces mêmes touristes traiteront de « boucher » ou d'« assassin », le matador qui entrant court et droit portera « dans le haut » plusieurs *pinchazos** valeureux mais malchanceux.

Pepe Illo, apprenant la mort de Louis XVI, demanda :
« — Comment l'ont-ils tué ?
— En l'égorgeant.
— Le pauvre ! s'exclama le torero, ces Français ne feront jamais de bons toreros. »

Mais c'était il y a deux cents ans !

DEHESA : Pâturage.

Par extension : domaine, propriété d'élevage (qui se traduit également en espagnol par *finca, hacienda, cortijo...*).

C'est ainsi que dans la nomenclature des ganaderías on peut lire que les toros de Pablo Romero paissent dans les dehesas dénommées « Partido Resina », « Herrerias » et « Venta Negra » des *términos* (communes) de Aznalcazar, Sanlúcar la Mayor et Puebla del Rio, dans la province de Sevilla.

Les dehesas étaient, il y a encore vingt ans, en grande majorité des terres incultes ou *latifundios,* parfois immenses comme celles de Pablo Romero qui couvraient près de 5.000 hectars. Ce que le morcellement, tenté par les gouvernements républicains, n'avait pu réaliser est en train de se produire du fait de la mécanisation et de l'irrigation : peu à peu les dehesas sont mises en culture et les pâturages diminuent inexorablement cantonnant les toros dans des enclos de plus en plus resserrés.

DELANTAL : Tablier.

Passe de cape dans laquelle celle-ci est tenue par devant comme un tablier.

Si le torero recule à petits pas pour déplacer le toro, il fait un *quite par delantales* (voir *abanico*) ; s'il reçoit ainsi le toro en gardant les pieds joints, il dessine des « véroniques en tablier » ou *parones*.

DERECHAZO : Passe de muleta donnée de la main droite.

Le derechazo correspond à ce que l'on appelle « naturelle* de la droite » (*natural con la derecha*) ou « passe en rond » (*redondo*). L'incertitude surprenante de la terminologie vient des discussions qui l'ont entourée et dont on imagine mal la complexité et l'acharnement. La source de la confusion remonte au grand « Paquiro » lui-même qui a écrit : « Sur le retour d'une passe naturelle, il faut faire la passe de poitrine parce que faire passer la muleta dans la main de l'épée pour donner la naturelle (*pase regular*), quoiqu'acceptable, n'est pas aussi élégant ».

Ce qui semble admettre implicitement que la passe de la droite est aussi naturelle.

Cossío renchérit, qui déclare sans ambiguïté : « Dans le mécanisme de l'éxécution, rien ne distingue la naturelle de la gauche de la naturelle de la droite ».

« Don Ventura » l'approuve et va même jusqu'à appeler la *manoletina* : *Pase natural por alto con la derecha*.

Mais la plupart des auteurs ne suivent pas ces experts et font justement remarquer que la passe de la droite sera toujours une passe aidée, car l'épée qui aggrandit le leurre augmente la distance séparant l'homme du toro. En outre l'usage de la main droite qui habitue le toro à se servir de la corne droite risque de compromettre l'exécution de la suerte suprême où c'est la corne droite qu'il faut redouter.

En 1933, le journal taurin de Valencia, *El Clarin,* avait fait auprès de ses lecteurs une enquête intitulée : *Debe llamarse pase natural al realizado con la mano derecha ?* (doit-on appeler passe naturelle celle réalisée

DERECHAZO
(Antonio Ordonez à Nîmes)
Photo L. Clergue.

avec la main droite ?).

Les avis recueillis viennent de bords très différents : toreros célèbres ou oubliés, revisteros illustres ou inconnus, aficionados de tous poils. Comme toujours en tauromachie, les opinions divergent et l'on assiste à un certain dialogue de sourds au cours duquel on ne se prive pas de s'accuser d'absurdité, d'immodestie, d'illogisme ou d'ignorance.

Les uns (essentiellement des toreros) ne peuvent concevoir que l'on torée *al natural* de la main droite. « La naturelle est de la gauche par antonomase », la passe de la droite est « aidée » par l'épée. Pour toréer « al natural » de la droite, il faudrait tenir la muleta dans cette main et l'épée dans la gauche ; mais qui le ferait ? La naturelle est donnée de la gauche sur la corne gauche réalisant la même suerte qu'au moment de la mort et comme la lidia tend à ce but, la naturelle n'est donnée que de la gauche.

En fait, on ne tient les *trastos de matar* d'une seule main, qu'en quatre occasions :
— pour le *brindis** : tout dans la gauche ; la main droite tient la *montera** ;
— lorsque le toro est *aconchado*, collé à la barrière sur son côté gauche : tout dans la droite ;
— si le toro est borgne de l'œil droit : tout dans la droite ;
— dans les passes modernes : *trinchera, firma, molinete, afarolado* (nous sommes en 1933) : tout dans la droite.

En dehors de ces cas, on doit toréer naturellement de la gauche. De la droite c'est un *pase excepcional*, uniquement de recours. On peut dire que la naturelle de la gauche serait la même que la naturelle de la droite si ce n'était tout le contraire ; exactement comme on dit *media vuelta a la derecha es lo mismo que media vuelta a la izquierda, nada mas que es todo lo contrario* (un demi-tour à droite c'est comme un demi-tour à gauche sauf que c'est tout le contraire).

La passe de la droite peut être appelée *en redondo*, ou *derechazo*, ou *de conjunto*, ou *ayudado al natural*, ou *naturalizado*... mais non *natural* !

De cet avis étaient « Pinturas », « Madrilenito », Manolo et Pepe « Bienvenida », Jaime Pericas, Manolo Martinez...

Il y eut même quelques humoristes pour ajouter :

« La naturelle est donnée de la gauche et le derechazo de la droite. Sinon comment reconnaître les deux passes dans un compte rendu » (Roberto Fernandez « Don Paco »).

« Le natural authentique comme la véritable république doit être forcément de gauche. La passe de droite est dénaturée comme l'alcool à brûler (« Blas K-Ito »).

« Comment admettre comme naturelle une chose qui est aidée ? Quelle est la différence entre le *melocoton* (pêche) au naturel ou en conserve. En conserve il est aidé avec sa préparation ; et avant sa préparation, il est naturel » (Saturio Toron).

Mais dans cette enquête, « Corinto y Oro » écrit : « Dans les deux cas l'éxécution est la même, que le toro aille de droite à gauche ou de gauche à droite ». Et « Don Ista » : « le naturel est dans la façon de donner la passe, sans forcer en rien la figure du corps ». Et « Don Nadie » : « C'est une question d'éxécution ; accepter comme « naturelles » les derechazos d'un Villalta ou les *izquierdazos* d'un Lalanda correspond à prendre du Codorniú pour du Pommery ! ». Et « Don Indalecio » de conclure : « Qu'il y ait des *naturales zurdos* et *naturales diestros* est indiscutable ». Ces experts reconnaissent toutefois que de la gauche c'est plus efficace, plus artistique, plus beau, plus émouvant et plus périlleux. Mais la caractéristique de la naturelle c'est la « régularité », la « simplicité » ; la seule différence entre les deux mains se trouve dans l'aide de l'épée lors de la passe de la droite.

Enfin, Manuel « Bienvenida » père, à l'opposé de ses fils, approuvait : « On peut appeler naturelle la passe de la droite donnée naturellement, la muleta tenue ni haute ni basse, et sans se tortiller, mais c'est de bien moindre mérite et c'est une des passes les plus faciles du toreo de muleta ».

Et le « Gallo », Gaona, Lalanda et « Maera » d'opiner. *Ya que discutir es la sal de la Fiesta !* (car la discussion est le sel de la Fiesta).

DERRIBAR : Renverser à terre.

DERRIBO : Action de renverser à terre (... le toro).

Il s'agit d'une technique qui peut se réaliser à cheval ou à pied. Le « derribo à cheval » (*derribo desde caballo*) se pratique normalement *a garrocha* (à la perche). La pointe de cet instrument ne dépasse pas un demi-pouce et cause donc peu de lésions. Deux cavaliers — dont l'un est l'*amparador* (protecteur) — harcèlent le toro en le poursuivant. Au moment opportun l'amparador fait dévier un peu l'animal de sa trajectoire, l'autre cavalier le pique à la croupe et peut, grâce à la rapidité de la course à cheval, le déséquilibrer et le faire rouler au sol. Cette technique peut être employée dans la *tienta* por accoso**. Après le derribo, la bête rendue furieuse charge le *tentador* qui peut piquer et apprécier la bravoure de l'animal. Mais cette variété de tienta est de nos jours à peu près abandonnée au profit de la *tienta en corral*, et si le *derribar desde caballo* est encore un peu pratiqué, c'est en tant que divertissement taurin.

On peut aussi effectuer à cheval, le *derribo con la mano*. Ici le toro est saisi par la queue pour être roulé au sol.

Une forme de derribo à pied est encore appelé *mancornar* et se pratique à main nue. Le toro est cité comme pour les banderilles au cuarteo, mais l'homme le saisit par les cornes et, tordant le cou de l'animal, le déséquilibre et le plaque au sol en se servant de son poids. Pline situe l'origine de cette suerte en Thessalie antique et divers bas-reliefs anciens en perpétuent le souvenir. « Pepe Illo » la décrit encore comme appartenant au toreo, mais dès 1830 « Paquiro » déclare que cette suerte *no es de plaza*, mais s'utilise dans les élevages pour accomplir certaines tâches telles que marquer les bêtes, leur couper la queue et entailler ou brûler les mamelons d'une vache, dans un but de sevrage.

Le cinéma américain et les images de rodeo qu'il nous montre, nous ont accoutumés au specatacle du *mancornar*.

DERROTE : Coup de tête du toro vers le haut.

Chez les toros vraiment nobles, le coup de corne n'est que le prolongement de la charge. Au contraire, le *derrote* est un mouvement de la tête et des cornes, vers le haut ou le côté, indépendant de la charge proprement dite, et donné de façon « intentionnée ». C'est pourquoi le derrote est l'apanage du toro dépourvu de caste ou déjà sur la défensive ayant appris à se servir de ses cornes, du toro qui « sait le latin ».

DESARMAR : Désarmer.

Ce verbe peut s'employer transitivement ou intransitivement : le toro « désarme le matador » lorsqu'il lui arrache par un derrote* ou une bousculade, *los trastos de matar*, c'est-à-dire l'épée et la muleta.

—ou intransitivement : le toro « désarme » lorsqu'il derrote c'est-à-dire relève brusquement la tête, devant la pique, la banderille ou l'épée. On peut aussi par exemple employer l'expression « désarmer haut » : *el toro desarme alto*.

DESCABELLAR : « Descabeller » ; donner le coup de grâce (à un toro).

Lorsque le matador a porté une estocade concluante, il arrive que le toro ne s'écroule pas immédiatement

DESCABELLAR

DESCABELLAR

et lutte debout contre la mort. Pour l'aficionado, cette lutte n'est que l'ultime démonstration de la bravoure, de la caste, et ne manque pas de grandeur. Mais le « gros public » s'afflige de voir la bête « souffrir » sans raison apparente et le matador s'armant d'une épée spéciale (*verdugo*) — plus courte, plus large, plus forte que l'ordinaire et portant à 10 cm de la pointe une barre transversale formant croix avec la lame (*la cruceta*) — en porte un coup sec dans le bulbe rachidien du toro en se tenant rigoureusement de face. Réussi, le descabello foudroie l'animal.

Jusqu'en 1936, le descabello était donné avec l'épée ordinaire ; le toro dans un ultime sursaut « derrotait » et projetait parfois l'épée sur les gradins. Il y eut ainsi des blessures mortelles (en 1915, l'épée de « Joselito » tua un ami du matador sur les gradins de Saragosse ; en 1930, à Tortosa, c'est Manolo Martinez qui provoqua ainsi la mort d'un spectateur...). L'incident qui déclencha la réforme du descabello eut lieu, le 6 août 1934, à la Coruña. L'épée de Juan Belmonte traversa la poitrine d'un spectateur et la cuisse d'un journaliste. Ignacio Sanchez Mejías déclara le lendemain que dorénavant il descabellerait, l'épée attachée à son poignet. Il fut tué, le 11 août, à Manzanarès sans avoir pu mettre son projet à éxécution.

Son idée fut abandonnée toutefois parce que trop dangereuse pour le matador. C'est à l'épée *a cruceta*, présentée par Vicente Pastor que l'on se rallia enfin, et qui porte une petite pièce transversale à proximité de sa pointe (petite croix).

Bien évidemment, le descabello n'étant qu'un coup de grâce, sa réussite ne saurait valoriser la mauvaise estocade, pas plus que son échec ne dévalue la bonne. Par ailleurs, ce coup de grâce ne peut être donné « à toro vif » (le règlement pénalise le descabello donné avant toute estocade). Le torero, après plusieurs essais infructueux avec l'épée, peut être tenté d'en finir rapidement avec le *verdugo* mais le coup est d'autant plus difficile que le toro a tendance à se couvrir et c'est parfois le début d'une longue et pénible série. Le descabello tel que nous le voyons pratiquer est le *descabello a pulso* (à bout de bras). Autrefois, il arrivait que le matador achève le toro par un *descabello a la ballestilla* : saisissant du bout des doigts un poignard par la pointe, il le lançait derrière les cornes. On comprend que cette suerte soit tombée en désuétude : les matadors capables de la réaliser sont dans les cirques !

DESCOMPONERSE : Se décomposer.

En réalité l'espagnol utilise surtout, en langage taurin, le participe passé employé comme adjectif : *descompuesto,* qui signifie décomposé, mais aussi déréglé, détraqué (*reloj descompuesto :* montre déréglée). Ainsi le toro se décompose lorsque, assez bon en début de lidia et souvent à la suite d'une mauvaise *brega** ou d'une *faena** inadéquate, il devient inquiet, incertain dans ses charges et donne des cornes anarchiquement des deux côtés. Rien n'est plus affligeant pour l'aficionado que de voir un bon toro se décomposer par la faute des toreros, et acquérir ou extérioriser des défauts... alors que le but de la *lidia** est précisément de les corriger s'ils existent.

DESCONFIADO : Méfiant.

Torero qui ne se confie pas, travaille de loin, ne prend pas de risque.

DESCORDAR : Sectionner la moelle épinière.

Cas extrêmement rare d'une estocade *delantera* dans laquelle l'épée s'insinuant entre deux vertèbres cervicales foudroie le toro, brutalement paralysé des quatre membres.

DESCUBRIRSE : Se découvrir.

Le mot s'emploie habituellement en parlant du toro. Le toro se découvre lorsqu'il « humilie » c'est-à-dire lorsqu'il baisse la tête, en particulier pour amorcer sa charge. C'est le propre de toros nobles que de bien se découvrir. Inversement on peut dire du toro qui lève la tête qu'il se couvre (*se tapa*).

Mais il peut s'appliquer au torero, qui, indiquant mal la sortie à l'animal, avec la cape ou la muleta, laisse son corps à découvert : « se découvre », et risque ainsi la *cogida**. Inversement il peut bien « se couvrir » (*cubrirse*). De même un picador peut se couvrir derrière son cheval lors d'une *caïda* (chute).

DESECHO : Reste, rebut.

Desecho de tienta : ce qui n'est pas sélectionné pour être lidié en corrida de toros après la *tienta por acoso**, l'essai de bravoure par poursuite en plein champ.

Les becerros qui ne montrent pas alors de qualités suffisantes pour faire briller les couleurs du ganadero sont réservés pour les novilladas, comme ceux présentant un défaut physique (cornes, vue...) ; ces derniers sont alors du *desecho de cerrado.*

DESENCAJONAMIENTO.

Opération qui consiste à faire sortir les toros des caisses dans lesquelles ils ont été transportés de l'élevage aux arènes.

Lorsqu'en 1860, on pensa à utiliser le chemin de fer pour transporter les toros, qui jusque là se rendaient en *encierro** où ils devaient combattre, on inventa les *cajones :* caisses de bois de 2 mètres de haut, 2 mètres et demi de long et 80 cm de large.

Ces caisses sont maintenant transportées par camion directement dans les corrales des arènes où s'effec-

1 - Desencajonamiento — Débarquement des toros au corral

DESENCAJONAMIENTO

DESENCAJONAMIENTO

tue le *desencajonamiento*.

Certaines arènes, à l'occasion des grandes ferias, effectuent cette opération dans le *ruedo**. En général, le spectacle est complété par une becerrada et le public peut ainsi se rendre compte de la qualité apparente du bétail qui défilera pendant la feria. C'est le cas à Bilbao, à Valencia (où l'opération prend le nom de *desencajonada*), à Albacete...

DESPEDIDA : Adieux.

Corrida de despedida : course d'adieux d'un torero. En fin de corrida, la coutume veut que le matador « se coupe la coleta », l'ablation de cet appendice capillaire, pour postiche qu'il soit maintenant, ayant valeur de symbole.

Les despedidas sont rarement définitives. Elles sont provoquées soit par une perte de contrats à la suite de la désaffection du public, soit par perte de moyens physiques des suites d'une blessure ou de l'accumulation des ans, soit par perte d'aficion (euphémisme pour « méfiance exagérée »). Le plus souvent après deux ou trois saisons (voire quelques mois...), le torero reprend l'épée en se sentant redevenu lui-même, ou parce qu'il pense avoir encore « quelque chose à prouver », ou tout simplement parce que son compte en banque marque une baisse inquiétante.

Rafael « El Gallo » restera sans doute dans l'histoire de la Tauromachie comme le recordman des *despedidas*. Il s'en expliquait très simplement :
— Je me suis retiré aussi souvent que ma famille me le demandait. Je me retirais des publics, pas des toros.

DESPLANTE : Effronterie.

Attitude de défi prise par le matador face au toro, le plus souvent en fin de faena lorsque la bête est rendue. C'est seulement dans ce cas que le desplante est admissible car son côté spectaculaire ne doit pas cacher l'incapacité du torero à dominer son adversaire. Les desplantes de bon goût sont aussi difficiles à décrire que peu nombreux les toreros qui les distillent. Par contre, les desplantes de mauvais goût sont :
— la caresse de la corne,
— le téléphone,
— l'action de sucer la corne,
— le saut de grenouille...

La liste, déjà longue n'est pas close, hélas !

DESPRENDIDA : Détachée.

Estocade légèrement *caïda*.

DESQUITE : Revanche.

TOMAR UN DESQUITE : Prendre une revanche, se réhabiliter.

Se dit du torero qui, après une prestation malheureuse, soit face à son premier adversaire de la corrida, soit lors d'une corrida précédente, triomphe avec éclat devant son second adversaire ou lors de la corrida suivante.

On dit aussi *DAR EL DESQUITE* (donner le desquite).

Lorsque le minuscule Enrique Vargas « Minuto » prit son alternative, en 1890, Luis Mazzantini déclara, en voyant une prestation médiocre : « Quel dommage qu'il ne mesure pas quatre doigts de plus ! » Peu après, « Minuto », alternant avec Mazzantini, obtint un succès notoire. Croisant alors don Luis dans le *ruedo*, il se mit sur la pointe des pieds et déclara :
— *Me han sobrado quatro dedos !*
(J'ai eu quatre doigts de trop !).

DESPEÑAPERROS : Précipitechiens.

Sur la route de Madrid à Sevilla, lorsqu'on passe de la province de Ciudad Real dans celle de Cordoue, on traverse la Sierra Morena au lieu dit « Défilé de Despeñaperros ». C'est là que commence l'Andalousie, passé le défilé. Les Andalous qui ont tendance à s'arroger l'exclusivité de l'art du toreo marquent un brin de mépris pour les toreros d'au-delà de ce défilé.

Ce passage était au XIXe siècle un repaire de brigands. Théophile Gautier l'appelle « Puerto de los Perros » (col des chiens) expliquant que c'est par là que « les Maures vaincus sortirent d'Andalousie, emportant avec eux le bonheur et la civilisation de l'Espagne ». Il parle avec respect de cette « gorge taillée dans d'immenses roches de marbre rouge dont les assises gigantesques se superposent avec une sorte de régularité architec-

DESPLANTE
(Julio Aparicio à Arles)
Photo L. Clergue

turale ».

La route du défilé qui fut longtemps un cauchemar pour l'automobiliste est maintenant parfaitement remodelée et adaptée au trafic moderne. Les brigands ont aussi disparu.

La ligne de démarcation imaginaire qui passe par le défilé faillit devenir tauromachiquement effective, en 1922, lorsqu'à l'initiative du banderillero de Lalanda, « Juan de Lucas », certains subalternes castillans demandèrent que les toreros de « Despeñaperros *hacia arriba* » ne puissent « actuer » au sud de la ligne et que ceux de « Despeñaperros *hacia abajo* » ne puisse sortir d'Andalousie. Les banderilleros andalous protestèrent et Juan Belmonte, qui faisait alors la pluie et le beau temps dans le milieu taurin, fit échouer le singulier projet.

DIA DE TOROS : Jour des toros.

Au XVIIIe siècle, le « jour des toros » était le lundi. Tradition. Et aussi religion, qui prescrivait « de ne pas souiller de sang le dimanche » *(non mancillar con sangre el día del domingo)*.

Notre Napoléon 1er ayant réformé pas mal de choses en France, entreprit de faire de même ailleurs, en Espagne en particulier. Par la personne interposée de son frère Joseph transféré du trône de Naples sur celui de Madrid et pour fort peu de temps : cinq ans que « José » (Tio Pepe) aurait préféré sans doute vivre ailleurs.

Dès son arrivée *El Rey intruso* (le Roi intrus) fit prendre par son ministre de l'intérieur, Marquis de Almenara, un décret *(real orden)* suivant lequel « chaque dimanche, deux corridas de toros, une le matin et l'autre le soir dérouleraient leurs fastes ». Il pensait ainsi s'attirer les sympathies du peuple.

Lorsque Fernando VII reprit son sceptre en 1813, il conserva le dimanche comme « jour des toros », mesure qui favorisait les classes laborieuses.

DIESTRO : Habile, adroit.

Synonyme taurin de « matador de toros ».

S'emploie essentiellement en écriture pour éviter les répétitions.

DIVISA : Devise, cocarde.

Chaque élevage est caractérisée de trois manières :
1) — par une marque ou fer *(hierro*)*

DOBLON
(Diego Puerta à Nîmes)
Photo L. Clergue.

2) — par une entaille ou une découpe particulière d'une ou des oreilles des bêtes (*señal**)

3) — par une devise : flot de rubans aux couleurs de la ganaderia, fixé par un petit harpon sur le morrillo du toro à sa sortie des chiqueros.

C'est en 1762 que l'on commença à annoncer sur les affiches les devises des élevages. Ces couleurs étaient, semble-t-il, plus attribuées par caprice des organisateurs que choisies par les propriétaires. Ce n'est qu'en 1820 que les devises furent arrêtées et enregistrées.

Seules les ganaderias de José Escobar et de Miura offrent la particularité de n'avoir pas la même devise suivant que leurs toros sortent à Madrid ou en province.

Si les raisons de cette particularité nous échappent en ce qui concerne Escobar, celles qui se rattachent à Miura sont bien connues. En 1849, Juan Miura s'était présenté à Madrid avec les couleurs rouge et noir ; en 1861, Antonio Miura choisit une devise verte et rouge mais lorsqu'il voulut présenter ses toros à Madrid, un autre éleveur l'avait fait avec ces mêmes couleurs, il dut changer le rouge par le noir. Par la suite, il maintint le vert et rouge en province et le vert et noir à Madrid.

DOBLAR : Plier, tordre ; moins couramment : doubler.

Ce terme est utilisé dans des sens très divers.

Appliqué au toro, il signifie s'écrouler après avoir fléchi des antérieurs. Il caractérise ensuite l'action du toro qui se retourne - se plie - en suivant le leurre, lorsque le torero imprime à ce dernier un changement de direction brutal.

Appliqué aux peones, il s'utilise pour désigner l'action d'un banderillero qui, au deuxième tiers et pour un toro qui ne correspond pas à son matador, aide - double - les piétons d'une autre cuadrilla ; ou encore lorsque la suerte de banderilles a été très vite répétée - doublée...

DOBLARSE.

S'applique cette fois au matador qui dans son jeu de muleta visant à chatier le toro en donnant des passes par devant (*por la cara*), tourne avec la bête pour laisser en permanence l'étoffe devant ses yeux.

DOBLON :
DE *DOBLAR* : Plier.

Passe de muleta par le bas donnée en principe de la main droite dans laquelle le leurre décrit une courbe de court rayon en restant devant la tête du toro. Cette passe est ainsi appelée

parce qu'elle « double » (plie) le toro. On l'utilise dans deux occasions :
— en début de faena pour fixer la bête, la retenir si elle apparaît comme fuyarde, ou casser son attaque si celle-ci est trop brutale. Pour maintenir la muleta basse et accompagner assez longtemps le toro, le matador est appelé à se fendre, voire à mettre un genou en terre et il peut le faire avec beaucoup d'élégance.
— ou alors, en cours de faena, en tant que passe *de castigo* pour châtier un toro qui se décompose et donne des coups de corne à droite et à gauche. Mais alors le troisième tercio devient une *faena de aliño* (de réglage) pour permettre une entrée a matar rapide.

DOCTORARSE : Etre reçu docteur.

En tauromachie : prendre l'alternative*.

DOMINIO.

Action de dominer, domination (... de l'homme sur la bête). Le dominio définit ce qui sépare le torero qui donne des passes de celui qui torée vraiment : c'est le propre d'une faena qui réduit, soumet, dompte le toro. Domingo Ortega qui fut un type de torero dominateur écrit : « Si ce n'est pas vous qui pouvez quelque chose sur la bête, c'est la bête qui peut quelque chose sur vous ».

Les moyens du dominio sont :
— une parfaite connaissance — ou mieux un sens profond — du *sitio*, de l'emplacement à choisir en fonction non seulement des notions classiques de terrain mais encore des conditions particulières où se trouve le toro à réduire.
— la possession des recours que peut rendre nécessaires tel ou tel problème posé par le toro.
— l'application des règles d'or : *parar, templar, cargar, mandar*.

Ces moyens de dominer le toro résument en définitive toute la *Science* taurine... l'*Art* étant tout autre chose.

DORMIRSE : S'endormir.

On dit d'un toro qu'il s'endort lorsqu'ayant pris la pique, il la subit sans réagir, sans pousser, sans donner de la corne. C'est pour l'aficionado la pire des réactions du toro sous le châtiment car, même s'il réagit en *manso**, il apporte un intérêt à la course en posant des problèmes au torero et au picador.

DOSANTINA.

Passe de muleta de la droite, créé par le portugais Manuel Dos Santos, dans laquelle le matador, pieds joints, cite de dos. Le toro passe sous le leurre. C'est une amélioration de la passe de *costadillo** en ce sens qu'ici le diestro ne pivote pas et lève moins haut la muleta.

Cette passe fut reprise par « Pedres » et « Jumillano » qui la donnèrent en citant de face, en balançant la muleta derrière le dos puis en se tournant pour finir comme Dos Santos. Au début de la suerte, le torero se croise pour ensuite se mettre *fuera de cacho**, ce qui en réduit la valeur.

« Pedres » la donnait aussi « à poignet inversé » c'est-à-dire l'épée tournée vers le torero et non vers l'extérieur.

La dosantina peut être combinée avec le « cite du balancier » (ou « du pendule »). Le torero fait face au toro, balançant le leurre dans son dos ; puis il pivote sur son pied gauche, tourne le dos au toro et éxécute la dosantina. Il semble que Luis Miguel « Dominguin » soit à l'origine de cette suerte.

DUENDE : Charme, envoûtement.

Encore un mot qui défie l'analyse. On dit par exemple de Curro Romero, l'artiste sevillan « qu'il a le duende » c'est-à-dire que dans ses moments d'inspiration il est capable d'interpréter le toreo avec une grâce, une élégance, un chic particulier qui en font un enchantement pour les spectateurs sensibles à cette forme de l'art tauromachique. Malheureusement on ne peut être inspiré à la demande et les mauvaises journées de Curro Romero sont plus nombreuses que celles où son duende peut s'exprimer ; ce qui décourage l'aficionado cartésien mais ne rebute pas l'autre qui sait qu'une autre fois, il sera comblé. Les toreros ainsi «.habités » ont été rares. On cite généralement les gitans, Rafael « El Gallo » et « Cagancho » comme les prédécesseurs de Curro Romero, actuellement principal détenteur de cette denrée précieuse qu'est le duende avec Rafael de Paula.

De ces toreros irréguliers et géniaux, on dit qu'ils « débouchent le flacon » lorsqu'ils font étalage de leur duende.

DURO : Douro.

Nom donné par les espagnols à leur pièce de 5 pesetas. Du fait des différentes dévaluations et de l'augmentation du niveau de vie intervenus en Espagne (comme ailleurs) depuis la lointaine popularité du « duro », la formule lapidaire et définitive d'appréciation d'un matador *No vale un duro !*, prend toute sa valeur et rejoint la formule française, non moins lapidaire et définitive : « Il ne vaut pas un sou ! ».

Lorsque le torero est particulièrement mauvais, on dira qu'il ne vaut pas un *real* ou un *maravedis*. Ces monnaies n'ayant plus cours depuis longtemps, on peut faire les appréciations grâce à la table de change en usage au XVIIIe siècle :
— le *duro* (ou « piastre forte ») valait 20 réaux
— le *real* (ou « real de plata ») valait 34 *maravedis*.

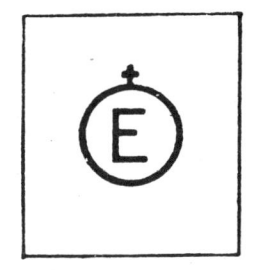

Hierro de Julio Aguirre Ciriza

ECONOMICA : Economique.

Se dit d'une course dans laquelle n'interviennent ni les picadors, ni la *suerte de matar*. La seule différence que l'on peut faire entre la novillada économique et la *capea** réside dans un certain décorum respecté dans la première (costumes de lumières en particulier).

EDAD (del toro) : Age (du toro).

C'est le critère principal retenu par le Règlement Officiel Espagnol pour la classification des animaux de combat :
— *toros* : quatre à six ans,
— *novillos* : trois à quatre ans,
— *novillos* pour course sans picador : deux à trois ans,
— *becerros* : moins de deux ans.

Cet âge doit être porté sur le certificat signé par le ganadero (art. 47), vérifié par les vétérinaires, ante et post-mortem (art. 73 et 135).

L'irrespect de l'âge réglementaire, soit par un défaut dans les corridas, soit par excès dans les novilladas, expose l'éleveur à de lourdes pénalités dans les villes et pays ou l'application du règlement n'est pas... un vœu pieux.

Le diagnostic de l'âge chez le toro de combat est donc d'une extrême importance. Heureusement c'est chose fort simple. Pour les toros comme pour tous les bovins, la connaissance de l'âge s'obtient par l'examen des dents, des cornes et des caractères anatomiques visibles après abattage.

Sur le plan pratique une méthode empirique et sûre est basée sur l'examen des incisives, présentes seulement sur la machoire inférieure. Les incisives sont au nombre de huit et comprennent en allant du centre vers les extrémités de l'arcade dentaire :
— deux pinces,
— deux premières mitoyennes,
— deux secondes mitoyennes,
— deux coins.

La chute des incisives de lait, plus petites et plus courbées en dehors que les incisives définitives, et l'éruption de ces dernières, sont les critères de la connaissance de l'âge. On admet depuis les travaux de Lesbre (1920) les correspondances suivantes :
— chute des pinces de lait : 20 mois
— arrivée à la table dentaire des pinces définitives : 23 mois
— chute des premières mitoyennes de lait : 30 mois, 2 ans et demi
— arrivée à la table dentaire des premières mitoyennes de lait : 33 mois
— chute des deuxièmes mitoyennes de lait : 38 mois
— arrivée à la table dentaire de celles-ci : 40 mois
— chute des coins de lait : 4 ans
— arrivée à la table dentaire des coins définitifs : 4 ans et demi
— début d'usure des coins de lait : 5 ans.

Nous en déduisons que le toro de 4 ans exigé doit avoir perdu ses coins, tandis que le règlement espagnol beaucoup plus libéral n'exige que l'arrivée à la table dentaire des deuxième mitoyennes définitives, ce qui signe les 40 mois. La différence est donc de près de 8 mois. Elle explique que des toros porteurs de leurs deuxièmes mitoyennes définitives, mais courus en milieu de saison ne puissent avoir en fait que trois ans et demi... et manquent alors de la charge et de la puissance souhaitées.

L'étude de la corne peut aussi servir à déterminer l'âge du toro (voir *asta*).

Un dicton réclame : *El toro de cinco y el torero de veinticinco !* De nos jours les hommes et les bêtes sont plus précoces.

L'âge est maintenant garanti par le marquage des veaux au millésime de leur année de naissance (voir à *Herradero*).

EDAD DE ORO : Age d'or.

Il est traditionnel de situer l'âge d'or de la tauromachie à la *compétencia** entre « Joselito » et Juan Belmonte, de 1913 à 1920.

EMBESTIDA : Charge, attaque du toro.

Voir *Acometida*.

EMBOLAR : Bouler les cornes.

Cette action se pratique de deux manières : garnir les cornes d'étuis de cuir ou visser à leurs pointes des boules de métal. Elle fut inventée dit-on par Isabelle la Catholique qui n'acceptait d'assister à une corrida qu'à cette condition.

Parfois utilisée en lidia formelle au Portugal et dans divers pays d'Amérique du Sud, en particulier lors des courses avec caballeros en plaza.

Mais essentiellement destinée à éviter les blessures lors de courses ou d'encierros pour aficionados. Egalement destinée à permettre l'entrainement des matadors sans risque.

EMPAPAR : Absorber.

Maintenir le leurre devant la tête et plus précisément les yeux du toro, de telle sorte que l'animal ne puisse voir que lui et ne puisse prêter attention à autre chose.

EMPRESA : Entreprise.

Dans une phrase française : entreprise d'organisation de corridas.

Les empresas sont de deux sortes en Espagne :
— professionnelles : particuliers ou sociétés qui sont soit propriétaires, soit locataires d'arènes : Balaná, « Chopera », « Camará »...
— amateurs : comité de fêtes, sociétés de bienfaisance, clubs taurins... également propriétaires ou concessionnaires d'arènes qui organisent soit directement, soit par l'intermédiaire d'un professionnel : *real maestranza de Sevilla*, *casa de misericordia* de Bilbao ou Pamplona...

En France, les empresas sont :
— soit des particuliers (personnes physiques ou morales) qui louent des arènes à des municipalités ; c'est le cas dans le sud-est.
— soit des municipalités qui gèrent directement (en général par l'intermédiaire d'un « comité des fêtes ») leurs propres installations ; c'est le cas dans le sud-ouest.
— soit des particuliers qui louent des arènes à d'autres particuliers comme à Méjanes ou Céret.
— soit des particuliers qui gèrent directement leurs propres installations comme à Toulouse.

Les empresas françaises sont pratiquement dans l'obligation de se lier (plus ou moins) avec les grandes organisations espagnoles afin de s'assurer les grands noms de la torería et de la ganadería qui se trouvent dans la plupart des cas contrôlés en exclusivité par ces organisations dont on dit qu'elles sont des « trusts verticaux » (arènes, toreros et élevages).

EMPUJAR : Pousser.

S'applique au toro qui pousse contre l'obstacle sur lequel il vient buter en essayant de le renverser. L'obstacle en question est bien entendu en pratique le groupe équestre au premier tiers. L'attitude du toro qui pousse, l'arrière-train tendu et sans se soucier de la pique, sans désarmer* ni s'endormir*, est un élément essentiel pour juger de sa bravoure, cependant que le résultat de sa poussée mesure son *poder** et peut aller jusqu'à la *caïda** du picador.

Le mot *empuje* (poussée) était autrefois employé en s'appliquant au picador et correspondait à l'effort que ce dernier faisait pour lancer le toro en avant et abréger le contact. Mais ceci se passait au temps où le caparaçon ne protégeait pas encore les chevaux.

ENANOS : Nains.

Sous Philippe IV, la vogue des nains s'étendit à la corrida de toros et l'on vit toréer alors à cheval quelques bouffons de la cour. Au cours des siècles, on peut relever quelques apparitions de nains dans les plazas mais toujours à cheval et en lidia ordinaire.

Les cuadrillas de nains à pied sont récentes. Manquant de moyens physiques, ils ne peuvent affronter que des becerros et leurs apparitions ne peuvent être que comiques. La plus célèbre troupe de nains, les *Bomberos Toreros,* se produit en charlotade, les acteurs étant déguisés en pompiers. Ce genre d'exhibition relève plus du cirque que de la tauromachie.

En 1851, parut un journal spécialisé dénommé *El Enano* qui portait en sous titre « journal acerbe, humoristique et querelleur ». Il accompagnait les critiques taurines de martingales pour gagner à la loterie. En 1858, il changea son titre en *Boletin de Loterías y Toros* qu'il garda jusqu'en 1887 où il redevint *El Enano* puis fusionna avec *El Clarin*.

5. Collection portugaise, éditeur E. Dias Serras — 26, R. Aurea, 28 - Lisbonne
CLICHÉ, A. NOVAES
Lisbonne — (Campo Pequeno) Course royale - Moços de forcado

EMBOLAR

ENCHIQUERAMIENTO : Mise en loge.

Voir *apartado*.

ENCIERRO : Action d'enfermer.

Opération consistant à conduire les toros aux corrales des arènes à l'aide de cabestros. L'*encierro* n'est réellement pratiqué qu'à Pamplona au matin de chaque corrida de la Feria de Juillet. C'est l'occasion pour la jeunesse de faire preuve de courage et de sang-froid en courant devant, et parfois au milieu, du groupe des bêtes. Dans d'autres villes l'encierro perd sa signification car il n'est plus qu'un lâcher de toros dans les rues (Túdela, Cuellar...).

Le règlement espagnol (article 46) interdit de faire courir des toros ou des vaches dans les rues excepté dans les agglomérations où il est de tradition de le faire et dans les conditions adéquates de sécurité.

Le mot encierro était donné au groupe des toros et cabestros qui le couraient ; il a été étendu à tout lot de toros amené par un ganadero dans une arène quelconque. On dit que tel ganadero a envoyé dans telle plaza un bel encierro.

Ajoutons qu'au XVIIIe siècle, on appelait encierro (qui signifie aussi prison, cachot) « la loge où on enferme les toros qui se construit attenante la place où se doit faire la course ». Le mot de *chiqueros* utilisé maintenant signifiant alors étables à cochons.

ENCERRAR : Enfermer.

En langage d'éleveur, on dit qu'on enferme un lot de toros lorsqu'on l'amène de ses pâturages aux corrales.

On emploie ce verbe, en tauromachie, dans l'expression « se laisser enfermer », lorsqu'un torero est débordé par le toro, lorsqu'il recule au point de se trouver près des barrières et qu'il ne doit son salut qu'en sautant celles-ci ou grâce au *quite** d'une cape vigilante. C'est le cas lorsque le toro est *codicioso**, qu'il « mange le leurre », et que le torero, par manque de métier ou de courage, ne s'impose pas à lui en chargeant la suerte et en prenant du terrain à la bête.

Il est extrêmement difficile et périlleux pour un torero qui s'est laissé enfermer, de réagir ensuite ; il subit le plus souvent l'ascendant du toro et doit se résigner à l'estoquer sans l'avoir dominé, avec les risques que cela comporte.

ENCORVADO : Courbé.

Se dit du torero, qui dans un réflexe de peur, au passage des cornes, efface son corps en sortant les fesses.

Le torero qui se tient bien droit est : *erguido*.

Celui qui au contraire se tient cambré : *arqueado*.

ENCUENTRO (AL) : Rencontre (à la).

Estocade de recours. Lorsque le torero « monte l'épée » pour un *volapié* ordinaire et qu'alors le toro charge à l'improviste, deux possibilités s'offrent au matador : soit rompre et replacer le toro pour une estocade orthodoxe, soit continuer la suerte et « se porter à la rencontre » de la bête.

ENFERMERIA : Infirmerie.

Toute plaza de toros doit être pourvue d'une infirmerie. Celle-ci sera située près du « redondel » avec accès direct et indépendant. Le règlement taurin, aux articles 27 à 31, prévoit tous les détails se rapportant aux infirmeries et notamment régit :
— les locaux qui seront d'autant plus importants que la plaza est de catégorie plus élevée
— le mobilier sanitaire
— l'arsenal chirurgical
— les instruments
— les médicaments
— le personnel médical (le règlement prévoit aussi les honoraires qui seront versés aux membres de l'équipe).

Sans entrer dans les détails, une infirmerie de plaza de première catégorie par exemple comprendra : une salle de soins pour blessés légers, une salle d'opération et une salle d'hospitalisation.

Du point de vue personnel : un chirurgien-chef, un chirurgien adjoint, un médecin aide opérateur, un médecin transfuseur, un médecin anesthésiste, un infirmier et un garçon de salle d'opérations.

Quand on pense infirmerie, on pense immédiatement blessure, et une question vient rapidement à l'esprit : tel ou tel torero blessé gravement et tué, aurait-il été sauvé dans des conditions d'équipement supérieur ? En effet il faut savoir que pour la plaza de troisième catégorie, il n'y a pas de chirurgien et c'est le médecin de la localité qui assure les soins. Sans aucunement diminuer le mérite de celui-ci, il est certain qu'un médecin de médecine générale est à peu près impuissant devant une blessure grave. C'est pourquoi on peut penser, par exemple, que « Joselito » (atteint de deux blessures : une banale à l'aine, l'autre gravissime à l'abdomen avec plaie de l'intestin et de la vessie) n'aurait pu être sauvé, même de nos jours, que confié à un chirurgien expérimenté muni de tout le matériel

ENCIERRO

CLICHÉ CÁNOVAS — 9

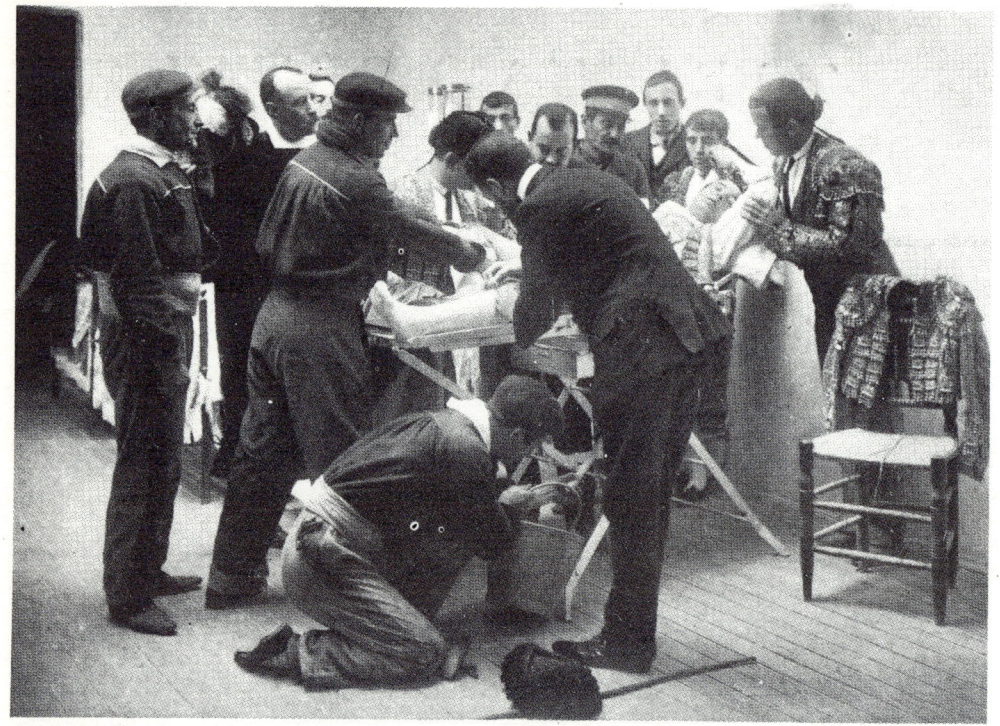

C'est en vain que les médecins tâchent de contenir l'hémorragie du « Toreador ». Le coup de corne a été terrible. Le sang coule sans interruption. Ses gémissements rauques indiquent qu'il est à l'agonie.

ENFERMERIA

nécessaire à la réanimation et à l'intervention.

C'est faute d'une infirmerie équipée dans la petite plaza de Villanueva de los Infantes où il toréait le jour de l'inauguration de l'arène que José Mata a été l'avant-dernier des matadors d'alternative tués par un toro.

On peut certainement affirmer que le torero affronte deux dangers : le toro et l'infirmerie. Jaime Ostos s'y refusa, le 11 septembre 1970, à Cartagena après avoir visité l'infirmerie avant le paseo.

Le portugais José Falcon, dernier matador en titre tué dans l'arène mourut à Barcelone le 11 août 1974, dans l'infirmerie parfaitement équipée d'une grande plaza de première catégorie.

ENGANO : Leurre.

En tauromachie, « tout instrument avec lequel on trompe le toro », suivant la formule de « Pepe Illo » : la cape et la muleta essentiellement.

On voit parfois un matador, au moment de la mise à mort, jeter sa muleta et sortir son mouchoir pour pratiquer la suerte. C'est toujours le fait d'un torero qui doit compenser son manque d'art ou de technique par des procédés dont la vulgarité ne trompe que le profane.

Par opposition à *engaño* on nomme *bulto* le corps du torero. On dit par exemple que le toro cherche le corps (du torero) : *el toro busca el bulto*.

ENTABLERARSE : Se situer *en las tablas*, littéralement « dans les planches », c'est-à-dire dans la partie de l'arène proche de la barrière.

Cette expression concerne en général le toro, plus rarement le torero. Le toro *está entablerado*, se réfugie près des planches, lorsqu'il refuse le combat et s'adosse à la barrière pour mieux se défendre. Le matador cherche alors à le déloger à moins qu'il ne choisisse de le combattre dans cette *querencia**, ce qui est souvent dangereux. Le matador dominé par la bête, peut parfois être lui-même forcé de combattre « entablerado ». De même c'est *entablerado* que le torero pratiquera volontiers certaines suertes telles la *larga cambiada** ou la pose des banderilles au *quiebro**, qui sont moins dangereuses « au fil des barrières », le toro ayant normalement tendance à se diriger vers le centre.

190 CORRIDA DE TOROS. — Paso de Mulato. — ND Fot

ENTABLERARSE

ENTERO : Entier.

Toro insuffisamment chatié aux piques soit par *mansedumbre**, soit par arrêt prématuré du tercio imposé par la présidence ou demandé par le torero. Le manque de châtiment devra alors être compensé par un tercio de banderilles approprié et surtout un début de faena de muleta adéquat.

ENTERRADORES : Fossoyeurs.

On applique ce lugubre qualificatif aux peones qui entraînent, par des mouvements de cape, le toro venant de recevoir l'estocade et tardant à s'écrouler, dans une ronde qui le soûle et multiplie les effets de l'épée. La manœuvre a pour but d'éviter au matador d'avoir à porter une autre estocade lorsque la première n'est pas totalement concluante ou de prendre le descabello dont un maniement défectueux priverait le maestro des trophées qu'il a pu mériter.

ENTRAR A MATAR : Entrer pour tuer.

Porter l'estocade. Le matador doit, pour bien faire, entrer *corto y derecho*, court et droit.

ENTRAR EN SUERTE : Entrer en suerte.

Se dit lorsque le torero ayant choisi le terrain et la position convenables qui lui permettront d'exécuter au mieux l'action prévue, parvenu *a jurisdiccion**, commence cette action. Après celle-ci, il sort de la suerte.

ERAL : Veau de deux ans.

ESCUELA : Ecole.

1°) Manière d'interpréter les suertes et conception de la lidia. Les deux écoles reconnues comme telles sont la *rondeña* et la *sevillana*, du nom du lieu de naissance de leurs créateurs : Pedro Romero (Ronda), « Pepe Illo » et « Costillares » (Sevilla). A leur époque — fin du XVIIIe — le bagage technique du torero était réduit et l'estocade sa suprême pensée. La différence essentielle entre les deux écoles résidait dans la manière d'amener le toro à recevoir l'épée. « Sobre, austère et économe » (Cossío) pour Pedro Romero, « primesautière, chatoyante, allègre » (« Paco Tolosa ») pour les sévillans. L'école rondeña n'a qu'un souci d'efficacité ; il faut tuer le toro et le faire le mieux possible.

L'école sévillane ne dédaigne pas de « courir les toros » pour le plaisir des spectateurs.

A notre époque où l'estocade est passée au second plan et n'est plus que la conclusion fatale d'une faena longue, les termes de *rondeña* et *sevillana* s'appliquent aux deux façons d'exécuter les passes : dominatrice, profonde, avec un art sûr et discret la première ; gracieuse, inspirée, brillante la seconde.

2°) Etablissement d'enseignement tauromachique. La première *Escuela de Tauromaquia* fut créée, le 28 mai 1830, à Sevilla par une Ordonnance Royale de Fernando VII et sa direction confiée à Pedro Romero.

D'autres écoles ont été créées. Certaines fonctionnent encore. Le règlement les soumet à une autorisation préalable du Directeur de la Sécurité de Madrid ou du Gouverneur de Province. Pendant les leçons pratiques l'article 26 impose la présence d'un médecin et d'un professeur compétent comme directeur de lidia ; l'article 25 règlemente l'emploi du bétail (becerros ou vaches emboulées) qui doit être surveillé par un vétérinaire et remplacé lorsque celui-ci jugera que « par suite de leur utilisation fréquente, il rendrait la lidia dangereuse ».

ESPADA : Epée.

Ce mot est devenu par extension synonyme de matador, celui qui se sert de l'épée.

ESPANTADA : Fuite.

Elevée au rang de suerte sous le nom andalou de *espantá* par Rafael « El Gallo » qui en définit les règles : laisser tomber épée et muleta, tourner le dos au toro, courir (le plus vite possible !) et se jeter dans le callejon la tête la première. Suppose une absence totale de complexe... à l'image du « Divin Chauve » !

ESPONTANEO : Spontané.

Voir *Capitalista*.

ENTRAR A MATAR

ESTOCADA
(Paco Camino à Nîmes)
Photo L. Clergue.

ESTATUARIO : Statuaire.

Autre nom de la passe de muleta dite *ayudado por alto* (aidée par le haut).

ESTOCADA : Coup d'estoc, coup d'épée visant à terrasser le toro.

D'après les canons, la pénétration doit se faire dans la croix (*cruz**), le haut du garrot, parallèlement à l'axe longitudinal de l'animal et selon un angle de 45° environ avec l'horizontale.

Mais pour l'aficionado, il importe surtout de considérer le geste du matador qui s'engage et le lieu où il a frappé. Le reste est secondaire tauromachiquement parlant.

Le geste du torero quelle que soit la technique employée (*recibir**, *volapie**) doit toujours tendre à détourner la tête du toro vers la droite de l'homme, pour libérer l'accès au garrot, et non se jeter sur la gauche sans dévier la trajectoire de l'animal. La main gauche qui, par la muleta conduit l'animal, est donc plus importante que la main droite qui pousse l'épée. Estoquer, c'est véritablement toréer de la gauche, et cela explique la rareté des grands tueurs.

La qualité, et par là l'effet de l'estocade, sont fonction du point d'impact, de la direction, et de la pénétration de l'épée. Ces critères sont retenus pour classer les estocades en trois groupes :

1°) d'après le point d'entrée de l'épée on distingue :
— l'estocade *haute,* ou dans la croix, la plus belle ;
— l'estocade *delantera* ou en avant qui emprunte un trajet facile, lèse les grosses bronches et nous vaut de belles hémoptysies ;
— l'estocade *trasera* en arrière du garrot et donc rarement signalée ;
— l'estocade *contraire* située sur le côté gauche du toro ce qui implique un engagement réel de la part du torero ;
— l'estocade *caïda* ou tombée qui est souvent aussi delantera afin d'éviter le bouclier que constitue l'épaule ; ce type d'estocade est apprécié par de nombreux toreros (*le rincon d'Ordo-*

ESTOCADA
(Paco Camino à Nîmes)
Photo L. Clergue.

ñez) qui l'utilisaient comme recours après une première tentative loyale et malheureuse ; l'estocada *desprendida* est légèrement *caida* ;

— l'estocade *basse* ou *bajonazo* pénètre droit dans la poitrine, en avant du défaut de l'épaule ; exagérée c'est un *golletazo* véritable « coup bas » indigne.

2°) d'après la direction de la lame on distingue :

— l'estocade *perpendiculaire* ou verticale rencontrée sur les toros qui humilient beaucoup, d'où le geste des toreros qui lors de l'entrée a matar, de la pointe de la muleta, sollicitent un redressement de la tête de l'animal ;

— l'estocade *tendida*, horizontale, parrallèle au garrot et qui se perd dans les muscles superficiels ;

— l'estocade *atravesada* (croisée, de travers) est celle qui n'est pas portée dans le sens longitudinal mais de la droite vers la gauche du toro. Il n'est pas nécessaire que la pointe de l'épée apparaisse sur le flanc gauche du toro pour que l'estocade soit qualifiée d'atravesada. L'effet d'un tel coup d'estoc est dans la règle insignifiant, sauf s'il s'agit d'un *golletazo*, qui est d'ailleurs inévitablement *atravesado* ;

— l'estocade *tendenciosa* qui est un peu atravesada ;

— l'estocade en *séton* qui, portée basse s'appelle *épée de gendarme* et près de la croix *ladeada*.

3°) d'après la profondeur de pénétration de l'épée retenons :

— le *pinchazo*, véritable piqure sur un os qui interdit toute pénétration ; il va sans dire que le pinchazo loyalement porté par un torero entrant droit a plus de valeur que les estocades caida, delantera ou simplement oblique ;

— le *mete y saca* ou *metisaca* (met et retire) dans lequel le torero enfonce l'épée et la retire immédiatement sans la lâcher, en général pour qu'on n'en voit pas les défauts ;

— l'estocade *courte* et la *demi-estocade* ;

— l'estocade *profonde* ou *honda* ou trois-quarts d'épée ;

— l'estocade *entière* ou *entera* ou *estoconazo*, « jusqu'aux ongles », « en se mouillant les doigts » ;

— l'estocade *descordando* enfin qui sectionne la mœlle épinière au niveau des vertèbres cervicales ou dorsales et provoque la paralysie totale immédiate.

On remarque fréquemment que la rapidité d'effet d'une estocade n'est pas fonction de la profondeur de pénétration. Seule l'immobilité de l'épée qui signe son entrée dans la cage thoracique, annonce toujours un effet certain. Au contraire toute épée mobilisée par les mouvements des muscles de l'épaule, sera assurément sans résultat. Comme corollaire nous irons jusqu'à soutenir que la ronde des peones (*enterradores*) est inutile si l'on espère que la lame a intéressé des organes thoraciques. Cette manœuvre peut seulement épuiser les forces de l'animal ou provoquer sa chute dont profitera un *puntillero* adroit.

Il faut se garder de conclure que toutes les estocades entrainant des hémoptysies sont blamables. Si c'est bien le cas des estocades bajas, des estocades honnêtes peuvent par section concomitante des grosses bronches et des vaisseaux pulmonaires entraîner des hémorragies.

Rappelons que l'estocade est dite « le moment de vérité ».

Enfin si les quites disparaissent, si une évolution se manifeste dans le toreo de cape ou de muleta, aucun changement n'est apparu dans l'estocade depuis la création du volapié. L'anatomie bovine étant invariable, les canons de l'estocade le sont aussi.

ESTOQUE (ou espada) : Epée.

Plus précisément l'estoc qui était anciennement une épée longue et étroite.

La lame plate, de 85 centimètres de long, à double tranchant présente une courbure à dix centimètres de la pointe. Le pommeau est en plomb couvert de cuir ; la garde, qui forme une croix avec la lame, et la poignée sont recouvertes de laine rouge.

L'épée pèse environ trois kilos. Ce poids ajouté à celui de la muleta finit par devenir important surtout à l'heure actuelle où les faenas ont tendance à s'allonger démesurément. Les toreros ont cherché alors à alléger l'arme en lui substituant jusqu'à l'heure de tuer une épée factice de bois ou d'aluminium. Le règlement rétablit l'orthodoxie en imposant durant la faena de muleta l'emploi de l'épée d'acier normale. Il prévoit cependant une possible faiblesse physique constatée par certificat médical qui autorise alors l'épée factice. Le public doit être averti par un avis, brandi du *callejon**, qui dit : « Après examen médical préalable, on autorise le matador à se servir de l'épée factice ».

Bien entendu, il se trouve suffisamment de médecins pour signer les certificats nécessaires et rares sont actuellement les matadors qui n'usent pas de *l'estoque simulado*.

L'inconvénient majeur du procédé intervient lorsque le matador doit faire l'échange des épées au moment de tuer. Il délaisse alors le toro pour s'approcher de la barrière et de son *mozo de estoque**. Il y a rupture dans la faena car le toro, alors souvent dominé et cadré, récupère parfois et oblige le torero à reprendre un travail qui paraissait achevé.

L'épée de bois aurait été utilisée la première fois par un torero nommé Miguel del Pino. Puis, l'usage en fut mis à la mode par « Manolete ».

ESTRIBO : Marchepied, étrier.

C'est d'abord le marchepied de bois qui court tout le long de la barrière, du côté intérieur de l'arène, à 30 ou 40 centimètres du sol pour servir d'appui au torero qui doit sauter dans le *callejon** en cas de péril réel ou *d'espantada**. Pour être mieux visible, l'estribo est peint en blanc.

Mais l'estribo, instrument de fuite peut aussi servir à la bravade, au desplante. On peut par exemple citer le toro *sentado en el estribo* (assis sur l'estribo) en début de faena. C'est en répétant une telle suerte que Sanchez Mejías fut pris et tué par la corne de « Granadino » à Manzanarès. On sait que nous devons à ce drame l'inoubliable *llanto* de Federico García Lorca.

ESTRIBO

On peut encore citer le toro à genoux sur l'estribo et même avoir le mauvais goût de poser la montera sur ses talons.

On peut encore citer debout à l'estribo pour clouer les banderilles *de dentro afuera*. Tout cela n'apporte rien à l'art du toreo.

Enfin rappelons que l'estribo sert au jeu normal de la course libre dont l'image la plus attachante est peut-être le saut aérien des hommes en blanc poursuivis par le toro après le razet.

Estribo signifie aussi étrier. L'étrier andalou qui équipe la selle dite « de picador » est très particulier et conçu pour le travail du toro bravo. C'est une plaque de fer de 25 centimètres par 15 centimètres sur laquelle s'appuie le pied du cavalier, deux plaques latérales et perpendiculaires formant un triangle isocèle de 12 centimètres de hauteur abritant les chevilles. Cette protection n'est pas superflue. Le musée taurin de la plaza de Valencia conserve un estribo de picador qui, lors de la corrida d'inauguration des arènes d'Alfacete, fut perforé par la corne d'un toro d'Esteban Hernandez que piquait le fameux « Badila ».

FAIRE CHANTER LES ETRIERS.

Formule imagée permettant aux critiques taurins de varier leurs expressions lorsqu'il s'agit de juger un toro manquant de bravoure qui, sans pousser sous le fer, se défend en donnant de violents coups de cornes à tort et à travers ; lorsque la corne heurte l'étrier, celui-ci « chante ».

EXTRANO : Etrange, bizarre, imprévisible.

HACER UN EXTRANO : faire un mouvement imprévu.

C'est le fait, par exemple, d'un toro changeant de direction soudainement et d'une manière inattendue. Ce peut être la conséquence d'un défaut de la vue ou du sentido de la bête.

Il en résulte évidemment pour toréer l'animal une difficulté qui constitue, pour le torero, un danger supplémentaire.

Hierro des fils de José Tomas Frias

FACULTADES : Facultés.

Ressources physiques, intellectuelles et morales du torero. Elles sont fort rarement réunies chez un même individu. On a dit que le matador aux plus grandes « facultés » avait été « Joselito ». Le fait est qu'en plus de 1 000 courses, rares ont été les bêtes qui l'aient mis en péril. Il n'en fut pas moins surpris par Bailador de la Veuve Ortega et mourut de sa corne. Les toreros *largos** sont ceux qui réunissent le plus de facultés de ce qu'on peut appeler la « caste du torero ».

Quelques toreros ont eu l'outrecuidance de prendre cet *apodo**. Aucun ne l'a justifié.

De la même manière, les facultés du toro ne sont pas seulement physiques. On parlera là de la « caste du toro ».

FACULTATIVO (PARTE) : Communiqué de la Faculté.

Ne pas confondre *la parte* : la partie, avec *el parte* (masculin) : le communiqué, le faire-part.

El parte facultativo c'est le « bulletin de santé » qui est publié par le corps médical chaque fois qu'un torero est blessé dans l'arène. Un résumé de « l'observation médicale », assorti d'un pronostic est livré à la presse. Il faut savoir que ce pronostic est porté avec la plus grande prudence : il est « réservé » en cas de lésion bénigne, « grave » s'il n'y a pas de danger sérieux et « très grave » au moindre risque. En sorte qu'il faut commencer à s'inquiéter à partir de l'appréciation *gravísimo*.

FAENA : Travail.

Théoriquement ce terme peut s'appliquer en dehors de l'arène à toute opération effectuée sur le toro, et dans l'arène à toute *brega**. Mais en pratique lorsque l'on parle de *faena,* on fait allusion au travail de muleta, à l'action dans le troisième tercio. Cette partie de la lidia n'a cessé de prendre de l'importance depuis le début de l'ère tauromachique moderne jusqu'à nos jours. A l'origine les hommes à pied n'étaient que des auxiliaires des *varilargueros* à cheval. Les contemporains de Francisco Romero, avec l'usage de la muleta et de l'épée — les piétons avant eux ne se servaient que du capote — « Costillares », Pedro Romero qui précisèrent les normes du combat à pied, arrachèrent aux cavaliers la suprématie dans le combat et individualisèrent la faena de muleta. Mais celle-ci se réduisait à quatre ou cinq passes de réglage destinées à mettre en place le toro pour l'estocade. « Lagartijo » et son élégance, « Guerrita » et sa merveilleuse technique, Belmonte et sa géniale révolution taurine, « Manolete » et ses procédés, Ortega, Pepe Luis Vazquez que l'aficionado chevronné d'aujourd'hui a vu toréer, marquent les principales étapes de l'évolution qui conduit à la faena d'aujourd'hui, qui accapare pour la majorité des spectateurs l'essentiel de l'intérêt et que, pour plaire au public, les matadors prolongent parfois inconsidérement.

Lorsque la faena est particulièrement réussie, on parle de *faena cumbre*.

FARAON : Pharaon.

De la même manière que les grands toreros de Cordoue sont qualifiés de « califes », les grands matadors gitans sont sacrés « pharaons ». Les plus connus de cette dynastie pharaonique ont été : Rafael « El Gallo », « Cagancho » et actuellement Rafael de Paula. Il est pourtant un torero qui, sans être gitan, restera sans doute dans l'histoire de la tauromachie comme le plus grand des pharaons : Curro Romero.

FAROL : Lanterne.

C'est une passe de cape dans laquelle cette dernière, tenue à deux mains, s'élève au-dessus de la tête du torero comme une flamme qui jaillit. Il s'agit d'une suerte relativement récente puisqu'il n'en est pas fait mention dans les *Tauromáquias* de « Pepe Illo » et Montès. Il semble que Manuel Dominguez l'exécuta pour la première fois à Madrid le 13 mai 1855. La passe commence comme une véronique*, mais au moment de retirer l'étoffe, le matador « fait un mouvement comme s'il voulait la jeter sur ses épaules en la faisant tourner autour de sa tête » (« Guerrita »). Dans le même temps, le torero pivote lentement dans le sens contraire de la course du toro. La passe peut aussi être donnée à genoux.

Actuellement, le farol constitue assez souvent une manière élégante que choisit le diestro, qui laisse alors effectivement tomber le capote sur son dos, pour se mettre en position d'effectuer une série de *gaoneras** ou exceptionnellement le quite de la *mariposa**. Le diestro peut faire ce geste sans élever très haut la cape et on parle alors de « demi-farol » (*médio-farol*). Aux temps de « Guerrita », une suite habituelle était le *galleo* qui ne se voit plus.

Deux matadors avaient fait du farol leur spécialité : Juan Belmonte Campoy, fils du grand Belmonte, qui resta par ailleurs un diestro assez médiocre, et surtout Domingo Uriarte « Rebonzanito ». Vous pouviez, dans les années 60 à 70, rencontrer au *Club Cocherito de Bilbao,* un petit vieillard très digne qui racontait volontiers qu'un coup de corne lui ayant fracturé largement l'os temporal, son cerveau était protégé par une plaque d'argent et qui exhibait une montre à son poignet en expliquant que Pancho Vila l'avait retirée du sien pour la lui envoyer, après la mort d'un novillo brindé au célèbre rebelle mexicain. Le curieux homme, qui avait reçu une alternative à Caracas, non validée en Espagne, fit coïncider celle qu'il prit à Bilbao, le 4 juin 1914, avec sa *despedida*. Encore n'estoqua-t-il qu'un toro car il céda comme on le faisait parfois dans le temps la mort de son second à José Roger « Valencia ». Il ne toréa jamais plus. Dans ses dernières années, il s'était consacré à la peinture naïve ; ses œuvres très appréciées dans les pays nordiques, lui permettaient de vivre correctement. On l'avait surnommé *El Rey del Farol*.

Les passes en forme de farol sont dites *afaroladas* lorsque la cape est tenue d'une seule main et *pase afarolado* lorsqu'on les exécute avec la muleta.

FARPA.

Instrument de la lidia portugaise correspondant à une banderille d'environ un mètre et demi de long, en bois cassant, servant au Portugal aux piétons et aux cavaliers. En dehors du Portugal on ne les voit utiliser que par les *cavaleiros*.

FATAL.

Adjectif (de traduction facile) employé par les aficionados au sens précis de catastrophique, lamentable, désastreux et non pas de funeste ou inévitable.

On dit un « torero fatal ». Comme on dit un « torero énorme », ce qui ne signifie pas qu'il soit obèse.

FERIA.

Le mot *feria* en espagnol signifie tout simplement Foire. Et on va à la Feria en Espagne, comme en France, pour faire des achats ou vendre ses produits, passer un bon moment et faire un bon repas. En un mot : faire la foire. Profitant de l'afflux des *forasteros* (étrangers à la ville) les *empresas** à cette occasion, organisèrent des corridas et, la tradition s'implantant, on en vint par extension à désigner du mot de feria, « l'ensemble des spectacles tauromachiques organisés à l'occasion des foires importantes coïncidant avec les fêtes annuelles dans chaque ville d'Espagne » (« Paco Tolosa »). Bien entendu les corridas, ont fini par éclipser la base commerciale originelle et l'on se demande maintenant si ce n'est pas à l'occasion de ces corridas qu'une manifestation économique se monte.

De mars à octobre, chaque grande ville d'Espagne organise sa feria offrant plusieurs corridas à l'aficionado.

Le marathon commence à la mi-mars par la *Magdalena* à Castellon de la Plana : 4 corridas entourées d'un folklore qui atteindra son zénith quelques jours plus tard pour les *Fallas* de Valencia. Si à ces occasions les courses ne sont pas inoubliables (début de saison, public bon enfant, température encore fraîche...) le contexte est exceptionnel. A Valencia, les *Fallas* c'est la fête du feu et de la poudre. Une *falla* est une sorte d'énorme char de carnaval monté (*la plantá*) à chaque carrefour de rues par le Comité du quartier ; ce monument de la hauteur des immeubles de 5 à 6 étages, est conçu, édifié, payé par les habitants du quartier qui concourent pour le prix que se disputent ainsi près de 200 comités *falleros*. Ces 200 fallas sont mises à feu (*la crema*) à minuit le 19 mars pour la Saint-Joseph. En ce qui concerne la poudre, on compte chaque année sur l'explosion de 700 kilomètres de pétards, 50 000 bombes, 10 000 fusées. Cela commence le matin à 8 heures avec la *desperta* (le réveil !) et se termine à minuit avec un feu d'artifice quotidien. Mais le point culminant c'est la *mascletá,* à 14 heures, un concours de pétards entre pyrotechniciens paranoïaques, une sorte de Verdun ou d'Hiroshima pacifique. Coût de tout cela : des centaines de nos anciens millions par jour pendant une semaine, qui s'envolent sous les *olé* !

Mais que l'aficionado se dise bien :
« *Voy a los toros-toritos
de Valencia y Castellon...* ».

Et ces toros-toritos sont tous exposés avant et pendant la feria à la *Venta del Saler* au bord de la mer, sous les pins, comme l'étaient à la *Venta de Antequera,* les toros-toros de la Feria d'avril de Sévilla, un des points culminants de la temporada, la première des trois grandes ferias taurines (avec Madrid et Bilbao).

Quinze jours après la Semaine-Sainte, la Feria de Abril offre une dizaine de corridas dans les plus jolis arènes d'Espagne, *la Maestranza* au sable d'or et au public entendu, avec pendant 5 jours des centaines de

FERIA

casetas, ces tentes bariolées, formant un village illuminé le soir de milliers d'ampoules rouges et blanches. Ces casetas sont louées par la ville à des particuliers ou des clubs qui les meublent, les décorent, les animent et y reçoivent leurs invités ou leur *socios* ; et dans les allées, c'est le *Paseo* des *caballeros* et des belles andalouses à cheval ; et partout ce sont les rythmes des *Sevillanas* dansées par jeunes et vieux. Ajoutez les promenades dans la *Marisma* (leur Camargue), la visite des élevages de toros, les discussions entre taurins dans la Calle Sierpes ou au bar de l'Hôtel Colon, et les nuits de guitares dans les *patios* du *Barrio Santa Cruz*...

Mais attendez-vous à payer tout cela d'une organisation de voyage kafkaïenne aggravée par le caractère de l'andalou qui sait que de toute façon il y a un *mañana* !

Quelques jours après, c'est Jerez de la Frontera qui donne 3 ou 4 corridas avec un folklore semblable à celui de Sevilla, avec moins d'ampleur mais plus de *salero* (élégance), parce que moins noyée de touristes.

Et puis c'est le mois de mai et Madrid. La vingtaine de corridas de la *San Isidro* (à noter que la fête de la capitale de l'Espagne est celle d'un saint laboureur !) dans la plaza monumentale de *Las Ventas,* le Congrès Eucharistique taurin dans la Mecque du Toreo. Des cartels inégaux mais le défilé de toutes les valeurs de l'*escalafon*** des toréros. Et Madrid c'est aussi le Prado, la Puerta del Sol, les restaurants de la Plaza Mayor, les antiquaires du Rastro et... les toros exposés à la *Venta del Batan*.

En même temps, mais dans les derniers jours du mois, Córdoba, Granada, Cáceres donnent 2 ou 3 corridas chacune pour des ferias qui ne sont célèbres ni par la qualité des courses ni par les particularités de leur folklore. Mais Córdoba c'est encore la Mezquita et Granada l'Alhambra ; Cáceres, les vieux palais et... le parador féodal.

Pendant le mois de juin, on souffle un peu. On récupère avant la délirante *San Fermin*. Le 7 juillet, tout Pamplona se met à chanter :

« *Uno de enero,*
Dos de febrero
Tres de marzo
Quatro de abril
Cinco de mayo
Seis de junio
Siete de julio
San Fermin ! »

« Premier de janvier
Deux de février
Trois de mars
Quatre d'avril
Cinq de mai
Six de juin
Sept de juillet
Saint-Firmin ! »

Et commence une semaine mémorable et redoutable pour les foies les plus compréhensifs. On retrouve avec les *Peñas* navarraises, l'équivalent des comités falleros mais avec beaucoup plus d'exubérance et de laisser aller. Ces dizaines de peñas se retrouvent pour 7 à 8 corridas, sur les gradins de soleil, agitant des banderolles et buvant du rouge, leurs orchestres jouant tous en même temps et surtout pas la même chose. Les corridas s'en ressentent, d'autant plus que les toros du jour ont subi le matin même l'encierro qui les a amenés en courant à la Plaza depuis les corrales des faubourgs à travers les rues de la ville, entourés de centaines de jeunes fanatiques qui, au risque de leur vie, s'introduisent parfois dans leur groupe. Après cette frénésie, le 14 juillet, on chante :

« *Pobre de mi !*
Se acabaron las fiestas de San Fermin ! »

Et l'on va se coucher !

Pendant la deuxième semaine de

PAMPLONA.- Las vaquillas en San Fermín.

FERIA

juillet, on retourne à Valencia pour une douzaine de corridas mais à cette époque la chaleur humide du Levante est insupportable. Restent le soir les dîners de *mariscos* et de *paella* au Grao et quelques fêtes de villages alentour comme Paiporta et ses encierros particuliers au cours desquels les villageois tapent sur le groupe de toros à coups de gourdin pour les faire changer de direction !

Août est le mois le plus taurin. On peut commencer à Málaga et ses 8 corridas de toritos mais avec la proximité des plages de Torremolinos et Marbella. Puis on saute à Vitoria pour la Feria de la *Virgen Blanca* et son folklore.

Après le 15 août, c'est Bilbao, ses huit corridas d'énormes toros, le sommet de l'année pour les *toristas*. Des arènes neuves et fonctionnelles, le Siri-Miri, crachin typique, les hauts fourneaux et les eaux jaunes du Nervion mais aussi les sardines grillées de Santurce et les *tapas* de Castro-Urdiales, les *apartados** spectaculaires et les discussions passionnées entre les trente habitués français.

On traverse ensuite l'Espagne pour Almería et ses plages caniculaires, ou Linarés et le souvenir de la mort de « Manolete ».

Le mois de septembre propose de nombreuses ferias mais aucune de grande classe : Palencia et Albacete sans grand intérêt touristique, Valladolid et Salamanca, merveilleux lieux de villégiature pour les amateurs d'art, Logroño à laquelle la proximité de Pamplona donne des airs de San Fermin et où le vin de la Rioja coule à flots, Múrcia toujours écrasée de soleil... Mais dans tout cela pas de grand intérêt taurin.

Et tout se termine à Zaragoza pour le Pilar mais, malgré un folklore intéressant, cette feria n'est pas passionnante : c'est la fin de la temporada, les toréros vedettes sont partis aux Amériques et les lots de toros font penser aux fonds de tiroirs.

En France, on peut voir 2 corridas en Arles pour Pâques, 5 à Nîmes pour Pentecôte (avec *peñas* et *estrambors*), 3 à Mont-de-Marsan à la mi-juillet et 3 à Dax à la fin août mais ces ferias souffrent d'une présentation de bétail souvent insuffisante. Cette « présentation », on la trouve à Pentecôte pour les 3 corridas de la feria de Vic-Fezensac.

FESTIVAL.

En tauromachie, un festival n'est ni une « grande fête musicale » ni une « série de représentations consacrées à un art ou un artiste » (Larousse) mais une corrida de novillos aux règles particulières : les toreros (matadors de toros ou de novillos) affrontent des bêtes jeunes et légères, le plus souvent de *desecho de cerrado* (présentant un défaut physique) ; ils sont vêtus du *traje corto* ou *traje campero*, costume des vaqueros andalous et sombrero cordouan à larges bords.

Le festival a lieu au bénéfice d'une œuvre de bienfaisance ou d'un professionnel dans le besoin ou rendu inapte du fait d'une blessure. Souvent les bêtes sont offertes par le ganadero et les toreros se produisent gratuitement.

FIERA : Bête féroce, fauve.

Utilisé comme synonyme de toro.

LUCHA DE FIERAS : Combat de bêtes sauvages.

C'est en 1460 qu'aurait eu lieu en Espagne le premier combat d'un toro contre une bête sauvage, en l'occurence une lionne. Mais c'est surtout à la fin du XIXᵉ que ce genre de spectacle connut la plus grande vogue. En général opposé à des lions, tigres, éléphants, le toro sortait vainqueur. La rencontre se déroulait dans une grande cage montée dans les *ruedos**. Le 24 juillet 1904, à San Sebastian, pendant le combat d'un toro et d'un tigre, les barreaux de la cage s'écartèrent sous les coups des deux bêtes qui se trouvèrent libres dans le rond. La panique s'empara du public, d'autant que la police et certains spectateurs armés commencèrent à tirer à tort et à travers causant la mort d'un spectateur et la blessure de 17 autres. En 1917, les luttes de fauves furent interdites.

En France, quelques chroniques font état de pareils combats de fauves. En juillet 1897 à Beaucaire, un ours fut opposé successivement à deux taureaux de Camargue. L'ours, retenu par une chaîne fixée à un poteau des barricades, « semblait handicapé par cette lourde attache qui ne lui laissait pas suffisamment de liberté ». Le premier taureau souleva l'ours sur ses cornes mais, sérieusement griffé, le cornu refusa d'attaquer à nouveau. On le remplaça par un congénère qui ne se montra pas plus courageux : « Il s'élança sur l'ours mais, arrivé près de lui, fit demi-tour, recommença plusieurs fois ce manège puis ne bougea plus ».

Le 10 juillet 1889, Luis Mazzantini organisa à Roubaix un combat au cours duquel le toro espagnol Venaito tua un tigre. Le succès financier fut tel que don Luis voulut répéter la représentation mais les autorités l'interdirent à la suite de plaintes venues d'associations de protection des animaux.

FIESTA : Fête.

La corrida est la *fiesta national* en Espagne, *la fiesta brava*.

FIRMA : Signature.

Passe de muleta de la droite dont l'invention et en tout cas la pratique courante est attribuée à Granero. Elle commence comme un *redondo** ou *derechazo** mais se termine sèchement en abaissant la muleta ce qui fait baisser la tête du toro et ralentit son élan. La main qui tient le leurre dessine ainsi une sorte de paraphe qui explique le nom de cette passe. Aparicio l'exécuta avec un tel air dédaigneux qu'on lui donne parfois le nom de « passe du mépris ».

FLACO : Maigre.

Qualifie seulement le toro ou le torero.

Lorsque c'est l'entrée qui est « mince », on parle d'*escasa entrada*.

FLAMEAR EL CAPOTE ou LA MULETA.

Il ne s'agit évidemment pas de faire « flamber le leurre » quel qu'il soit. Le verbe espagnol *flamear* se traduit aussi, en français, par fasier, terme de marine que Littré emploie « lorsque le vent ne donne pas bien dans les voiles et que la ralingue vacille incessamment ».

Par ce procédé, en agitant mollement le leurre, le torero incite le toro à charger.

FLOJO DE REMOS : Faible des membres, faible des pattes.

La faiblesse de pattes à tendance à devenir endémique dans l'élevage du toro bravo. Les causes en sont nombreuses ; elle sont de plusieurs sortes :
— excès de poids pour une ossature trop jeune : c'est le cas des novillos artificiellement engraissés pour atteindre le poids minimum fixé par le règlement pour les corridas de toros (depuis les dispositions prises pour le marquage des bêtes, cette cause tend à disparaître) ;
— manque d'alimentation lors des premières années et engraissement excessif quelques mois avant la vente des bêtes ;
— insuffisance d'exercice ; la limitation des pacages entraînée par la mise en culture et l'irrigation, confine les bêtes dans des pâturages restreints où elles ne prennent pas suffisamment d'exercice ;
— perte de caste : la recherche du toro facile entraîne la dégénérescence du bétail, et peut-être joue un rôle ;
— consanguinité dans les élevages favoris des toreros vedettes ou les ganaderos se refusent aux croisements régénérateurs mais toujours aventureux ;
— manque d'alimentation des vaches gestantes : par économie, les éleveurs restreignent la nourriture du troupeau des reproductrices ;
— séquelles de la fièvre aphteuse (voir *glosopeda*) ;
— fatigue entraînée par le transport dans des caisses étroites par des chaleurs caniculaires sur des parcours parfois très longs ;
— manœuvres frauduleuses : purges, barbituriques, diètes forcées... ;
— lidia inadéquate (recortes) et tercio de piques faussé (première rencontre interminable, carioca..).

Marc Roumengou a ainsi répertorié 23 causes possibles des chutes de toros.

FLORES : Fleurs.

Pendant la *vuelta** triomphale du torero, des dames admiratives et prévoyantes ont coutume de jeter des fleurs sous les pas du belluaire.

« Reverte », gratifié ainsi, intempestivement, par une granadina au moment d'entrer a matar, arrêta la suerte pour ramasser la fleur. Le toro en profita pour le prendre spectaculairement mais sans gravité. Le soir, à un ami qui lui reprochait sa témérité, il répliqua :
— *A los cobardes no les arrojan flores !*
(« Aux peureux, on n'envoie pas de fleurs ! »).

FORCADOS ou MOZOS DE FORCADO ou PEGADORES.

Toreros portugais intervenant dans la *pega,* suerte typique du toreo au Portugal. Constitués en cuadrillas avec un « caporal » à leur tête, vêtus du costume régional du Ribatejo (où sont élevés les toros bravos du Portugal), ils sont chargés d'immobiliser le toro dans des règles précises. La plus connue étant la *pega de cara* : le caporal cite le toro de face, l'attend et lorsque la bête humilie pour donner le coup de corne, il se jette dans le berceau et s'accroche aux cornes. Les autres membres de la cuadrilla s'élancent alors à son aide et immobilisent l'animal.

FRANELA : Flanelle.

Synonyme de muleta et cependant la muleta n'est pas faite de flanelle mais de serge.

FUEGO : Feu.

Les *banderillas de fuego* sont des banderilles munies d'une mèche et d'une cartouche de poudre. Une amorce y met le feu lorsqu'elles sont clouées et une petite explosion se produit, châtiant le toro. Elles étaient autrefois employées lorsque le toro se refusait à prendre les piques. Etant d'une efficacité douteuse et donnant un spectacle désagréable elles furent supprimées en 1950. Mais on a voulu perpétuer la signification infamante

FORCADOS ou MOZOS DE FORCADO ou PEGADORES

Corrida Espagnole. — 19. Le taureau est traîné hors de l'Arène

FUEGO

qu'elles revêtaient pour l'élevage responsable et l'on voit ainsi parfois poser sur les toros particulièrement couards, des banderilles garnies de papier noir, sur ordre du président qui exhibe à cette fin un mouchoir rouge.

FOGUEADO.

Toro à qui l'on posait les banderilles de feu.

FRACASO : Echec, déroute.

« *Fracaso rotundo* » : échec retentissant.

Tous les grands toreros ont subi, un jour ou l'autre, un échec cuisant. Certains fracasos sont devenus historiques.

Le 3 juin 1877 à Málaga, le grand « Lagartijo » dut affronter un énorme toro de Anastasio Martin nommé « Cucharero ». Ce fut une déroute. « Lagartijo » fit naturaliser la tête du monstre qui pesait à elle seule 101 kilos ! Lorsqu'il rentrait dans son logis cordouan après des libations nocturnes, le « Calife » se prenait de querelle avec la tête de Cucharero et lui distribuait généreusement quelques coups de canne.

Le 15 mai 1920 à Madrid, « Joselito » reçut le premier coussin qui lui ait jamais été lancé dans toute sa carrière. Le lendemain, il était tué en plaza de Talavera de la Reina.

Le 20 août 1924 à Bilbao, Marcial Lalanda au centre du ruedo dut implorer, à genoux, le pardon du public après un fracaso d'anthologie.

Quant à Rafael « el Gallo », il se contenta de dire après une de ses innombrables déroutes : « Une bronca dure cinq minutes, une blessure quinze jours ».

FREGOLINA.

Voir *ORTEGUINA*.

FRENTE (de) : Face (de).

L'expression s'emploie essentiellement pour qualifier une manière de placer les banderilles : *colocar el par de frente*. L'expression complète devrait être *banderillear al cuarteo entrando de frente*. Le torero s'avance vers le toro en droite ligne et n'exécute qu'*a jurisdiccion** un léger cuarteo, une légère déviation de la ligne droite. La suerte est plus risquée mais plus brillante que celle où le cuarteo est large.

On parle de *toreo de frente*, lorsque le torero cite de face à la naturelle ou pour un *derechazo**. Il y a lieu de ne pas confondre la locution *de face* avec la locution *en face* ; la première n'étant qu'une position du corps alors que la seconde suppose que le torero se croise.

FRENTE POR DETRAS (de) : Face par derrière (de).

Le développement qui suit est surtout réservé à ceux qui sont

FRENTE POR DETRAS (de)

curieux de petite histoire de la tauromachie et des aléas du vocabulaire taurin.

L'expression *de frente por detras* qualifie, en effet, une passe de cape dont on pouvait s'attendre à ce que, dénommée de façon aussi insolite, il ne soit pas facile de s'entendre à son sujet.

« Pepe Illo » passe pour l'inventeur de la *suerte de capa de espalda* (passe de cape effectuée de dos) ou *aragonesa*. Il la décrit lui-même ainsi : « Le diestro tourne le dos au toro et présente la cape **en la tenant par derrière son dos** et il ajoute que cette suerte est *de las mas interesantes* et *sumamente sencilla* (excessivement simple). Montés, dans sa célèbre Tauromaquia, au lieu de parler tout simplement d'aragonesa, dénomma par la suite cette passe « de frente por detras » pour la raison suivante : on appelait à l'époque la véronique *lance de frente* ; or l'aragonaise est une véronique totalement inversée : c'est en effet la véronique (le « lance de frente ») effectuée par derrière, *por detras*. Mais cette aragonaise a été de moins en moins pratiquée et on a cessé d'appeler la véronique « lance de frente ». Vous aurez une image de ce lance « de frente por detras » en observant l'estampe n° 6 de la *Tauromaquia* de Goya.

En 1911, le mexicain Gaona, reprenant semble-t-il une idée du banderillero « Ojitos », mit à l'honneur une passe de cape dans laquelle le matador **fait face à la bête** mais tient la cape derrière son dos (la différence avec la *mariposa* tient à ce que dans la passe de Gaona les deux mains sont du même côté de l'homme ce qui donne « plus d'étoffe » à présenter au toro). Or cette *gaonera* fut appelée par le revistero « Dulzuras » *lance de frente con el capote por detras* qui fut abrégé en « lance de frente por detras ». C'était peut-être logique puisque le matador se présente de face — de frente — et tient la cape par derrière — por detras — mais cela a introduit une confusion qu'il n'est pas aisé de dissiper. En sorte qu'il paraît souhaitable d'oublier l'expression désuète de « frente por detras » et, lorsque le matador tient le capote dans son dos, de parler de *gaonera* s'il fait face à l'animal et d'*aragonesa* s'il lui tourne le dos.

FUERA ! : Dehors !

Interjection de fréquent usage dans le ruedo et sur les gradins.

« Qu'on me laisse seul ! » intime le matador en renvoyant ses peones dans le callejon.

« Qu'on le laisse seul ! » intiment les spectateurs aux mêmes peones.

Un soir à Madrid, Fernando « El Gallo », père de Rafael et de « Joselito », vit sortir du toril un énorme toro de Colmenar. Il en eut une telle frousse que toute la cuadrilla s'empressa pour l'aider à tuer le monstre.

Fuera ! hurlaient les aficionados.

Mazzantini, chef de lidia, s'approcha pour écarter les aides. Alors Fernando gémit :

— Non, Luis, non ! Qu'ils restent ! Pour ce toro, il me les faut tous ! Ce que je regrette c'est que la Gabriela et les fistons ne soient pas là pour m'aider aussi !

FUERA DE CACHO : Hors de la corne.

On dit aussi plus rarement : *libre de cacho*.

Cacho est un terme peu usité en Espagne pour cuerno. Il est par contre très courant en Amérique espagnole.

Le torero travaille *fuera de cacho* s'il exécute la suerte de telle sorte que dans le déroulement normal de cette dernière, il ne puisse à aucun moment être inquiété par le toro. Il va de soi que ce mode de toréer manque d'éclat, d'émotion et d'efficacité.

FUNCION : Représentation, spectacle.

Par extension : corrida.

Hierro de German Gervas Diez

GALLEANDO, GALLEO.

On raconte que « Joselito » ressuscita cette suerte à Madrid... en 1914 et que les spectateurs se tournèrent vers les aficionados les plus anciens pour leur demander de quoi il s'agissait. Bollain écrit qu'il se souvient d'avoir vu Luis Freg pratiquer un *galleo* dans les années vingt. Les auteurs classiques décrivent ainsi la suerte de cape dite *galleo* : le torero met la cape sur ses épaule *como la capa de vestir*. Le galleo peut alors s'exécuter de face, et il ressemble dans ce cas au quite de la *mariposa**, à ceci près que le capote est à la hauteur des épaules au lieu d'être à hauteur de la ceinture. Certains auteurs appellent encore cette manœuvre la *suerte del bú* ou galleo *a lo bú*. Il est même dit que la cape peut être mise sur la tête, comme une mantille, et c'est peut-être plus là la vraie suerte del bú, bú signifiant familièrement « croque-mitaine ». Quoi qu'il en soit, telle suerte, effectuée *de cuclillas*, c'est-à-dire « à croupetons », a été la spécialité, paraît-il irrésistible, de certains toreros comiques d'autrefois.

Mais la variété la plus célèbre de galleo s'exécute par derrière, le torero tournant le dos au toro, lorsque cape sur les épaules, il se laisse poursuivre par la bête, courant légèrement en zig-zag et en remuant opportunément de droite à gauche et de gauche à droite les bras qui soutiennent l'étoffe. C'est le seul type de galleo que retient « Paco Tolosa » dans son Encyclopédie, et il existe de cette suerte des images célèbres, telles que la gravure classique de Gustave Doré illustrant un galleo d'Antonio Sanchez « El Tato », dont la cape froufroutante paraît bien légère, ou que la photo, si souvent reproduite... et prise peut-être en 1914 à Madrid, de José « Gallito » galleando.

« Curro Guillen », les deux « Frascuelos », le grand Montes étaient, paraît-il, des spécialistes de cette suerte. Souhaitons que, de même que l'on a vu ressurgir de nos jours des suertes *en desuso*, comme le *salto de la garrocha* (Porras) ou l'estocade *a recibir* (« Viti », « Paquirri ») on voie demain un torero, en mal d'originalité, réinventer les galleos.

Il ne faut d'ailleurs pas confondre le galleo de dos avec le *recorte** qui consiste à jeter le capote, tenu par une seule main, d'avant en arrière sur une épaule, ce qui constitue la *larga cordobesa*, dont nous a régalé parfois Antonio Ordoñez.

Quant au terme *galleando* il peut s'utiliser dans deux significations :
— il qualifie d'abord un torero en train d'effectuer un *galleo*, d'exécuter *un quite galleando*
— mais il s'applique surtout à une suerte du deuxième tiers : *parear galleando*. Banderilles en main, le torero se laisse poursuivre par le toro, retardant sa course par des zig-zag, puis se retournant brusquement, il cloue la paire en évitant la corne par une flexion de ceinture. « Guerrita » exécutait la suerte de façon inégalable. De nos jours « Paquirri » l'ébauche souvent et L.F. Esplà l'exécute parfois.

GANADERIA : Elevage.

— Sur les origines et la sélection : voir *casta*.
— Sur les opérations d'élevage : voir *herradero*.

LARGA CORDOBESA

— Sur les caractéristiques : voir *divisa, hierro et señal.*
— Sur les pâturages : voir *dehesa.*

Organisations professionnelles :
— 258 éleveurs (*Ganaderos* ou *Criadores*) forment l'*Union de Criadores de Toros de Lidia* ou « Premier Groupe » qui a l'exclusivité de fourniture du bétail des corridas formelles, avec picadors.
— 350 éleveurs forment le *Grupo de Ganaderías de Lidia* ou « Second Groupe » qui a l'exclusivité de fourniture du bétail des corridas dites « économiques », sans picador.

Importance du Cheptel :

Une corrida de toros compte généralement six bêtes. Une vache produit un mâle en moyenne une fois sur deux. On reconnaît que 66 % seulement de rendement sont obtenus (avortements, accidents, malformations physiques...). C'est donc 18 « vaches de ventre », qui sont nécessaires pour obtenir une course. Les toros étant combattus à quatre ans, cette course suppose la présence sur l'élevage des éléments suivants :
— les 18 vaches de ventre
— le *semental* ou reproducteur
— le 6 *toros* de 4 ans
— les 6 *novillos* de 3 ans
— les 6 *utreros* de 2 ans
— les 6 *erales* de 1 an
— les 6 veaux de l'année ou *añojos*
— 6 jeunes vaches de remplacement soit 55 bêtes pour vendre 6 toros par an.

GANADERIA EN PERIODO DE PRUEBA.

Lorsqu'un éleveur du second groupe aspire à entrer dans le premier, il est soumis à « une période d'épreuve » comptant un certain nombre de courses dans lesquelles il doit faire la preuve que la caste de ses toros est suffisante pour figurer parmi l'élite du « sang brave ». Il doit en outre acquitter un droit d'entrée qui, en 1969, a été élevé à 500.000 pesetas.

Il en est de même si un particulier achète des bêtes dans un des élevages du Premier Groupe sans acquérir le fer de cet élevage.

CONCOURS DE GANADERIAS.

Corrida au cours de laquelle sont présentées des bêtes de différents élevages. L'ordre de sortie des toros est alors le suivant (article 49 du Règlement) :
1 - lorsque chaque toro est d'un élevage différent, l'ordre de sortie est rigoureusement celui de l'ancienneté de l'élevage (date de sa présentation dans les arènes de Madrid).
2 - lorsque chaque ganaderia présente un nombre pair de toros, la plus ancienne sort en premier et dernier poste ; la suivante en ancienneté en 2e et avant-dernier poste ; etc...
3 - lorsque le nombre des bêtes est inégal pour plusieurs élevages : le premier toro est celui du plus ancien élevage ; les autres suivent dans l'ordre d'ancienneté ; et lorsque chaque ganadería a sorti un toro, l'ordre de sortie des suivants est arrêté par les matadors.

En fait le véritable concours de ganaderías est celui qui présente un toro de chaque élevage. Le plus renommé est celui de la Corrida des Vendanges de Jerez de la Frontera. Dans ce cas précis, les éleveurs choisissent soigneusement leur bête car un prix très estimé est décerné au meilleur toro du concours. Les matadors alors engagés sont choisis pour leurs capacités de *lidiadores* car l'intérêt essentiel du concours est de faire ressortir les qualités des différents toros présentés.

GANADERIA REAL : Elevage royal.

Deux ganaderías ont mérité ce titre pour avoir appartenu à des souverains.

Lorsque mourut, le 19 juin 1815, Vicente José Vazquez créateur de l'une des castes fondamentales, le roi Fernando VII, qui avait quelques créances à son encontre, se porta acquéreur de la plus grande partie des bêtes. Ce n'est qu'en 1833 que coururent à Madrid les premiers toros *fernandinos*. Le 29 septembre de la même année, le roi décédait ; sa veuve, Maria Cristina vendit le troupeau aux ducs d'Osuna et de Veragua.

Ce sont les héritiers de Juan Pedro Domecq qui possèdent actuellement cette caste.

En 1815, Fernando VII fit don de 50 vaches et 2 sementales à son neveu, Miguel de Bragança, roi du Portugal. Lorsque celui-ci fut chassé du trône en 1834, le troupeau échoua entre les mains de Damaso Dos Santos. Actuellement le fer royal est la propriété de Manuel Camacho Naveda.

GANADO : Bétail.

GANADO VACUNO : Bovins.

GANADO BRAVO : Toros de combat.

GANAR TERRENO : Gagner du terrain.

L'expression peut s'appliquer au toro qui gagne du terrain sur l'homme, où à l'homme qui gagne du terrain sur le toro.

Sur le plan stratégique il existe une division générale du rond : le terrain normal du toro est le centre, *los medios,* le terrain « du dehors » ; le terrain normal du torero est la périphérie, *las tablas,* le terrain « du dedans ». Et ceci a paru tellement évident qu'on appelle *suerte natural* la suerte où l'homme évolue dans le terrain du dedans (on dit par exemple : entrer a matar dans la suerte natural) et *suerte contraria* le cas inverse. Ainsi Claude Popelin raconte que Juan Belmonte disait à l'écrivain américain Barnaby Conrad qui se faisait bousculer par un torito : « Ne vous entêtez pas à faire passer le toro entre la barrière et vous ». Donc, **sur le plan stratégique,** l'homme gagne du terrain lorsqu'il se dirige vers le centre, par exemple dans une série de véroniques où, entre chaque retour de la bête, le torero, parti des barrières, fait deux ou trois pas en avant ; le *revistero** écrira : « sept véroniques, gagnant le centre... ». Et inversement le toro gagne du terrain sur l'homme lorsque ce dernier est refoulé par la bête vers les barrières, est *entablerado**.

Mais même en laissant de côté le cas des toros *mansos** qui « s'appuient aux barrières » et « inversent les terrains » et le problème des toros qui font leur terrain d'une *querencia** l'importance des terrains est peut-être moins grande, en tous cas plus nuancée, qu'on a pu le croire ou le dire. Belmonte lui-même disait : « A qui est le terrain ? J'ai toujours cru qu'à Madrid, il appartenait à la Mairie et à Sevilla à la Maestranza ! » ; et il disait encore volontiers : « Quand le toreo est bien, tout le terrain est au torero et quand le toreo est mal tout le terrain est au toro ». Il ramenait ainsi le problème des terrains sur un plan **non plus stratégique mais tactique.** En gros, et si l'on compare le toro à un train roulant sur des rails, on peut énoncer en trois mots une histoire de la tauromachie. Suivant un schéma de L. Bollain, on peut dire que les anciens citaient le toro en se mettant entre les deux rails et se déplaçaient habituellement quand le train — le toro — arrivait sur eux, à moins qu'il ne fut d'une particulière noblesse. Le toro gagnait donc, de façon habituelle du terrain « tactique » sur l'homme. « Manolete » (années 40), et ses successeurs, se mettent en dehors des rails, aussi près que vous voudrez, et saluent le train au passage. Ils ne bougent pas — émotion sur les *tendidos** — et ne perdent pas de terrain ; mais le toro ne modifie pas sa course et l'homme ne gagne pas de terrain sur lui. La révolution de Juan Belmonte (1913) fut de se placer sur un rail, et, à l'arrivée du train, de le faire dérailler. On comprend que si l'on peut ainsi gagner du terrain sur le toro à chaque passe, le terrain est à celui qui toree bien sur la propriété de la Mairie ou de la Maestranza. Notons que faire dérailler le train est un des effets du *cargar la suerte** et que gagner du terrain sur le toro est pour l'homme une des modalités du dominio. Enfin, il est bien évident que, quel que soit le style : de face, à l'ancienne, de trois-quarts, comme Belmonte, ou de profil comme « Manolete », si le toro a une charge vicieuse, un mouvement de corne menaçant, un *sentido** aiguisé... ou si le torero manque de sérénité, torée mal ou, à tort ou à raison, a peur, l'homme va rompre et le toro gagner du terrain sur lui.

GAONERA
(Diego Puerta)
Photo L. Clergue.

GAONERA.

Passe dans laquelle le torero tient la cape dans son dos (voir *frente por detras*) toute l'étoffe donnant la sortie d'un côté ou de l'autre. Lorsque le toro entre dans le leurre, le torero tourne dans le sens de la course de la bête et se retrouve en fin de suerte prêt à redonner la passe de l'autre côté. Elle fut créée par le mexicain Rodolfo Gaona.

Elle a donné naissance à des interprétations diverses telles que la *tapatía, l'orteguina.*

Habituellement le torero la prépare en se passant la cape dans le dos par-dessus la tête dans un mouvement appelé demi-farol.

GARROCHA.

Terme qui désigne deux instruments différents. Ce peut être une perche utilisée dans le *salto de la garrocha* (voir *saltos*) ou, suivant la définition ancienne, « un fer pointu emmanché d'un fût long et délié qui sert dans les fêtes de taureaux pour les aiguillonner et pour les conduire ». Dans cette dernière acception, la garrocha est utilisée encore par les vaqueros comme outil de travail, en particulier dans l'opération dite *derribo à cheval* (voir à *derribo*).

GARROCHISTA : Utilisateur de la garrocha.

En 1808, après les événements du mois de mai à Madrid, toute l'Espagne se soulève contre les troupes napoléoniennes, chaque ville passe sous les ordres d'une *junte* révolutionnaire. A Sevilla, les chefs en sont Nicolas Tap, le père Manuel Gil et le comte de Tilly. La junte de Seville s'est donnée le titre de « Junte suprême d'Espagne et des Indes ». Le *procurador mayor,* comte del Aguila, qui ne collabore pas avec les insurgés est fusillé. Les troupes de la junte, sous les ordres de Pedro de Echevarrí comprennent un grand nombre de

GARROCHISTA

garrochistas. Ils vont être les artisans de la première défaite subie par Napoléon, la capitulation de Bailen.

Dans les grandes ferias des provinces d'élevage du toro bravo (Sevilla, Jerez, Salamanca...), un concours de garrochistas oppose les ganaderos et les amateurs distingués.

GAZAPEANDO ou GAZAPON.

Vient de *gazapo* : lapereau ; le *gazapeo* est la manière de se déplacer du petit mammifère rongeur : par petits sauts.

Le terme appliqué au toro de combat signifie qu'il avance à petits pas, sans charge, d'une manière indécise et surtout sans y être invité.

Certains toros sortent gazapeando et ce n'est pas à la portée de tous les toreros de les dominer. En général, ils deviennent *gazapones* lorsque la faena a été trop longue et surtout sans dominio. Il arrive aussi que la faiblesse de pattes d'un toro de caste le fasse charger ainsi à petits pas. Dans tous les cas, le toro gazapon est très difficile à cadrer et le plus souvent les matadors s'en débarrassent *al encuentro**.

GENIALIDAD : Génie, originalité, excentricité.

GENIALIDADES : Coups de génie.

En tauromachie, on donne ce nom à certaines passes, certains adornos, certaines suertes qui sortent du répertoire courant mais toujours de bon goût. Ils sont le fait, le plus souvent, de toreros inspirés, habités par le *duende**. Les toreros dont on a dit qu'ils étaient créateurs de « génialités » ont été ou sont : Rafael « el Gallo », « Cagancho », Curro Romero, Rafael de Paula.

Par dérision, on qualifie de *genialidad* une excentricité : « Cúchares » descabellant un toro qui ne lui plaisait pas sans entrer une seule fois a matar, El « Cordobès » chevauchant son adversaire...

GENIO : Génie, caractère, tempérament.

Facultés d'attaque et de défense du toro. S'accuse avec l'âge et se caractérise par l'âpreté et la violence dans le combat que redoutent les toreros.

GIRALDILLA.
De *GIRALDA* : Girouette.

La plus célèbre des girouettes pour l'aficionado est celle qui surmonte le fameux minaret qu'El Mansour érigea à Sevilla au XII siècle. La Statue de la Foi (*giraldillo*) qui tourne ainsi au vent pèse 1.288 kilos et domine la cathédrale et la ville de Sevilla.

On réunit sous l'appellation de *giraldillas*, toutes les passes de muleta dans lesquelles le matador pivotant sur lui-même effectue un tour plus ou moins complet.

La variante la plus souvent désignée par ce nom est la *bandera* donnée en pivotant.

Ces suertes étant, en général de valeur limitée, l'appellation ne va pas sans une nuance un peu péjorative.

La *manoletina* est une giraldilla.

GLOSOPEDA : Fièvre aphteuse.

Maladie hautement contagieuse des ruminants et des porcs qui sévit de façon panzootique dans le monde entier dûe à un ultra-virus dont plusieurs types ont été identifiés.

Elle se caractérise chez le toro, outre les symptomes généraux, par le développement de vésicules ou aphtes dans la cavité buccale et l'espace interdigital (glosso + pedes = langue + pieds). Les aphtes buccaux entrainent de la sialorrhée et des claquements des lèvres et rendent douloureuses la préhension et la mastication des aliments. Les lésions interdigitales provoquent de la boiterie et des douleurs et un décollement avec quelquefois chute de l'ongle.

Si la mortalité est relativement faible dans les bons élevages, les pertes économiques sont très importantes car presque tous les animaux du troupeau contractent la maladie et accusent une importante baisse de condition.

Par ailleurs, des séquelles telles que l'asthme post-aphteux, la permanence d'un poil d'hiver long et piqué, des lésions podales persistent pendant plusieurs mois. Jusqu'ici aucun traitement spécifique n'a donné de résultat. Seule la prophylaxie en milieu sain, basée sur une vaccination systématique, permet d'éradiquer la maladie.

La glosopeda a été invoquée pour expliquer les nombreuses chutes des toros de combat. Cette explication ne peut être retenue que dans les très rares cas où existent des lésions de nécrose du bourrelet unguéal ou lorsqu'on assiste à la perte de l'ongle. Mais tout troupeau atteint de glosopeda étant mis sous quarantaine par les services vétérinaires officiels, les animaux atteints ou convalescents ne peuvent guère être envoyés aux arènes.

GOLLETAZO : Estocade portée dans le cou.

Voir *degollado* et *estocada*.

GORDO : Gros.
TOCAR EL GORDO : toucher le gros.

GOYESCA

Ne signifie pas palper un monsieur bien portant mais gagner le gros lot à la loterie.

On dit d'un *apoderado** qu'il est dans ce cas lorsqu'il a déniché un garçon d'avenir, un novillero qui promet.

GOYESCA (corrida) : Goyesque (corrida).

Corrida au cours de laquelle les toreros portent un costume à la mode du temps de Goya. Les plus célèbres corridas goyescas maintenant traditionnelles sont celles qui se déroulent : l'une, dans la plaza vénérable et historique de Ronda ; l'autre, dans le Monumental de Madrid organisée par le Cercle des Beaux-Arts.

GUARDIA CIVIL : Garde Civile.

Gendarmerie espagnole.
Signe distinctif de ses membres : un invraisemblable bicorne en cuir bouilli.

Elle est chargée (entre autres choses) de la police dans les arènes. Article 48 du règlement : elle intervient pour empêcher la présence du public en dehors des places qui lui sont destinées et l'intervention dans la lidia de toutes personnes étrangères aux cuadrillas.

GUSANILLO : Petit ver, virus, responsable d'une maladie : l'*afición a los toros,* le goût des toros.

Ce petit ver ronge aussi bien l'aficionado que le torero. Chez le premier, il déclenchera des coups de folie qui lui feront parcourir des milliers de kilomètres pour assister à telle corrida ; il le poussera à supporter stoïquement, sur les gradins, un soleil tropical ou une pluie diluvienne; il l'aidera à surmonter les nombreuses déceptions et déconvenues qui jalonneront sa carrière d'amateur de toros.

Chez le torero le virus fera surmonter tous les obstacles afin de se faire un nom. Si l'art lui manque ensuite, si les contrats se font rares, en un mot si la malchance s'en mêle, le gusanillo le poussera à rester dans le métier, à devenir apoderado, organisateur, subalterne..

On dit aussi, d'une manière tout aussi imagée mais moins pittoresque, qu'il a la *sangre torera,* le sang torero.

GUARDIA CIVIL

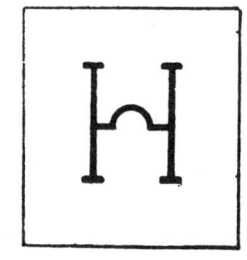

Hierro de Juan Gallardo Santos

HACHAZO : Coup de hache.

En tauromachie : coup de corne sec donné vers la haut.

La décomposition du coup de corne fait apparaître deux temps plus ou moins distincts selon les caractéristiques du toro et la proximité du leurre. Un temps de ramassage vers le bas (le toro « humilie ») et un temps de lancer vers le haut. Le hachazo est l'exagération du mouvement de lancer nettement séparé du précédent et quelquefois répété.

HERIDA : Blessure.
Voir *cogida*.

HERRADERO : Ferrade, marquage au fer.

Ensemble des opérations d'élevage destinées à marquer les *erales* (bêtes d'un an).

Jusqu'en 1968, ce marquage se limitait à l'application du fer et d'un numéro d'ordre dans la *camada**.

A la fin du mois de septembre 1966, se réunit à Sevilla un Congrès International de Tauromachie. Un français, Maurice Figère, fit adopter une motion demandant que l'on oblige les éleveurs à marquer leurs bêtes au millésime de leur naissance ainsi que le faisait le ganadero français Hubert Yonnet.

Le 16 décembre 1968 paraissait un décret du gouvernement espagnol. Dans son article 9, il imposait le marquage à feu, sur l'épaule, du dernier chiffre de l'année de naissance ; l'année en l'occurence commençant le 30 juin pour se terminer le 1er juillet de l'année suivante, les vaches mettant normalement bas pendant l'hiver. Ce décret complétait la règlementation mise en place, en avril précédent, concernant le registre* des naissances.

Les opérations se déroulent de la manière suivante :
— 15 jours avant le herradero, le ganadero avertit le Gouverneur civil de la province, de la date des opérations ;
— au jour dit, assistent au marquage : un sergent de la Garde Civile et un technicien vétérinaire de la Direction Provinciale de l'Elevage ;
— les vaches et les veaux sont conduits dans les corrales proches de l'arène de tienta et les erales sont séparés de leurs mères ;
— un à un, ils sont marqués à feu de trois manières différentes :
- sur la cuisse droite : le fer de l'élevage ;
- sur le flanc droit : le numéro dans l'ordre de l'élevage ;
- sur l'épaule droite : le dernier chiffre

HERRADERO

de l'année de naissance (par exemple 9 pour l'hiver 1969-1970);
— les veaux subissent ensuite un tatouage du dernier chiffre de l'année de naissance sous l'épaule droite, à l'aisselle.

L'opération se termine par la vérification de la filiation du veau : on constate que celui-ci, après le marquage, rejoint dans le corral la vache qui a été déclarée comme étant sa mère sur le Registre des Naissances.

En Camargue, ces opérations se déroulent en plein champ et donnent lieu à des fêtes champêtres.

HIERBA : Herbe.

S'emploie lorsqu'on parle d'âge des bêtes. Un toro de cinq herbes est un toro de quatre ans. Né pendant l'hiver, il broutera, après sevrage, l'herbe d'automne. Ce n'est qu'après 12 mois révolus qu'il s'attaquera à sa deuxième herbe.

Le concept est capital dans le cadre de la nouvelle législation espagnole qui impose le marquage des veaux du millésime de l'année de naissance. Les vaches mettant bas de juillet à juin, une herbe chevauche sur deux années. Les veaux nés de juillet 1981 à juin 1982 seront marqués du 2 de 1982. En juillet 1983, ils seront de deux herbes ; en juillet 1986, de cinq herbes et donc de 4 ans révolus (pour certains nés au début de la saison, ils approcheront de cinq ans).

HIERRO : Fer.

Marque distinctive de chaque élevage, appliquée au fer (d'où son nom) rouge sur la cuisse droite du veau au cours de la ferrade ou herradero. Marque déposée, propriété de l'éleveur, le fer, en cas de vente du troupeau, peut être cédé avec lui ou conservé pour la création d'une nouvelle ganadería en achetant d'autres bêtes du même groupe. L'achat de l'élevage sans fer oblige pour le Premier Groupe à la *prueba* (voir à *Ganaderia en periodo de prueba*).

Le fer reproduit :
— soit les initiales de l'éleveur (AP pour Antonio Perez de San Fernando),
— soit les initiales de son prédécesseur (le V de Veragua surmonté de la couronne ducale pour Juan Pedro Domecq),
— soit un dessin quelconque : un fer à cheval pour La Cova, un hexagone pour Flores Tassara, un cœur pour Diego Romero, un point d'interrogation pour Matias Bernardos, une cloche pour Bernardino García Fonseca, le chiffre 1 pour Luis Miguel « Dominguin » (qui a vendu depuis) parce qu'il s'était sacré lui-même *numero uno* en toute simplicité.

HOMBRE ! : Homme !

Interjection typiquement espagnole d'utilisation très fréquente dans et hors les ruedos. Peut signifier « la surprise, le plaisir, l'émotion, la désapprobation ou le ravissement, suivant l'intonation » (Hemingway).

HOMBROS : Epaules.

SALIDA EN HOMBROS : sortie en triomphe du matador sur les épaules de spectateurs par la porte principale de la plaza.

L'article 68 du règlement n'autorise ce genre de triomphe à la romaine que lorsque le matador a obtenu au moins deux oreilles. Il ajoute que le groupe ne devra pas parcourir plus de 300 mètres à partir de la porte des arènes (concession nécessaire au trafic urbain).

Si les sorties de la plaza sont assez rares dans cet appareil ; les sorties du ruedo sur les épaules deviennent courantes. Les porteurs sont devenus de véritables professionnels qui se font payer suivant le poids du torero.

HONDA : Profonde.

Voir *estocada*.

HONDURA : Profondeur.

On parle de « toreo profond ».
Vous pourrez entendre un fin connaisseur de vins de grands crus vous dire : « Ce Bourgogne a de la cuisse ». Dès lors les buveurs de vin se divisent en deux groupes : ceux qui ont compris sans qu'on leur explique et ceux qui ne comprennent pas très bien, même si on leur explique très longtemps. Parce que cela ne s'explique guère. La profondeur en tauromachie est un peu — si l'on peut dire — du même tonneau. Certes le *cargar la suerte**, le *temple**, le *dominio**, la constitution générale de la faena... et les facultés du toro, s'unissent à des degrés divers pour aboutir à cette émotion de bon aloi, à cette impression esthétique dénuée de fadeur, à cette perfection technique qui sait se confondre avec la grâce du mouvement naturel et réduire le toro...

Si vous lisez attentivement, vous verrez vite que l'on n'a rien écrit qui puisse éclairer celui qui ne sait pas. Mais si ce qui est écrit ne vous a pas paru vide de sens, alors c'est que vous avez déjà senti ce qu'est le toreo profond.

HUIDO.
De *HUIR* : Fuir.

Toro fuyard, qui dès son entrée en piste refuse les capes et court le long de la barrière cherchant une issue. Le matador devra s'employer à le fixer puis à l'empêcher de sortir de suerte en lui « gardant la tête dans le leurre ».

HULE : Toile cirée.

Synonyme de table d'opération qui était recouverte de cette toile imperméable. Par extension infirmerie.

HUMILLAR : Humilier, dans le sens de baisser la tête.

Se dit du toro qui baisse la tête soit par tempérament parce qu'il est noble (et la lidia du torero doit veiller à ne pas accentuer cet état pour pouvoir tuer dans de bonnes conditions), soit par fatigue à la suite de la lidia (laquelle doit l'y amener afin de faciliter l'estocade).

Hierro de Oliveiras Irmaos

IDA.

Se dit d'une estocade portée de telle sorte que la lame aplatie de l'épée au lieu d'entrer horizontalement comme il se doit, pénètre verticalement parce que le poignet du diestro a effectué un quart de tour.

IDIOSINCRASIA : Idiosyncrasie.

Un des traits les plus marquants du tempérament de l'aficionado espagnol, c'est de penser qu'il n'y a de professionnels et de connaisseurs qu'en Espagne.

En ce qui concerne les toreros, on n'est pas loin de penser comme eux étant donné l'écrasante proportion de matadors de toros provenant d'Espagne ou d'Amérique espagnole (Mexique, Pérou, Colombie, Equateur, Chili...). Il y eut toutefois de nombreux portugais et, depuis « Simon Casas » et « Nimeno I », les français ont conquis les ruedos en rangs presque serrés. Notons pour mémoire les matadors *estadunidenses* : Sydney Franklin et John Fulton. Citons à titre anecdotique qu'il y eut des novilleros japonais (Yatojo, Mitzuya), allemand (Riedel), anglais (Vincent Charles, Nick Allen, Frank Evans), chinois (Bong Way Wong)...

Soit, mais ce qui est irritant c'est l'air de commisération qu'affectent les Espagnols dès lors qu'un étranger à l'outrecuidance de parler toros. Il est pourtant prouvé qu'il y a d'excellents aficionados en Angleterre, aux Etats-Unis (et ceux qui ont lu « Mort dans l'après-midi » ne nous contrediront pas), dans les Pays Scandinaves ou en Hollande. Quant aux Françaix, il n'est que de fréquenter les ferias espagnoles pour les rencontrer où l'on rencontre le véritable aficionado : au *campo** et à l'*apartado**. Quant aux Espagnols eux-mêmes, ils présentent une proportion d'ignorants tauromachiques qui pour ne pas atteindre celle des autres pays n'en est pas moins incontestable et remarquable dans certaines régions.

INCIERTO : Incertain.

Toro qui hésite entre plusieurs buts, change de trajet au cours de sa charge désordonnée.

INDULTADO : Gracié.
INDULTO : grâce.

Lorsque le toro, au long de son combat, a fait étalage d'une caste exceptionnelle, le public peut demander sa grâce au président de la corrida (*peticion de indulto*). Celui-ci peut suivre la pétition du public et laisser la vie sauve au toro. Le matador simule alors la mise à mort avec une banderille et les trophées qui lui sont éventuellement accordés sont évidemment symboliques. Il est nécessaire que l'*indulto* soit rare pour lui conserver sa valeur. Le toro gracié retournant à son élevage pour y devenir *semental**, sa caste doit être extraordinaire. C'est pourquoi ne devrait être gracié un toro que lorsqu'il a subi l'épreuve des trois piques règlementaires car alors seulement on peut être convaincu de sa véritable bravoure ; en effet presque tous les toros prennent bravement la première pique, dans la seconde certains rechignent, et c'est dans la dernière que se révèle la véritable bravoure.

Un des plus célèbres « graciés » fut Potrico, de Pablo Romero, lidié à Barcelona le 23 mai 1968, qui « montra toute la fierté, toute la majesté de la noble bête qu'est le toro espagnol de combat au point d'enflammer le public et de lui faire obtenir, à cors et à cris, le pardon de la vie » (José Riba Ledo). Les vétérinaires réussirent à guérir une blessure à l'épaule de 12 centimètres de profondeur par la pique. Il fallut cinq interventions et des doses massives d'antibiotiques et de toniques cardiaques pour qu'il puisse finir sa vie dans une félicité bien gagnée.

IZQUIERDA : Gauche.

Qualifie en général la main gauche, la *mano de torear*, (*la mano de los billetes !*), par opposition à la *mano de matar*. C'est la main avec laquelle se donne la passe de muleta par excellence : la naturelle. Lorsque, au cours de la faena le matador s'obstine à conserver la muleta aggrandie par l'épée, dans la main droite, il est rare que des voix ne descendent pas des tendidos réclamant *« Con la izquierda ! »*

Hierro de Jimenez Prieto

JALEAR : Applaudir, acclamer.

Exciter, stimuler un torero de la voix et du geste.

JARAMA.

Affluent du Tage qui coule en particulier entre Madrid et Arganda où il arrosait, au siècle dernier, les pâturages de toros bravos réputés qu'on appelait *jaramenos*. Lorsque Don Quichotte rencontre l'*encierro** il répond aux vaqueros qui le prient de s'écarter :

— Allons donc, canaille ! Il n'y a pas pour moi de taureaux qui vaillent, fussent-ils les plus terribles de ceux que le Jarama nourrit sur ses rives !

Un dicton populaire disait : *Toro de Jarama, guardate de el cuando brama* (Méfie-toi du toro de Jarama quand il meugle).

On attribuait la cause de cette « naturelle sauvagerie » à « l'herbe prodigieuse » qui poussait sur les berges de la rivière.

JEFE DEL ESTADO : Chef de l'Etat.

« Lorsque S.E. le Chef de l'Etat assistera au spectacle, la direction prendra soin d'orner la loge qu'il devra occuper de la manière la plus convenable. A cet effet l'Autorité Gouvernementale ou l'Autorité compétente en matière de protocole lui fournira le nécessaire » (article 53 du Règlement Taurin).

Il faudra attendre une nouvelle mouture du règlement pour que S.E. (le général Franco), cède la place à S.M. (Juan Carlos I) ; à moins que d'ici là...

Charles Quint fut, dit-on, un bon *aficionado práctico*. Il tua en particulier un toro à la lance à Valladolid lors d'une fête donnée pour célébrer la naissance de Philippe II. Or, Don Pedro Velez de Guevara, expert réputé en art taurin, s'offrit à donner une leçon au souverain avant que ce dernier n'entre en lice. Charles Quint accepta et Don Pedro se précipita... si malencontreusement que le toro le démonta et étripa son cheval. *« Esta leccion no la tomo yo »* (cette leçon je ne la prends pas) dit simplement Charles Quint qui, rejoignant sur le champ le toro, le tua au premier coup de lance.

JEFE DE LIDIA : Chef de lidia, directeur de lidia.

C'est le matador le plus ancien de l'affiche. Il est responsable de la bonne marche de la course en piste. Il doit faire respecter le règlement aussi bien pendant la lidia de ses propres toros que celle des toros de ses confrères. C'est-à-dire, en particulier qu'il doit veiller à ce que dans la suerte des piques, les toros soient placés à distance règlementaire des picadors ; dans le cas contraire, il doit intervenir pour empêcher que le toro ne soit piqué dans ces conditions.

Bien entendu chaque matador est responsable de la lidia de ses propres toros mais en cas de défaillance, il ne peut s'opposer à ce que le directeur de lidia intervienne. Ce dernier, en cas de carence, est d'ailleurs frappé d'une amende. Cette disposition du règlement est fort rarement respectée. En général, les matadors se gardent bien d'intervenir dans les affaires de leurs collègues. D'ailleurs fort peu d'entre eux sont capables de faire eux-mêmes la lidia qu'ils laissent aux soins des subalternes. Il est extrêmement rare qu'un torero soit frappé d'une amende pour sa carence en tant que chef de lidia.

Par ailleurs, le directeur de lidia devra suppléer un des autres matadors empêché (pour cause de blessure par exemple) de travailler et tuer ses adversaires.

Antonio « Bienvenida » fut certainement le meilleur chef de lidia que les arènes aient connu dans la période moderne.

JINETE : Cavalier, écuyer.

Dans le ruedo peut être : picador, rejoneador ou... alguazil.

Primitivement la *jineta* ou *gineta* était la lance courte ornée d'une houppe, insigne des capitaines d'infanterie. C'était aussi la cavalerie maure qui montait à la genette.

JUGAR CON EL TORO : Jouer avec le toro.

Synonyme de toréer, lidier.

JUGUETEAR : S'amuser.

Pour le banderillero, effectuer des adornos en citant la bête : courses en zig-zag, mouvements de ceinture en bombant le torse, bâtonnets derrière le dos, sauts...

JURISDICCION.

Qualifie indifféremment **l'espace** ou **le moment** dans lequel le toro, quittant son terrain et entrant dans celui de l'homme peut atteindre ce dernier avec sa corne. « Le moment où se rejoignent le toro et le torero » (Popelin). On n'emploie guère ce mot en pratique que dans l'expression *a jusrisdiccion*.

13. - CORRIDA DE TOROS. — Suerte de banderillas. - Jeu des banderilles.

JURISDICCION

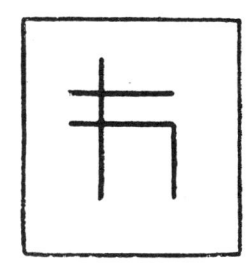

Hierro de Manuel Gonzalez Cabello

KIKIRIKI.

C'est l'onomatopée espagnole pour notre « cocorico ».

On appelle passe du kikiriki une passe aidée de ceinture, c'est-à-dire la poignée de l'épée se situant à mi-hauteur, cependant que la lame est en position verticale et que l'étoffe est retirée de la vue du toro quand les cornes viennent de dépasser le torero. Cette passe qui constitue un agréable détail est assez rarement réalisée. Elle doit son nom à son créateur, Rafael « El Gallo », le « coq » et on l'appelle aussi parfois « aidée à la Joselito », car ce dernier, « Gallito », la pratiquait plus que son frère.

Hierro de Ana Romero

LADEADA : Penchée, inclinée.

Estocade portée en avant et un peu à droite de la croix.

LAGARTIJERA : Qualifie un type d'estocade.

De « Largartijo », *apodo** de Rafael Molina, célèbre torero cordouan, qui s'était fait en fin de carrière une spécialité de la demi-estocade portée dans la croix mais en ne prenant que des risques mesurés.

Voir *PASO ATRAS*.

LAMINA : Image, gravure, estampe.

C'est l'aspect extérieur du toro.
Synonyme de *tamaño** et, dans le cas de *buena lámina*, de *trapío*.

LANCE : Synonyme de passe de cape.

LANCEAR : Toréer de cape.

LARGA.

La *larga* est une suerte de cape dans laquelle cette dernière est tenue d'une seule main par une extrémité et peut ainsi se déployer dans toute sa longueur. On en voit assez peu de nos jours, peut-être parce que les maestros pensent que tenir ainsi la capote d'une main est affaire de subalternes. Ces derniers devraient en effet tenir ainsi leur outil *a punta de capote* afin de ne pas faire subir au toro de torsions du corps ou des mouvements intempestifs de la tête. Mais les subalternes d'aujourd'hui donnent plus de capotazos — la cape tenue à deux mains - que leur patron. Les grands diestros d'autrefois : « Lagartijo », « Guerrita », les « Gallos », plus près de nous Luis Miguel et Ordoñez ont manié la larga avec une aisance, une efficacité et parfois un brio qui ont comblé d'aise les aficionados. Fernando « El Gallo » — le père de Rafael et de « Joselito » — disait volontiers que les matadors qui ne savaient pas toréer d'une main étaient des toreros de *plaza sin palco*, de plaza sans tribune présidentielle, c'est-à-dire de petite arène de village.

La larga simple (*larga sencilla ou natural*) survient chaque fois que le matador tient la cape d'une seule main pour mettre le toro en suerte, pour se protéger ou pour protéger un homme en danger. C'est une *larga de brega*.

La larga cambiada se produit lorsque le torero indique, en début de suerte, la sortie au toro d'un côté — en général vers la barrière pour la donner ensuite du côté opposé —

2 - Course de Taureaux - Entrée du Taureau dans les Arènes

LARGA

donc en général vers le centre.

La *larga afarolada* est en pratique cambiada mais de plus la main qui tient le capote, au lieu de se maintenir à mi-hauteur, se porte au-dessus de la tête de l'homme et projette l'étoffe très haut, comme dans le farol. Donnée à genoux cette larga prend un aspect émouvant et brillant et « met le public en condition ».

La *larga por alto* est plus volontiers appelée *cordobesa* parce qu'elle a été immortalisée par Lagartijo, le « calife de Cordoue ». Après que la cape, projetée circulairement ait dirigé le toro, le diestro la lance sur son épaule en pivotant et s'éloigne du centre de suerte auquel il tourne le dos. On a pu voir ainsi Ordoñez, après une pique, écarter le toro du cheval de sa cape déployée, tenue dans la main droite, et le conduire dans un mouvement circulaire qui ramena la bête en suerte pour la pique suivante puis il s'éloigna la cape sur l'épaule, plein d'élégance et de désinvolture.

La *rebolera** et la *serpentina** sont deux largas particulières, couramment usitées et qui constituent des *remates* c'est-à-dire des figures qui, laissant le toro immobile, mettent fin à des séries de véroniques ou de chicuelinas par exemple. Le matador pivote sur lui-même, enroulant autour de lui la cape dont les bords ondulent en tournant avant de finir son envol devant le muffle du toro médusé. Cette fin de suerte est très gracieuse et les toreros sevillans nous l'offrent avec une saveur et une légèreté particulières. Mais le remate qu'elle constitue est souvent moins décisif et moins émouvant qu'une demi-véronique bien faite.

LARGO : Long.

Voir *corto,* dont cet adjectif est évidemment l'inverse.

LENA : Bois.

On dit d'une façon imagée d'un toro très armé qu'il porte beaucoup de bois sur la tête (*de mucha leña*).

LEVANTADO : Levé.

Etat du toro à sa sortie du toril, avec toute sa fougue, son agilité, ses qualités physiques intactes ; tête dressée, il charge avec impétuosité et tout travail de muleta serait impossible si les piques ne l'amenaient pas à l'état *parado**.

LEY : Loi.

A LEY : comme il faut, dans les règles.

LIAR LA MULETA.

Lorsque le torero se prépare à estoquer, il « monte l'épée » de la main droite. Dans la main gauche, il tient la muleta et celle-ci, tenue basse et projetée vers la droite doit dévier le coup de corne. Le leurre, en l'occurence, doit concentrer l'attention du toro, c'est-à-dire qu'il ne doit ni présenter une surface trop grande, ni flotter. Pour cela le matador, d'un coup de poignet, enroule l'étoffe sur le bâtonnet de support et « lie » ainsi la muleta.

Telle est la technique pour tuer correctement, en se croisant et en abaissant la muleta pour que le toro « se découvre ».

Il arrive que le matador, pour esquiver la difficulté et le risque, projette la muleta sur la face du toro à seule fin de l'aveugler. Il est concevable qu'alors l'efficacité de la manœuvre devient proportionnelle à la surface d'étoffe déployée.

LIDIA : Combat.

LIDIAR : combattre.

Le terme s'applique uniquement à l'homme. Le combat du toro se dit *pelea*. Voir « chef de lidia ».

LIDIADOR : celui qui combat les toros.

LIMPIEZA DE CORRALES : Nettoyage des corrales.

En fin de temporada, les arènes donnant de nombreuses courses se retrouvent avec plusieurs *sobreros,* toros de réserve que l'on rassemble pour une ultime course.

En France, seule la plaza de Nîmes procède à cette opération de nettoyage qui se déroule au début du mois d'octobre et prend le nom de *Corrida Populaire*.

LIMPIO : Propre.

Se dit d'un toro dont les cornes n'ont pas été manipulées frauduleusement, un toro qui n'a pas été afeité.

Voir *cuerpo limpio*.

LIO : Imbroglio, chicane... « salades ».

Les relations entre taurins offrent l'occasion et le spectacle de *lios* nombreux et pittoresques qui entretiennent dans le *mundillo* une constante animation et font la joie des chroniqueurs.

LITRAZO.

Suerte qui doit son nom à Miguel Baez « Litri » mais qui avait été exécutée avant lui en particulier par Pepe Luis Vasquez et Antonio « Bienvenida ». Le torero cite de loin tenant l'épée dans la main droite et la

LIAR LA MULETA

muleta pliée dans la gauche ou cachée derrière son dos. Lorsque le toro arrive a *jurisdiccion,* le torero laisse tomber les plis de la muleta et exécute une naturelle. « Litri » exécutait cette suerte en regardant parfois vers les gradins ce qui nécessitait une confiance aveugle dans la bonne caste de son adversaire qui doit nécessairement accourir de loin, franchement et avec rectitude... encore qu'un « regard en coin » fut sans doute un adjuvant utile.

LLAMAR : Appeler.

Le cite du toro peut s'accompagner d'un appel émis par le torero.

Lorsque le toro tarde à accourir au cite, l'appel est un recours ; dans une série, l'appel précédant chaque passe fait dire que le matador « torée à la voix ».

Il se peut également que le torero se donne ainsi du courage ou communique au public son désir de bien faire.

LLANTO : Complainte.

LLANTO POR IGNACIO SANCHEZ MEJIAS

Chant funèbre écrit, en 1934, par Federico García Lorca à l'occasion de la mort du torero sevillan victime de Granadino, de Ayalá, à Manzanarés.

Il commence par les vers fameux :
*« A las cinco de la tarde
Eran las cinco en punto de la tarde »*
« A cinq heures du soir
Il était exactement cinq heures du soir ».

LLENO : (le) Plein (de spectateurs).

Arènes remplies ; lorsqu'on affiche *no hay billetes* (il n'y a plus de billets).

LLENAZO : Super plein.

Hasta la bandera (jusqu'au drapeau) ; suprême espoir et suprême pensée de tous les toreros.. et des empresas.

LUCIMIENTO : Eclat, lustre.

Toréer *con lucimiento :* toréer brillamment.

Hierro du Comte de la Maza

38. - SEVILLA. - La Procesión en Semana Santa - Puerta de la Macarena

MACARENA

MACARENA.

Quartier de Sevilla qui a pris le nom d'une porte ouverte dans les remparts romains puis maures (à l'époque romaine le propriétaire des lieux se nommait Macarius). Près de la porte se trouve l'église San Gil et dans l'église la statue de la vierge de l'Espérance, plus connue sous le nom de *la Macarena.* C'est la vierge des toreros : « ... aux belles joues, avec ses doigts crispées dans les bagues, sa ravissante beauté d'idole séquestrée, son orgueil de femme célèbre, ses yeux fixes d'hallucinée » (Paul Morand). Dans son « trésor » se trouvent des costumes de toreros et des capes d'apparat offerts par « Joselito », Sanchez Mejías, « Manolete »... La confrérie *Hermandad de la Virgen de la Esperanza* a compté dans ses pénitents tous les « Gallos ». L'église fut brûlée en 1936 (et reconstruite en 1947) mais la statue de la Vierge avait été mise en lieu sûr : dans le célèbre caveau de « Joselito » sculpté par Benliure.

D'autres vierges sont particulièrement vénérées par les toreros :
— la *Virgen de la Paloma* à Madrid
— la *Virgen de los Desamparados* à Valencia
— la *Virgen del Pilar* à Zaragoza
— la *Virgen de la Begonia* à Bilbao
— la *Virgen de las Angustias* à Granada
— la *Virgen de la Guadalupe* à Méjico...

MACHETEO.

De *machete :* Sabre d'abattis.

Machetear : Donner des coups de machette.

En tauromachie, le macheteo est un travail de muleta effectué en restant sur la face du toro, sans que celui-ci « passe », en donnant sèchement des passes *de piton a piton* (de corne à corne), comme des coups de machette.

Ce genre de travail peut être justifié ou non. Si le toro est sans charge et qu'il est nécessaire de lui « régler la tête » en vue de l'estocade, le macheteo est le dernier recours du torero.

Par contre si, par ce moyen, un matador apeuré cherche à couper la charge d'un adversaire qu'il ne veut pas travailler, le procédé est répréhensible. Il est d'ailleurs toujours sifflé par le gros public qui ne voit pas le plus souvent si le macheteo est justifié ou non par la qualité de la bête, et proteste parce que ce travail n'est pas spectaculaire et sent la mauvaise volonté (ce qui est souvent le cas).

On appelle aussi le macheteo : chasse-mouches.

MACHO : Mâle.

TORERO MACHO : torero viril, en opposition au torero « figurine », gracile et élégant, facilement soupçonné d'être un *maricon* (inverti).

MAESTRANZA : Maîtrise.

A mesure que les Chrétiens reprenaient aux Maures les villes d'Espagne, se créait dans celles-ci une *Hermandad* (confrérie) destinée à entretenir la forme physique et l'entraînement militaire de ses membres en vue des futurs combats pour le service du roi. Ces confréries prirent ensuite le nom de *Maestranza de Caballería* (maîtrise d'équitation). Lorsque Philippe V monta sur le trône d'Espagne, les maestranzas andalouses résolurent de réagir contre les mœurs instaurées par les Français à la cour et en particulier contre la désaffection du souverain et de ses courtisans pour les coutumes de courir les toros à cheval et de monter *a la jineta* (en opposition à monter *a la brida o a la francesa*).

Les plus célèbres maestranzas ont été celles de Sevilla et Ronda. A Sevilla, en 1673, la confrérie fut chargée d'organiser les courses de toros sur la Plaza San Francisco, puis dans des arènes de bois. Enfin en 1671 fut construite l'actuelle plaza qui prit et a conservé le nom de « Maestranza ». C'est la plus harmonieuse, la plus élégante et la plus racée des plazas de toros jamais construites. Elle reçoit un public d'une merveilleuse compétence et dont les silences dédaigneux sont célèbres.

MAESTRO : Maître.

Désigne le matador, chef de cuadrilla.

Lorsqu'on dit couramment d'un torero que c'est un maestro, il s'agit d'une figure, d'une vedette et cela suppose que ses qualités sont éminentes.

Le public crie *Maestro !* avec insistance lorsqu'un torero réputé pour poser les banderilles, paraît devoir en laisser le soin à ses peones. A moins que le toro ne soit impropre à cette suerte, le dit torero rappelle ses banderilleros et prend les bâtonnets. C'est une petite comédie traditionnelle, qui ne trompe personne.

MALETA : Valise.

Se dit d'un mauvais torero.

Dans les années 30, à Madrid, Calle Sevilla, se réunissaient les toreros faméliques, dans l'attente d'un hypothétique contrat. Ils stationnaient toujours devant la boutique d'un marchand d'articles de voyage dont ils encombraient la vitrine. Ce marchand, dénommé Thomas, afficha un jour à sa devanture :
— *Maletas !* Soldes. A n'importe quel prix !

Il fut débarrassé sur le champ.

MALETILLA : Diminutif de *maleta*.

S'applique aux apprentis toreros qui courent les routes d'Espagne à la recherche d'une « opportunité » (*oportunidad**). Ils n'ont pour tout bagage qu'un baluchon (... une petite valise, d'où le qualificatif), une vieille cape, une muleta rapiécée et une épée de bois. Pendant l'hiver et le printemps, ils hantent les ganaderias attendant qu'on veuille bien les laisser toréer une vachette à l'occasion des *tientas*. La vie du *maletilla* a été célébrée par le film « *Aprendiendo a morir* » où « El Cordobés » joue sa propre histoire.

MANADE.

Elevage de taureaux sauvages en Camargue. Ils sont de trois sortes :
— taureaux de pure race camargue destinés à la course libre ou course provençale ou course à la cocarde. Actuellement les plus réputées sont celles de Jean Lafont, Laurent père et fils, Blatière frères, Fonfonne Guillerme, Fabre-Mailhand...
— taureaux croisés entre les races camargue et espagnole destinés aux capeas et corridas économiques. On relève les noms de Aimé Gallon, Sol...
— taureaux de pure race espagnole ou portugaise destinés aux corridas formelles. La plus réputée, dont les produits sont comparables en caste et présentation aux bons élevages ibériques est celle de Hubert Yonnet. Viennent ensuite Lucien Tardieu, Pourquier, François André... Les novillos de Yonnet ont été présentés en 1979 à Barcelona avec succès.

Les manades se trouvent principalement en Crau et en Camargue

SEVILLA: Plaza de Toros.

MAESTRANZA

DICTIONNAIRE TAUROMACHIQUE ILLUSTRE 101

MANADE

(Provence) ou en Petite Camargue (Languedoc).

Le mot espagnol *manada* (troupeau, bande) n'est pas employé pour le gros bétail ; autrefois, il s'appliquait uniquement aux troupeaux de moutons.

MANCORNAR : Terrasser.

Voir *derribar*.

MANDAR : Commander.

Faire en sorte que le toro suive le leurre, ainsi que l'a décidé le torero qui impose alors sa volonté. C'est un des trois principes de base du toreo : *parar, templar, mandar*. Mais en vérité ces trois actions sont inséparables. On ne saurait mandar sans parar et templar (voir ces mots).

MANDON.

Torero dont l'autorité s'est imposée sur le public et ses confrères.

MANO A MANO : Main à main, vis-à-vis.

Corrida au cours de laquelle les toreros ne sont que deux pour combattre les six toros.

Article 49 du règlement : « ... Ne sera approuvée aucune affiche de corrida de toros ou de novillos auxquelles prennent part un ou deux matadors lorsqu'on n'annoncera pas également un *sobresaliente* (remplaçant)... » Ceci évidemment pour que le combat ne cesse pas faute de combattant.

Le mano a mano suppose l'opposition de deux styles de toreo et que les deux acteurs soient suffisamment qualifiés pour intéresser le public au cours de trois lidias. Les « main à main » interviennent souvent à l'occasion des *competencias** et ont connu leur plus grande vogue lorsque « Litri » et Aparicio étaient novilleros.

Jusqu'à la fin du XIXe siècle, le mano a mano était courant et le cartel de trois matadors, l'exception. Ce n'est qu'après la première guerre mondiale que le phénomène se trouve inversé.

MANOLETINA.

Cette passe de muleta dont l'inventeur est, peut-être, le mexicain Pepe Ortiz, doit son nom et sa célébrité au parrainage de « Manolete » qui sut la vulgariser. Il ne s'agit pas d'autre chose que d'une variété de *bandera**, c'est-à-dire d'une passe haute de la droite dans laquelle le bras gauche du diestro se replie derrière son dos et sa main gauche vient se saisir de l'étoffe. A *jurisdiccion**, la muleta s'élève au-dessus des cornes et, pendant que le matador pivote dans le sens contraire de la course du toro, la muleta glisse sur le dos de la bête

MANO A MANO

MANOLETINA
Photo L. Clergue.

jusqu'à la queue. La bête n'est pas conduite et cette passe sans valeur est comme le remarque Popelin : « une façon paradoxale de trouver à cornes passées un angle mort dans le cou du toro ». Elle ne peut à la rigueur se justifier que lorsque le toro, épuisé par une longue faena baisse un peu trop la tête qu'on veut chercher à relever avant d'entrer à matar. La facilité de la manoletina éclate si l'on sait pourquoi on l'a appelée un moment *montalvina*. Montalvo était en effet un joueur de football de la fameuse équipe du Real de Madrid. Lors d'un *festival*, il ne parvenait à faire aucune passe et se faisait bousculer par un torete. Domingo Ortega qui dirigeait les opérations avec « Bienvenida » le mit en position de donner une manoletina et... Montalvo en lia sur le champ une douzaine.

La *manoletina* peut cependant revêtir une certaine allure si le torero tient la muleta très basse, attend pour amorcer son pivot que le toro soit bien embarqué dans une partie de son voyage et termine la suerte avec une tranquille lenteur. J.-M. Martorell agissait ainsi et, plus près de nous, « Mondeño », a su servir des manoletinas attachantes.

MANSEDUMBRE : Douceur.

Sur le plan tauromachique, c'est l'absence de bravoure.

MANSO : Doux, paisible, tranquille.

Un toro manso est le contraire d'un toro *bravo**. Il peut manifester sa couardise en fuyant les leurres et la pique ou en accusant le châtiment des banderilles. Un toro manso peut être noble.

On appelle mansos les cabestros* en général ; autrefois, on ne qualifiait ainsi que « celui qui conduit le troupeau et qui lui sert de guide, lequel porte une sonnaille ou une clochette pendue au col ».

MANSO PERDIDO : manso perdu, invétéré.

Est passible des infamantes « banderilles noires ».

MANZANILLA ou FINO ou AMONTILLADO.

Vin blanc sec et corsé de Jerez ; boisson matinale de la Planète des Toros. « Manzanilla signifie aussi camomille, mais si vous vous souvenez de demander un *chato de manzanilla*, il n'y a pas de danger qu'on vous serve une camomille » (Hemingway). Les plus connus sinon les plus estimables sont le très célèbre *Tio Pepe* de Gonzalez Byass, le *Coquinero* d'Osborne, le *La Ina* de Domecq... et le moins connu sinon le moins estimable, le *fino Curro Romero* servi exclusivement au siège de la Peña Curro Romero de Camas.

MARGINAL : Marginal.

On parle de toreo marginal ou de profil.

Voir *Perfil*.

MARIPOSA : Papillon.

« Don Ventura » a appelé *de la mariposa* un quite *abanicando** très particulier créé par Marcial Lalanda dont le nom est inéluctablement attaché à cette suerte. La cape est ici tenue dans le dos, assez basse et le torero qui fait face au toro, fait ondoyer un pan de cape, tantôt à droite tantôt à gauche. Le toro suit ainsi en courtes charges zigzaguées l'homme qui recule. La différence avec la *gaonera** tient à ce que dans cette dernière toute la toile est placée d'un même côté du torero une des extrémités de la cape étant tenue au bout d'un bras entièrement replié dans le dos. Tandis que dans la mariposa le bras du diestro s'étend un peu du côté où il appelle la bête, libérant plus d'étoffe, mais de l'autre côté, où le bras est simplement fléchi, ramenant la main sur la poitrine ou la ceinture, il persiste toujours une aile de papillon.

La suerte est donc plus risquée et d'autre part le toro peut passer dans la gaonera mais ne passe pas dans la mariposa qui relève du toreo par devant. Le mécanisme est d'ailleurs le même que dans un *quite* par *delantales** à ceci près que le corps du torero est devant le leurre au lieu de se cacher derrière lui. A vrai dire ce quite émouvant correspondait au style et aux facultés de Lalanda, torero *largo*, intelligent et dominateur, mais habituellement disgracieux et trouvant dans le quite de la mariposa une expression esthétique qu'il ne pouvait pas donner dans une autre suerte. On ne voit pratiquement plus cette figure mais « Calendau » fait remarquer qu'en dehors du fait qu'elle collait à Marcial plus qu'à tout autre, cette suerte avait le défaut, en faisant sèchement cornéer le toro, de le préparer à de fâcheuses attitudes défensives pouvant rendre difficile et dangereuse la faena de muleta qui, pour les matadors et le public d'aujourd'hui, est devenue le moment essentiel de la course.

MARISMA.

Delta du Guadalquivir. Le fleuve, à Sevilla, à 50 kilomètres de son embouchure, n'est qu'à 10 mètres au-dessus de l'océan. La marisma est un ensemble de marais, de lacs peu profonds (les *lucios*), d'anciens bras du fleuve (les *canos*), de pâturages à toros bravos, de rizières... Les agglomérations sont baptisées en hommage au fleuve-roi : Puebla del Rio, Coria del Rio, Palomares del Rio...

Là se trouvent de nombreuses ganaderías bravas et parmi les plus connues celles d'Escobar, Peralta, Perez de la Concha...

MARRONAZO : Coup maladroit.

Se dit d'une pique ratée.

MATADERO ou DESOLLADERO : Abattoir ou écorcherie.

Local situé dans la cour d'*arrastre** où sont dépouillées les bêtes tuées dans le ruedo et où les vétérinaires effectuent l'examen post-morten.

C'est souvent dans le matadero municipal, que des apprentis toreros, employés ou fils d'employés des abattoirs ont fait leurs premières armes sur les bovidés qu'on y amenait pour être abattus.

Les quartiers (*barrios*) où se trouvaient (et où se trouvent) les

MATADERO ou DESOLLADERO

abattoirs ont été la *cuna** de grands toreros. Ainsi à Sevilla (barrio de San Bernardo), on a vu naître « El Sombrerero », « Leoncillo », « El Morenillo », « El Tato », les Vazquez et enfin Diego Puerta. Né à Madrid, « Cúchares » y vécut dès sa plus tendre enfance.

MATADOR : Tueur.

C'est le maestro de la cuadrilla, son chef.

En général, lorsqu'on parle d'un matador, il s'agit d'un *matador de toros*, ayant pris l'alternative. Le *matador de novillos* est dit, lui, *novillero*.

Avant que le travail de muleta ne prenne l'importance qu'il a actuellement, certains toreros étaient réputés et engagés pour leur seul talent épée en main. C'étaient essentiellement des « tueurs » plus que des « toreros » dans le sens d'habiles à manier les leurres. Jusqu'à la guerre civile certains matadors ont ainsi fait carrière en éxécutant parfaitement la suerte de l'estocade et seulement celle-ci. Ainsi, « Regaterin » dont la maladresse avec les leurres lui valut vingt blessures graves, « Malla » qui fut tué à Lunel par un toro de Lescot, « Celita » un des rares matadors *gallegos*, « Fortuna » qui tua dans la Gran Vía de Madrid, le 23 janvier 1928, un toro échappé des abattoirs, « Varelito » qui mourut d'une blessure reçue à la feria de Sevilla en 1922...

Actuellement l'estocade n'est plus appréciée par le gros public suivant les critères classiques mais en fonction de la rapidité avec laquelle elle abat le toro. Les matadors ne s'appliquent plus que rarement à exécuter la suerte dans les règles.

MAYO : Mai.

MES DE MAYO : Mois de mai.

« *Mes de mayo, mes de mayo,
Cuando renacen las flores,
Cuando los toros son bravos,
Los caballos corredores,
Cuando los enamoradores
Enraman a sus amores* ».
« Mois de Mai, mois de Mai,
Quand renaissent les fleurs,
Quand les toros sont féroces,
Les chevaux coureurs,
Quand les amoureux
Sont tout à leurs amours ».

On ne sait si c'est parce que le printemps est l'époque des amours pour les toros, que l'herbe y est plus abondante et plus énergétique parce que nouvelle, que les toreros sont moins entraînés parce qu'au début de la saison, mais le mois de mai est traditionnellement en tauromachie le « tragique mois de mai », celui qui a connu au fil des temps le plus d'accidents dans les arènes et la plus forte proportion de *cogidas** mortelles.

Pendant ce « joli mois », on relève la mort par corne de toro de 9 matadors, 8 novilleros, 16 banderilleros, 6 picadors et 1 rejoneador.

Parmi les matadors de toros se trouvent quelques-uns des plus grands noms de l'histoire taurine.

« Pepe Illo », le grand José Delgado, artiste et créateur de la fin du XVIIIe siècle, 25 fois blessé en 30 années de carrière et finalement tué à Madrid, le 11 mai 1801, par un toro de Rodriguez qu'il avait lui-même choisi la veille dans les corrales parce que la bête s'était avancée vers lui alors qu'il examinait le lot.

« Curro Guillen », ce Francisco Herrera qui prit l'alternative à 16 ans en 1799 et qu'un toro de Cabrera, le 20 mai 1820 à Ronda, tua de sa corne gauche tandis que le péon du matador, « Juan Leon », qui s'était porté à son secours, était suspendu à la corne droite.

Manuel García « El Espartero » (l'alfatier), l'enfant chéri des publics, au courage inébranlable, qui avait dit *Mas cornadas dá el hambre* (la faim donne plus de blessures), fut tué le 27 mai 1894 à Madrid par Perdigon de Miura.

« Joselito », le « gallito » (petit coq), troisième fils de Fernando et Gabriela, la « merveille » du toreo, surpris par Bailador de la veuve Ortega dans les arènes de Talavera le 16 mai 1920, dont la mort fit s'écrier « Guerrita » : *Ya se acabaron los toros !* (C'en est fini des toros !).

Et Manuel Granero, le Valencien de 20 ans, dont la corne de Pocapena de Veragua, entrée dans l'orbite, fit éclater le crâne le 7 mai 1922 à Madrid.

Mais la mort la plus atroce, c'est un torero plus modeste qui la connut, Francisco Vega de los Reyes, « Gitanillo de Triana ». Le 31 mai 1931, dans la plaza de Madrid encore, le toro Fandanguero de Graciliano Perez Tabernero lui infligea trois blessures : une à chaque cuisse et l'autre à la hanche, arrachant le nerf sciatique, fracturant le bassin et entraînant des complications ainsi énumérées dans un journal de l'époque : « Perte de liquide céphalo-rachidien, réaction méningée, broncho-pneumonie, ulcère au sacrum, hémorragies successives obligeant à ligaturer la veine de plus en plus bas, rétention d'urine et fistule urétrale... ». Pendant 75 jours, le pauvre gitan, à plat ventre sur son lit, dans la chaleur caniculaire de Madrid agonisa. On raconte que ses hurlements s'entendaient de la rue. A l'aube du 14 août, il fut enfin délivré sans avoir jamais perdu connaissance.

Un extraordinaire concours de circonstances, fit mourir deux frères à la suite de blessures reçues dans les arènes de la ville où ils étaient nés, Valencia, tous deux vêtus du même costume rouge et or, à deux ans de distance. L'aîné, Julio Fabrilo, blessé le 27 mai 1897 à l'aîne gauche par un toro de la Camara, mourut le 30 suivant. Francisco, le cadet, novillero,

GITANILLO DE TRIANA

qui avait assisté à la mort de son frère dont il était péon, blessé à son tour le 30 avril 1899 par un Pablo Romero expira le lendemain 1er mai.

C'est à Lisbonne, le 12 mai 1904, qu'un des très rares toreros à cheval (rejoneadores ou caballeros en plaza) tués dans l'arène, Fernando d'Oliveira, aristocrate portugais de 45 ans, fut renversé par une bête du Marquis de Castello Melhor. Il mourut d'une fracture du crâne pendant son transport à l'hôpital.

Dans les victimes du mois de mai, on peut compter le sévillan « Varelito », bien qu'il ait été blessé le 21 avril précédent à la Maestranza par un Guadalest de la Feria. Au début de la temporada 1922, les aficionados sont de mauvaise humeur : « Joselito » a été tué en 1920 et l'autre idole, Juan Belmonte, se promène en Amérique ; reste aux autres à les faire oublier et le brave, mais limité « Varelito », n'y parvient pas ; lorsqu'on l'emporte vers l'infirmerie, il crie vers les *tendidos** : « Il m'a eu ! Vous avez ce que vous vouliez ! » Le sphincter du rectum déchiré, il meurt le 13 mai, dans d'atroces souffrances.

S'il ne mourut pas de la blessure que lui infligea un toro de Vicente Martinez à Madrid le 7 mai 1869, « El Tato » n'en fut pas moins perdu pour le toreo : le 14 il dut être amputé de la jambe droite, supportant l'opération avec un grand courage, et soupirant *Adios Madrid !* Il tenta un retour avec une jambe artificielle mais deux essais malheureux lui fire perdre ses dernières illusions.

Et la malédiction taurine du mois de mai ne s'arrêta pas aux portes des plazas. Le 14 mai 1891, le banderillero Antonio Balero « El Papelero » se suicida à Barcelona. Le 20 mai 1907, à la fin d'une nuit de bringue, le picador Joaquim Hibernon « Churro » fut assassiné à Valencia, comme cet autre picador, Francisco Girones, le 17 mai 1877.

MAYORAL : Contremaître.

Voir *Conocedor*.

MEDIA-LUNA : Demi-lune.

Instrument utilisé dans la lidia jusqu'au milieu du XIXe siècle, c'était une sorte de lame de fer, de la forme d'un croissant de lune, affûtée sur sa partie concave et fixée par le milieu de sa partie convexe à un manche. La media-luna servait à couper les jarrets des toros qui tardaient à s'abattre après avoir été combattus par les nobles à cheval au temps où les hommes à pied n'étaient que des aides ; puis lorsque le matador entra en jeu, elle servit à abattre les toros dont il n'avait pu se défaire ou qui étaient inaptes à toute lidia.

Goya a gravé la suerte dans la 12e planche de sa Tauromaquia, intitulée : *Desjarrete de la canalla con lanzas, medias lunas, banderillas y otras armas* (la populace coupe les jarrets d'un toro avec des lances, des demi-lunes, des banderilles et autres armes). Selon Moratin, ceux qui coupaient ainsi les jarrets des bêtes étaient « des esclaves maures, puis des nègres et des mulâtres auxquels les seigneurs apprenaient aussi l'escrime pour leur garde personnelle ». « Paco Tolosa » rapporte, qu'à partir de 1855, jusqu'à ce que son usage soit aboli en 1860, « on présentait la media luna au matador défaillant, comme un signe infamant de sa débâcle ».

Mais un jour à Madrid, Roque Miranda « Rigores » après une demi-heure de coups d'épée infructueux portés à un toro démoniaque qui se défendait acculé à la barrière, fut menacé de ce déshonneur. Il s'écria alors avec soulagement : —*Ojalá viniera hasta la Puerta Otomana !* (Faites même venir la Sublime Porte !).

MEDIA VERONICA : Demi-véronique.

Comme on demandait à Juan Belmonte pourquoi il avait inventé la demi-véronique, il répondit, paraît-il : « Sans doute pour m'épargner l'autre moitié ». Mais on peut penser que ce n'est pas par hasard que le matador qui a le premier enchaîné plusieurs véroniques sans rompre est le créateur

MEDIA VERONICA
(Antonio Bienvenida)
Photo L. Clergue.

de la « demie » qui est fondamentalement le *remate** qui met fin précisément à une série de véroniques.

Le début de ce lance de cape est semblable à celui de la véronique à ceci près que le bras « contraire » est un peu plus éloigné du corps. Puis, pendant le déroulement de la passe, le bras extérieur décrit un long arc de cercle qui amènera la main correspondante sur la hanche du torero, un peu en arrière. La cape se déploie lentement, comme un éventail, et le toro qui suit son mouvement décrit une courbe serrée qui le tord et l'arrête finalement derrière le torero. Rien n'est plus émouvant et plus beau qu'une « grande » demi-véronique, telle que la réalisait Belmonte, le torse incliné en avant ou telle que la servaient ou la servent Ordoñez, Camino, Curro Romero lorsqu'ils sont inspirés.

MEDIA VUELTA : Demi-tour.

Il s'agit d'une suerte de recours. Au deuxième tiers lorsque le toro se refuse absolument à charger, l'homme se situe derrière le toro et court vers la tête de l'animal pour n'être vu qu'au dernier moment et clouer sans trop de danger les banderilles. Plus rarement le torero peut ainsi porter l'estocade. Il est clair que ceci ne peut se concevoir et se tolérer qu'avec des toros particulièrement dangereux.

MEDIOS : Milieu.

En tauromachie, les terrains du milieu de l'arène.

Le ruedo se divise en trois parties suivant des limites imaginaires qui seraient deux cercles concentriques coupant le rayon de la piste en trois morceaux sensiblement égaux.

Nous avons ainsi en partant du centre de la piste :
— *los medios*, terrain du toro, au centre,
— *el tercio*, intermédiaire,
— *las tablas*, terrain du torero, à l'extérieur.

Voir *terrenos*.

MEDIO-TORO : Demi-toro.

Se dit d'un toro dont la présentation est par trop insuffisante.

MEJORAR LOS TERRENOS : Améliorer les terrains.

Pour citer le toro en vue d'effectuer une passe, il faut que les positions de l'homme et de la bête dans l'arène, et l'un par rapport à l'autre, correspondent à certaines règles (voir : *terrenos*) et s'accordent avec les qualités du toro. Ainsi pour « iniciar » une série de passes, le diestro se met à la bonne distance et dans l'axe convenable par rapport au toro. La passe terminée, il s'agit d'enchaîner la suivante. Dès lors, deux cas sont possibles : ou bien la passe, parfaitement effectuée, a si bien conduit le toro au bon endroit que le torero peut commencer la seconde passe sans se déplacer ; ou bien la position de l'homme et de la bête ne sont plus convenables et le diestro doit *mejorar los terrenos*, ce qu'il fait en se déplaçant, en général à petits pas « patinés ». Un petit déplacement, une légère amélioration de terrain est très supportable. Des déplacements trop grands, trop fréquents, trop rapides nuisent à l'impression esthétique et produisent un effet fâcheux.

METE Y SACA ou METISACA : Met et retire.

Ce phénomène se produit lorsque le matador qui a porté l'estocade ne lâche pas l'épée et la retire immédiatement.

La méthode était habituelle à l'époque où les *toreadores* à cheval avaient l'obligation, dans certaines circonstances, de mettre pied à terre pour tuer le toro (*empeño a pie*). De nos jours, il peut se faire qu'un matador retire sans le vouloir l'épée après une estocade convenable mais le plus souvent, il cherche à dissimuler ainsi l'emplacement fautif ou la direction fâcheuse de l'épée.

MIEDO : Peur.

« La peur a beaucoup de force. Elle vous prend lorsque vous vous souvenez de la vie et de ses moments agréables : les amis, le café, les choses... Si à ce moment là vous êtes face au toro, vous le voyez plus grand, avec plus de cornes et d'yeux et vous vous voyez plus petit avec moins de forces, avec moins de pores pour transpirer. La peur, qui la nie, ment. Je tiens à ce que le torero ait une vue claire du péril. S'il ne l'a pas, ce n'est pas un torero !

(Rafael Gomez « El Gallo »)

« Guerrita » qui fut l'un des matadors les plus sûrs et les plus *largos* de l'histoire de la tauromachie, n'était pas à l'abri de la peur. Un jour qu'on lui demandait ce qui était le plus difficile à faire dans l'arène, il répondit :
— « Cracher ».

Et Pedro Romero soulignait l'importance de la peur du torero dans le déroulement de la corrida par cette maxime :
« *Mas cogidas dá el miedo que los toros* » (la peur donne plus de coups de cornes que les toros).

MILITAR (PASE) : Militaire (passe).

Voir *Costadillo*.

MIRANDO LOS TENDIDOS : Regardant les gradins.

« Litri », dans les années baroques de 1950, mit à la mode une manière de toréer en regardant le public (... tout en conservant un regard en coin sur le toro). Cet artifice, employé communément par les toreros comiques, fut repris par nombre de toreros à la recherche de l'effet facile.

Mais en 1897 déjà, Sanchez de Neira écrivait que Enrique Vargas « Minuto » toréait sans regarder le toro « puisqu'il tenait le regard fixé sur les tendidos ».

MIXTA (Corrida) : Mixte (corrida).

Corrida comprenant au même cartel des matadors d'alternative et des novilleros.

En général, l'affiche comprend deux matadors de toros et un novillero. Cette éventualité se produit lorsqu'éclate subitement un jeune novillero. Les empresas peuvent alors profiter de cette brusque renommée pour allécher les aficionados et corser des cartels secondaires. La Plaza de Barcelona est spécialiste du procédé. Une course s'y donnant chaque jeudi et chaque dimanche, de juin à octobre, l'empresa doit procéder à toutes les combinaisons pour rendre ses affiches attractives. C'est ainsi que, parmi les toreros notoires, « Chamaco » et Dámaso Gonzalez ont toréé de nombreuses corridas mixtes dans la capitale catalane.

Lorsque la corrida est mixte, les matadors d'alternative alternent normalement et lorsque leur prestation est terminée, le novillero prend la suite, estoquant ses deux novillos l'un après l'autre.

Il arrive aussi qu'il y ait corrida mixte lorsqu'une empresa « nettoie des corrales » (*limpiar los corrales*) en fin de temporada.

MOLINETE : Moulinet.

Le *molinete* est une passe de muleta qui se caractérise par le tour complet que fait sur lui-même le torero, en sens inverse de la marche du toro. Il peut se faire de la gauche ou de la droite et en donnant au toro une sortie naturelle ou changée.

Le plus couramment, le toro est cité comme pour une *trinchera** et l'homme, en pivotant, enroule l'étoffe autour de sa ceinture. La passe peut être très gracieuse et elle a de la valeur si le molinete est réalisé très tardivement quand la muleta a déjà fait passer le toro. On appelle habituellement cette variété : molinete belmontien. Certains tremendistes, autrefois « Chicuelo II » puis « El Cordobés », aiment se laisser tomber à genoux souvent à cornes passées. « Armillita » avait popularisé ce type de *molinete de rodillas* dans les années 30.

Parfois le molinete est effectué à l'occasion d'une « aidée de ceinture »

Corrida Espagnole. — 9. Le Train d'Arrastre

MONOSABIOS

et ainsi se trouve réalisé le *molinete gallista* très élégant lorsqu'il est effectué avec lenteur.

Enfin on ne voit que très rarement le molinete classique qui survient au cours d'une naturelle ou d'un *derechazo**.

MONOSABIOS.

Contraction de *monos sabios* : singes savants.

Ce sont les valets de piste des plazas chargés d'aider les picadors.

Jusqu'en 1847, on les appelait *chulos* (valets). Cette année-là, on exhiba sur la scène du théâtre Cervantes de Madrid, une troupe de singes savants vêtus d'une blouse rouge. En même temps, l'organisateur de la plaza de toros madrilène s'avisa de vêtir ses chulos de la même blouse rouge. Inévitablement des titis se mirent à les traiter de « monos sabios » et le qualificatif leur est resté.

Il semble que ces braves chulos aient été prédestinés pour se faire traiter de petits noms d'animaux. Cossío rapporte que le journal « El Clarín », les qualifiait de *pajaritos cardenales*, petits oiseaux de couleur violacée, sans doute à un moment où

leur vêture tirait sur le mauve.

Les monosabios aident les picadors à se mettre en selle, conduisent les chevaux en piste, remettent sur pieds les montures renversées. Il leur est interdit d'attirer l'attention du toro si ce n'est pour dégager un torero en danger. En fait les monosabios passent le plus clair de leur temps à conduire les chevaux par la bride pour les mettre et les maintenir en suerte, ce qui devrait leur valoir une pluie d'amendes de 100 pesetas prévues par le règlement.

Les matadors « Costillares » (deuxième moitié du XVIIIe siècle) créateur du volapié, Felipe García Benavente (milieu du XIXe), « Salerí » (début du XXe), Fausto Barajas et Gil Tovar (dans les années 1930) ont été monosabios avant de devenir toreros.

MONTEPIO : Caisse de secours, Mont de piété.

Jusqu'en 1972, les professionnels étaient tenus d'adhérer à une caisse de secours créée en 1912 par Ricardo « Bombita », financée par les cotisations que versaient les matadors proportionnellement au nombre de corridas toréées, par les ganaderos suivant le nombre de bêtes vendues et par les organisateurs d'après le nombre de spectacles donnés. D'abord facultatif, ce Montepío avait été rendu obligatoire par un décret du 17 juin 1943. Son efficacité n'étant pas totale, d'autres caisses de secours s'étaient créées en particulier à Sevilla la *Vejez Del Torero* (la vieillesse du torero) subventionnée principalement par Paco Camino, qui versait quelques subsides aux vieux professionnels dans le besoin.

Le Montepío entretenait à Madrid une clinique (*Sanatorio*) spécialisée dans les soins nécessités par les blessures par corne.

Depuis 1972, le Montepío et le Sanatorio ont été pris en charge par la *Seguridad Social**.

MONTERA : Bonnet, toque.

C'est le couvre-chef typique des toreros.

Aux temps de Charles II (fin XVIIᵉ), les toreros portaient le chapeau à larges bords (*sombrero chambergo*) du régiment créé par le maréchal de Schomberg, alors au service de l'Espagne ; puis au début du XIXᵉ, le bicorne surnommé *medio queso* (demi-fromage) encore porté maintenant lors des corridas goyescas. Mais ces chapeaux n'étaient pas spéciaux aux toreros. Ce que l'on appelle maintenant *montera* fit son apparition avec la mode des favoris (*patillas*) au milieu du XIXᵉ siècle. Depuis « Paquiro », sa forme, son importance, sa décoration, ont plusieurs fois varié mais elle reste toujours une toque d'astrakan ou de tissu noir couvert de petites boules de laine dites *moritas*, augmentée à sa droite et à gauche par des sortes de cornes qui se sont amenuisées considérablement avec le temps.

MONTON : Tas.

En tauromachie désigne la masse des matadors en activité oubliés des publics, délaissés par les empresas, sans contrat. Par extension on y ajoute les toreros qui toréent peu. Sur les quelques 150 matadors de toros en activité, une centaine toréent moins de 10 fois, ils sont « du monton ». 30 travaillent entre 10 et 20 fois, ils sont au purgatoire. 20 signent plus de 30 contrats et constituent l'élite.

MORLACO.

Synonyme de toro.

En janvier 1894, un journal de Cadiz publia une « prophétie pour l'année qui commence ». Parmi les présages, on pouvait lire :
« Un morlaco traicionero
Se nos llevara un torero
Como no hay otro en la lid...
Ve con cuidado, Espartero
Cuando vayas a Madrid ! »
« Un toro traître
Nous enlèvera un torero
Comme il n'y en a pas d'autre...
Attention Espartero
Quand tu iras à Madrid ! »

Le 27 mai suivant, en plaza de Madrid, Perdigon de Miura tuait celui qui avait dit *« Mas cornadas dá el hambre »*. (La faim donne plus de coups de corne).

MORRILLO ou CERVIGUILLO.

« Partie extérieure de la nuque quand elle est volumineuse et protubérante » (Dic. Acad. Esp.). Masse musculaire qui croît avec l'âge sur le cou du toro brave convenablement nourri. « Symbole d'énergie et de masculinité » (Cossío) : en sont dépourvus les vaches, les castrats et les taureaux domestiques.

Un toro est *emmorrillado* lorsqu'il est particulièrement développé de ladite partie de son individu.

C'est l'endroit où normalement la pique devrait être enfoncée pour affaiblir les muscles extenseurs du cou et pour baisser la tête du toro. C'est ce que conseillaient les traités classiques.

De nos jours, les picadors visent directement « après le morrillo », ce qui est plus invalidant pour le toro... et plus facile.

Un excès de cette tendance (qui n'est pas exceptionnelle) risque de rendre le toro impropre à la lidia en le blessant aux reins.

Un expert vétérinaire, José Maria Romera Escacena soutient avec une belle constance que c'est dans le morrillo que devrait être portée l'estocade. Ainsi faisaient, dit-il, les grands anciens comme le montrent sans équivoque les dessins de Lucas et de Goya, ainsi s'explique que Pedro Romero ait pu tuer 5.600 toros sans presque jamais rater son coup. L'estocade dans la croix ne procurerait qu'une chance de léser la veine cave tandis qu'une estocade droite et profonde en plein morrillo atteindrait aisément le cœur et serait d'effet décisif.

MORUCHO.

On appelle maintenant *morucho* un toro provenant du croisement d'un géniteur *bravo* et d'un géniteur *manso*.

Anciennement, le morucho était le toro paissant sur un territoire marécageux situé entre Valladolid et Cuellar, le Portillo. Ce bétail, mélange des anciennes races castillanne et navarraise, a donné la plus antique ganadería espagnole, « El Raso del Portillo » qui s'éteignit peu après 1885 année de la mort de Pablo Valdès Sanz son dernier propriétaire *aficionado*. Les toros de cet élevage avaient,

MONTERA

étant donné leur ancienneté, le privilège de sortir en premier dans toutes les arènes où couraient le même jour des bêtes de plusieurs ganaderias.

On appelle également maintenant « morucho » un toro qui se comporte en piste comme une bête de *media-casta*. Ce terme est un souvenir des batards de l'occupation mauresque.

MOZO DE ESTOQUE ou **MOZO DE ESPADA :** Valet d'épée.

C'est l'homme à tout faire de la cuadrilla. Chargé de tâches multiples, il est le plus occupé des hommes de l'équipe ; en contrepartie, son office est dépourvu des risques courus par les toreros.

Le mozo est chargé de l'entretien des *trastos* (« armes et bagages ») ; capes et muletas qu'il faut nettoyer, épées à affûter. C'est en outre le grand maître qui règne sur la garde-robe du matador, qui entretient les coûteux costumes de lumières, qui aide le maestro à les revêtir avant la course. Il assure dans le *callejon** la distribution des capes de travail, monte les muletas sur les *palos* (bâtonnets), tend les épées au moment opportun, tient toujours prêts le verre d'eau et la serviette éponge.

Une tâche moins connue et fort délicate est celle de « public-relation » dans laquelle il supplée l'*apoderado*. Le mozo est ainsi chargé de tendre un écran entre le matador et ses admirateurs, les solliciteurs de toutes sortes, les curieux. Il doit faire preuve de beaucoup de tact pour garantir la tranquillité de son maestro sans lui attirer l'inimitié des fâcheux éconduits.

Si le matador est une vedette, le mozo de estoque aura lui-même un adjoint : *l'ayuda* qui sera chargé des basses besognes d'intendance : lavage et racommodage.

MUJER : Femme.

On ne parlera ici :
— ni des spectatrices de corridas, si ce n'est pour citer Monseigneur Henri Augustin Plantier, évêque de Nîmes, qui écrivit en 1863 : « Elles prennent dans ces courses terribles, une nature de bronze » ;
— ni des femmes épouses de toreros après avoir rappelé la complainte de « Tragabuches », matador du début du XIXe siècle, qui se fit bandit après avoir défénestré l'infidèle et tué son amant :

*« Una mujer fué la causa
de mi perdicion primera
Que no hay perdicion en el mundo
que de la mujer no venga ».*
« Une femme fut la cause
de ma perdition première
Il n'y a pas de perdition au monde
qui ne vienne des femmes ».

— ni des femmes mères de toreros, bien que mérite d'être évoqué le souvenir d'Angeles Espuny Lozan, fiancée à Manuel Baez « Litri » tué à Málaga par un Guadalest en 1926, qui épousa le père du défunt, torero lui-même sous le nom de Miguel Baez « Litri » lequel mourut en 1932 laissant une jeune veuve et un fils, l'actuel Miguel Baez « Litri » ;
— ni des égéries, maîtresses et autres concubines, comblées ou victimes parmi lesquelles on relève les noms d'un grand nombre de « personnalités » et des stars célèbres.

Il ne peut être question ici que des dames qui crurent (et croient encore) bon d'embrasser la profession de *torera*.

Goya a gravé pour sa *Tauromáquia* la terrible « Pajuelera » et Gustave Doré, Teresa Bolzi *torera andaluza*. Au XIXe, les femmes forment même des cuadrillas complètes qui font recette auprès d'un public venu pour passer un bon moment. Il semblerait que la moins ridicule ait été Marta Martina García, d'abord nurse puis cuisinière et qui se produisit dans tous les ruedos d'Espagne et jusqu'en France. Elle alterna même avec Francisco Montés, le grand « Paquiro », en 1851, à Múrcia et à la Coruña. Elle subit deux très graves blessures en 1870 et 1874, à 58 et 60 ans, pour ne désarmer qu'à 66 ans. Elle ne se remit sans doute pas de sa retraite car elle

MUJER

mourut le 27 juillet 1882. « Cúchares » lui dit un jour : « Si tu avais en connaissance des toros, ce que tu as en trop de courage, tu serais mon égale ».

Le matador Antonio Escobar « Boto » formait *pajera* avec sa femme Dolores Sanchez « La Fragosa » dont un chroniqueur écrivait : « Au lieu de se consacrer au lavage et au repassage, elle se fit torera. Chacun son goût ! Mais elle serait meilleure à faire le ménage ! ».

Au début du siècle, en France, à Palavas-les-Flots, on signale le passage de « cinq jeunes filles espagnoles de Barcelona composant la cuadrilla des *Niñas toreras,* dirigée par Rosita et Emilia, matadoras » qui accompagnaient un certain torero « Patata » sans doute bien nommé.

Enfin, le 2 juin 1908, don Juan de la Cierva, ministre de la Gobernacion et homme de goût interdit aux femmes de prendre part aux corridas de toros, qualifiant leurs exploits « d'actes offensant la morale et les bonnes mœurs ».

Cette interdiction provoqua quelques grincements de dents, en particulier de la part de « la Reverte » qui attaqua l'Ordre Royal puis déclara qu'elle était un homme et fournit un certificat médical. Elle tenta de toréer à nouveau sous le nom d'Agustin Rodriguez, mais on voulait bien voir une femme toréer mal, pas un homme, et sa carrière en resta là.

Malgré le certificat médical « la Reverte » se maria et eut quelques démêlés avec son homme puisque lors d'une dispute elle lui brisa la jambe d'un maître coup de pied ; il y eut procès et séparation. Après quoi elle termina sa vie mouvementée comme gardienne d'une mine, fusil au poing et fort respectée.

Malgré l'interdiction, certaines demoiselles continuèrent à courir les ruedos de village. On relève le nom de Luisita Jimenez, veuve du torero « Artafeno » tué en 1934 à Grenade, qui toréait pour vivre et élever son fils.

Par contre dans d'autres pays, l'interdiction était sans effet, en particulier en France et au Mexique.

En 1933, dans le « Toril », « Aguilita » écrivait : « Nous condamnons aussi formellement les femmes toreras que les femmes boxeurs. Le sexe faible a un autre rôle dans la vie que de vouloir imiter l'homme dans des sports ou des spectacles qui nécessitent une forte dépense d'énergie ».

Et un Marseillais véhément : « On annonce l'engagement d'une femme torera. Or un des trop nombreux scandales qui marqueront l'histoire des Arènes du Prado, fut dû à une exhibition de femmes toreras. Il y eut incendie... ».

Au Mexique ce fut délirant. Le 27 juillet 1931, un journal new-yorkais chantait les louanges de Maria Alguin García dite « La Cordobesa » qui « a participé à plus de 700 corridas et tué plus de 75 toros » (sic). Le journal suisse « l'Illustré » publia en 1951 un article sur « l'école des femmes toreras de Mexico » assurant qu'il en était sorti quelques vedettes dont Guillermina Guzman qui, « à 15 ans, est sur le point de prendre l'alternative » et Teresa Andaluz « qui a reçu trente oreilles d'argent et trois d'or ». La proximité des U.S.A. ne manqua pas d'attirer quelques Américaines à la recherche de sensations.

Pendant la seule année 1954, on relève le passage dans les ruedos mexicains de Pat Hayes, Betty Ford, Patricia Mac Cormick, trois jolies blondes qui prenaient plaisir à se faire rouler dans la poussière par des becerros misogynes.

Les femmes ont fini par faire admettre en Espagne en 1973, l'égalité des sexes en matière tauromachique et quelques demoiselles se font remarquer — parfois avec assez de bonheur — en particulier Maribel Atienzar.

Au Portugal, on vit Tamara Lowe, une Sud-Africaine. La France, produisit Pierrette Le Bourdiec qui bientôt apprit à monter à cheval et poursuit une petite carrière de *rejoneadora* sous le nom de « La Princesse de Paris » (en toute simplicité). Actuellement en Espagne, 4 ou 5 cavalières tentent d'atteindre la réputation de la péruvienne Conchita Cintron qui fit les beaux jours des *empresas** après la guerre.

Mais le seul terrain, en tauromachie, sur lequel la femme puisse rivaliser avec l'homme est celui du *campo** dans l'élevage du toro de combat. Depuis 1775 et Maria Valadier, la liste des *ganaderas* est fort longue et on y relève des noms prestigieux comme ceux des veuves Cabrera, Saltillo, Lesaca et encore Carmen de Federico, Concepcion de Concha y Sierra, Maria Teresa Oliveira... et aussi Carmen Dominguin, la femme d'Ordoñez et la sœur de Luis Miguel.

MULETA.

Si vous cherchez dans un dictionnaire espagnol-français le mot espagnol *muleta*, vous lirez : « Béquille ; en tauromachie : muleta ». Et Larousse définit le mot français muleta : « Morceau d'étoffe écarlate dont se sert le matador pour achever de fatiguer le taureau avant l'estocade ». Et chacun sait en effet que la muleta est l'un des deux outils (*trastos*) avec l'épée utilisés par le matador au 3e tiers, pour réaliser la faena. Techniquement la muleta est de nos jours constituée d'une pièce de serge rouge, de périmètre ovoïde, fixée, pliée en deux sur un bâton (*palillo*). Ce dernier, long d'une cinquantaine de centimètres possède une extrémité cannelée et l'autre se termine par une pointe d'acier (*pico de la muleta*). C'est sans doute à ce bâton que l'ensemble doit son nom de béquille. La muleta peut être tenue de la main droite ou de la gauche et, malgré l'extrémité ouvragée du bâton qui semble faite pour être saisie, il est convenable — et parfois méritoire — de saisir le palillo par le milieu. La surface de la muleta est agrandie par l'épée lorsque le bâton est tenu dans la main droite, et lors des passes de la gauche dites « aidées ». Les auteurs ont souvent attribué l'invention de la muleta à Francisco Romero, en activité dans la première moitié du XVIIIe. Mais la *Cartilla de torear* de la bibliothèque d'Osuna, rédigée au siècle précédent en précise déjà l'usage. Il s'agissait alors d'un linge blanc dit *lienzo*, de lin, de chanvre ou de coton, non soutenu par un bâton. On suppose volontiers que c'est « Costillares », inventeur de l'estocade a volapié — suerte qui a permis l'allongement de la faena et donc accru l'importance de la muleta — qui a fait que l'étoffe s'est élargie et fixée sur un bâton pour être plus maniable et accroître la sécurité de l'homme. Le règlement taurin, en général minutieux, a négligé de fixer les dimensions de la muleta... et les toreros n'ont cessé d'en profiter. La couleur de la serge a également varié. De blanche, elle est devenue bleue ou jaune en même temps que rouge et on a vu, paraît-il toréer aux Etats-Unis avec une muleta verte, cette couleur étant imposée par la S.P.A. du lieu qui espérait donner ainsi sa chance au toro. Ces dernières années, le señor José Casas Cunel, de Sabadell, a débité des kilomètres de serge rouge par an pour en faire des centaines de muletas. Il est curieux que le mot *franela* (flanelle) soit resté synonyme de muleta.

MULTA : Amende.

Toute infraction au règlement taurin est, en Espagne où il a force de loi, passible d'une amende.

Peuvent être ainsi frappés d'une amende :

— les toreros : matador qui ne remplit pas son office correctement, manque de respect à la présidence ou au public, fait notoirement arranger les cornes de ses adversaires, ne réagit pas contre l'irruption d'un *espontáneo*... ; peon qui court le toro à deux mains, aveugle la bête avec sa cape, la fait frapper contre la barricade, pose les banderilles après la sonnerie... ; picador qui franchit la raie, pique en *carioca**, utilise une *puya* non règlementaire...

— les éleveurs lorsque leurs bêtes auront été reconnues afeitées, lorsqu'elles n'auront pas l'âge requis, lorsqu'elles seront trop âgées pour les novilladas sans picadors, lorsqu'ils auront fait de fausses déclarations, lorsqu'il y aura défaut ou excès de poids...

— la direction des arènes lors d'irrégularité dans les fournitures ou les équipements, en cas de défaut de publicité, d'un changement dans l'affiche, lors de manipulation de cornes...

— les employés des arènes : *monosabios*, train d'arrastre... en cas d'infraction dans leur charge...

— le public : au cas de jet de coussin ou de quelque objet contondant que ce soit dans le ruedo, d'intervention dans la lidia, d'incorrection...

Dans tous les cas, les amendes sont bénignes et sans rapport avec les cachets perçus, dans le cas des infractions commises par les matadors. En ce qui concerne les subalternes, en particulier les picadors, les amendes sont régulièrement prises en charge par le maestro (ce qu'interdit d'ailleurs le règlement), et ce n'est finalement que justice puisque celui-ci est le bénéficiaire des infractions et le plus souvent le véritable coupable pour avoir donné les ordres de contrevenir au règlement.

MUNDILLO : Petit monde (des toros).

Expression qui englobe tout ce qui approche la corrida. On doit à Antonio Diaz Cañabate une expression équivalente célèbre : « la planète des toros ».

MUSICA : Musique.

Groupement de musiciens, civils ou militaires, attaché ou non aux arènes, qui, plus ou moins harmonieusement, accompagne le paseo et différentes phases de la lidia.

Le paso-doble est « l'hymne » officiel de la corrida. En France, la tradition de certaines arènes (du Sud-Est en particulier) veut que le *paseo** se déroule aux accents de « l'air du toréador » de Carmen.

Música ! : C'est le cri par lequel le public réclame que le travail du matador soit accompagné de la musique.

Ce que les spectateurs ne savent pas le plus souvent, c'est que cet accompagnement musical est une première récompense pour le travail du matador. Elle ne doit se déclencher, sur ordre de la présidence que si le début de la faena est bon et s'il laisse prévoir un travail estimable.

C'est pourquoi il arrive qu'une partie du public, plus avertie, proteste contre les premiers accords d'un paso-doble abusif.

C'est à Barcelona, le 13 mai 1877, dans la plaza de la Barceloneta, que retentit pour la première fois la musique en cours de lidia. « Lagartijo » déchaîna l'enthousiasme du public en toréant une bête de Ripamilan, au point que les spectateurs jugeant leurs acclamations insuffisantes, réclamèrent l'intervention de la musique aux cris, maintenant traditionnels, de « *Música ! Música !* ».

Madrid, la seule Madrid, se refusait à altérer par une musique frivole le sérieux d'une faena. Elle fit cependant exception pour la retirada de Ricardo Torres « Bombita », le 19 octobre 1913 où la musique accompagna une pluie de fleurs et un vol de colombes.

L'orchestre qui attend pour s'ébranler l'ordre de la présidence lors de la faena, attaque en général ses premiers accords lorsqu'un maestro s'est saisi des banderilles et sert de fond sonore au deuxième tiers.

Avant la république espagnole, les corridas en France, étaient précédées des hymnes nationaux en témoignage de l'amitié franco-espagnole. Lorsque la république s'instaura on remplaça l'hymne royal par celui de *Riego*. Enfin après le triomphe franquiste, on supprima l'hymne espagnol pour ne pas provoquer de manifestations de la part de nombreux exilés républicains. La Marseillaise survécut quelques temps jusqu'à ce qu'on s'avisât que son exécution devenait dès lors sans objet.

Le plus célèbre des paso-dobles toreros est celui dédié, en 1904, à « Gallito » (« Joselito ») par le maestro de Valencia, Santiago Lope, qui l'avait d'abord composé en l'honneur de son frère Fernando. On peut citer ensuite : « El Relicario », « España Cañí ». Tous les grands toreros se sont vus dédier un paso-doble.

Hierro de Dolores Aguirre Ibarra

NATURAL : Naturelle.

On entend en général par passe naturelle, ou simplement naturelle, une passe de muleta exécutée par le matador qui se présente devant le toro en tenant le leurre de sa seule main gauche, la *mano de torear* par opposition à la *mano de matar* qui tient l'épée.

Le torero doit tenir le *palillo* (voir *muleta*) par le milieu et se laisser voir par le toro, la muleta tombant *cuadrada** dans le terrain « du dehors », et situé à la distance convenable de la bête ; l'appréciation — essentielle — de cette distance se fait en fonction des particularités du toro, de ses facultés et d'autre part du jugement et du courage de l'homme.

Avant Belmonte la naturelle était citée de face, une large sortie était donnée à la bête et, sur son retour, une passe de poitrine suivait. Une faena était ainsi constituée de 3 ou 4 naturelles suivies chaque fois du *pase de pecho**. Aujourd'hui, et en gros depuis Belmonte, l'idéal est d'enchaîner, de « lier » les naturelles, chaque passe devenant plus serrée et émouvante jusqu'à ce que tous, toro, torero et public se détendent avec la passe de poitrine libératrice. Il convient que les séries de naturelles liées ne soient pas trop longues car si elles constituent un moyen efficace de réduire le toro, elles correspondent aussi, surtout si elles sont serrées, à un châtiment sévère.

Actuellement le public est friand de passes circulaires ou le toro fait le tour complet, soit que le torero cite avec une torsion de ceinture qui le fait regarder en arrière — et c'est la *bilbaina* exécutée plus couramment de la droite — soit que l'homme fasse avec l'animal un tour de valse, suerte sans valeur et d'effet facile.

La naturelle bien faite — mais il y a autant de manières de la faire qu'il y a de matadors ! — est plus méritoire que la passe équivalente de la main droite car, dans ce dernier cas, l'épée agrandit l'étoffe et donc diminue le danger en accroissant les distances. Parfois cependant — quand il y a du vent ou en début de série — le torero pique l'épée dans l'extrémité inférieure de la serge rouge et réalise ainsi une naturelle aidée.

La naturelle est aussi plus efficace que la passe de la droite parce qu'elle habitue le toro à se servir de sa corne gauche ce qui est essentiel à l'estocade lors de laquelle le toro doit suivre la muleta de la corne gauche et

NATURAL

NATURAL.
(Curro Romero à Nîmes)
Photo L. Clergue.

ne pas atteindre l'homme de la corne droite. La naturelle, passe la plus logique, la plus efficace, la plus méritoire et finalement la plus belle est ainsi *el momento fundamental de la faena*.

La position de l'homme au moment de citer a beaucoup varié au cours des temps (voir « perfil »).

Et par ailleurs, il est peu de termes à propos desquels les traités et les *Tauromaquias* affichent plus de divergences que le mot « natural ». La Tauromaquia de « Pepe Illo » (vers 1800), dit certes que la naturelle est « la passe de la gauche », mais le grand Montés (vers 1840) parle de naturelles de la main droite et de naturelles de la main gauche et « Guerrita » (vers 1900) écrit : « on donne le nom de pase natural ou regular à celle qui s'éxécute, le diestro *en la rectitud* du toro, tenant la muleta dans n'importe quelle main » ; — Le contemporain Cossío appelle naturelles toutes les passes où « le toro ne change pas de terrain, cambiadas celles où il en change (pecho, trinchera...) et aidées les autres. Et en effet on entend assez souvent parler de *natural con la derecha*. La terminologie de ces passes de la droite est d'ailleurs incertaine. « Don Antonio » et « Paito » qualifient le mot « derechazo »* de *déplorable palabrote de boxeo* ; le terme de *pase en redondo* et surtout celui de *dextrorso* proposé par Menendez ont peu de succès ; *ayudado* parfois usité est ambigu, en sorte qu'il ne reste que *pase con la derecha* si l'on ne veut pas dire « naturelle de la droite ».

NAVARRA : Navarraise.

La *navarra* est un lance de cape. Pour le définir, on doit se reporter aux anciens traités, car cette suerte ne se pratique plus que rarement. L'intérêt de son étude vient de ce qu'on la considère comme l'ancêtre de la *chicuelina**. Voici la description de « Guerrita » : « le diestro se place comme s'il voulait faire une véronique puis, a jurisdiccion, quand le toro humilie, à tête passée, le torero retire la cape par le bas et pivote dans le sens contraire de celui où il a marqué la sortie ». Il s'agit donc d'une véronique pivotée, en tenant la cape très basse, au lieu de l'enrouler autour du corps comme dans la chicuelina. Mais la différence avec cette dernière est fondamentalement plus importante qu'il ne paraît. La *chicuelina** est une passe *de adorno**. La navarra peut servir à corriger un défaut du toro et lui faire baisser la tête, devenant ainsi une passe *de castigo*. Son remplacement par la *chicuelina** est donc symptomatique d'un toreo qui va de l'efficace vers l'ornemental.

Lujan souligne que le nom de cette suerte, « la navarraise » indique « l'importance que les valeureux et vibrants rivages de l'Ebre peuvent avoir eu à l'origine du toreo et à la grande époque de la tauromachie ».

« Cúchares » puis « Cara-Ancha » semblent avoir exécuté la navarra avec prédilection. Nicanor Villalta, puis Lalanda et « Armillita Chico » semblent avoir été les derniers à la servir régulièrement.

NERVIO : Nerf.

Synonyme de *genio**

NINO : Jeune, petit, enfant.

Il arrive que soient constituées des cuadrillas de *niños toreros* composées de jeunes garçons. Jusqu'aux années 20, ces cuadrillas furent relativement nombreuses, puis elles ne furent plus constituées que par les enfants d'une même famille de tradition torera (les « Bienvenida », les « Dominguin », les Corpas). La plus célèbre cuadrilla de « niños toreros » fut celle des *Niños Sevillanos* montée en 1908 par un certain José Martinez qui réunit Pepete IV (14 ans), « Limeño » et « Gallito V » dit « Joselito » (13 ans). Auparavant en 1898, les *Niños Cordobeses* réunissaient « Machaquito » et « Lagartijo Chico » (12 ans) sous la houlette de Rafael Sanchez « Bebe » (sic).

« Niño » forme la base de nombreux surnoms de toreros. La plus grande vogue de ce genre d'apodo suivit le succés dans les années 20 de Cayetano Ordoñez « Niño de la Palma » (père d'Antonio Ordoñez). Plus de 100 toreros adoptèrent alors le pseudonyme de « Niño de quelque chose ou de quelque part ». Et parmi eux : « de Dios », « de la Estrella », « del Hospicio », « del Matadero », « de la Perla »...

NOBLE : Noble.

Pris dans le sens de franc (se dit aussi *claro, boyante*).

Est « noble » un toro qui ne charge que le leurre, sans *derrote** ni *hachazo**. Il est bien évident que cette noblesse est une des qualités de base du toro de combat : si la bête charge l'homme sans se préoccuper de son cite, il n'y a guère de combat possible, du moins dans l'optique moderne. C'est donc un élément de la caste du toro. Mais il ne faut pas que la noblesse soit candeur ou bêtise, le combat manquant alors d'émotion et la lidia tournant à la démonstration. C'est pourquoi la « caste vive » recherchée par l'aficionado demande du nerf, le *genio* qui donne du caractère au toro et permet au torero de montrer son savoir.

NOVILLADA.

Corrida qui oppose novillos et novilleros. Elle peut être « formelle » (avec picadors) ou « économique » (sans picador) ; dans ce dernier cas les bêtes doivent être des *utreros* (de 2 à 3 ans) ne dépassant pas 210 kilos en canal.

La novillada formelle se déroule comme une corrida de toros, régie par les mêmes règles sous les réserves précédentes. Cependant le fer de la pique utilisée est plus court de 3 mm.

Bien que le déroulement de la novillada soit strictement identique à celui de la corrida de toros et qu'elle ait en plus l'avantage de présenter de nouveaux talents qui se donnent au maximum pour percer, les publics désertent cette course. En particulier les touristes. Il n'est que de comparer les statistiques de la plaza de toros de Palma de Mallorca.

Si en 1930, on y donnait 3 corridas de toros et 20 novilladas, actuellement la proportion est inversée, alors que la plaza de Sevilla, fréquentée par le public sans doute le plus connaisseur du monde, donne maintenant comme en 1930 autant de novilladas que de corridas de toros.

On fait remonter l'origine des novilladas à 1497 lorsqu'Isabelle la Catholique imposa de bouler les cornes des toros pour éviter les blessures d'hommes. Ce que l'on considère alors comme novillos sont des bêtes de 4 ou 5 ans dont les cornes sont emboulées. Avec Charles-Quint réapparaît le toro aux cornes nues et donc la corrida de toros. Puis en 1567, Pie V ayant excommunié les victimes de la corne (bulle *De Salute Gregis*) c'est le retour à la novillada avec le

NOVILLADA

boulage. Enfin, en 1575, Philippe II obtient de Grégoire XIII la levée des excommunications entraînant la disparition de la novillada première manière qui se composait essentiellement de pitreries et de jeux anodins : tonneau contenant un homme roulé par le novillo, cruche pleine de farine jetée à la tête de la bête...

Lorsqu'avec l'arrivée sur le trône espagnol de Philippe V, la corrida entreprit sa transformation historique en donnant la vedette au torero à pied, la novillada devint une course dans laquelle le toro n'était pas tué et se terminait par la suerte du toro *enmaromado* (attaché à une corde par les cornes) ou *alquitranado* (aux cornes enduites de goudron et enflammées). Au cours des novilladas, au début du XIXᵉ siècle, on alterne des suertes sérieuses et des mascarades (*mojigangas*). On y voit courir aussi les premières femmes toreras.

Vers 1840, on alterne novillada et théâtre. En 1850, novillada, mojiganga, combats de fauves, théâtre, femmes toreras. Mais peu à peu la novillada va s'épurer et devenir ce qu'elle est aujourd'hui « l'école et le banc d'essai de futurs toreros » (« Maolivo »). Le premier grand torero à suivre la filière aujourd'hui classique fut Frascuelo qui commença sa carrière le 13 novembre 1864 comme matador de novillos emboulés dans la *mojiganga Los Toneleros* (les tonneliers).

Enfin, en 1874, lorsque disparaît la vieille plaza de Madrid, la *mojiganga* est abandonnée et la novillada prend son aspect actuel.

NOVILLERO.

Torero n'ayant pas pris l'alternative. En principe jeune ; encore que nombreux soient les professionels ratés qui s'obstinent dans cette catégorie. Un matador de toros peut renoncer à son alternative et redevenir novillero.

NOVILLO.

Jeune toro de trois ou quatre ans dont le poids ne doit pas excéder 410 kilos en vif ou 258 en canal en corrida formelle.

Les novillos à lidier pourront être *limpios* (sans défaut) ou de *desecho**, défectueux ; ils seront alors annoncés comme tels sur les affiches.

NUEVO : Nouveau.

S'emploie dans l'expression *nuevo en esta plaza* (« nouveau dans ces arènes ») lorsqu'un torero paraît pour la première fois dans une arène quelconque. Il effectue alors le paseo tête nue.

La présentation à Madrid donne aux novilleros rang d'ancienneté ; elle ne devrait se faire qu'après un apprentissage suffisant en province puisque de l'ancienneté découle la responsabilité de chef de lidia qui nécessite les qualités suffisantes pour la mener à bien. De la même manière, la présentation à Madrid donne rang d'ancienneté pour la ganadería qui y présente pour la première fois ses produits (voir « concours de ganaderías).

NUMERO UNO : Numéro un.

Le 12 mai 1949, en plaza de Madrid, Luis Miguel « Dominguin » se tourna vers le public et leva l'index de la main droite s'instituant ainsi motu proprio et en toute modestie le numéro un de la corporation.

Ayant acquis ensuite l'élevage de Doña Piedad Figueroa, il en changea le fer et adopta le numéro un comme emblème. Ce qui ne donna pas à ses toros la caste qu'ils n'avaient pas. Il se défit rapidement de cette ganadería.

Hierro de Francisco Martinez Benavides

OJO : Oeil.

Dans un milieu aussi supersticieux que le *Mundillo,* le mauvais œil ne peut qu'être particulièrement redouté. Rafael « El Gallo », le plus supersticieux des toreros supersticieux, trouvait parfois que son toro avait la *química* (chimie) dans l'œil ; rien ne pouvait alors le lui faire approcher. Un jour après avoir fort bien travaillé de muleta, il refusa d'entrer a matar « parce qu'au moment de lever l'épée, j'ai regardé ses yeux et c'étaient ceux de la Pastora » (sa femme, la célèbre danseuse flamenca Pastora Imperio).

Parfois un torero qui n'apprécie pas le toro qu'il doit affronter cherche à faire croire que celui-ci est affecté d'un défaut de la vue ; de son index, il montre alors au public son propre œil dans une mimique qui se passe de commentaire. Cela prend parfois et on a vu des présidents assez benêts pour faire rentrer au toril une bête victime de cette comédie.

Il arrive pourtant qu'un toro soit effectivement atteint d'un défaut de la vue. Il peut être alors :
— *CIEGO :* aveugle.
— *TUERTO :* borgne.
— *BURRICIEGO :* voit bien de loin et mal de près (défaut congénital ou accident de lidia). Les taurins emploient ce terme dans cette acception qui n'est pas celle des ophtalmologistes.
— *REPARADO :* présente un défaut de la vue qui ne peut se définir de façon précise.

OLE !

Exclamation typiquement tauromachique qui accompagne chaque passe d'une grande faena et exprime l'admiration et l'enthousiasme du spectateur. Les applaudissements n'étant séants qu'en fin de série lorsque le torero se libère, les *olé* accompagnent chaque passe et l'on juge de la valeur de celle-ci à ce que le cri paraît jaillir du plus profond de l'aficionado.

OPORTUNIDAD : Opportunité (dans le sens d'occasion favorable).

Les *maletillas** passent leur temps à rechercher une opportunité, l'occasion de montrer leur talent aux taurins, en particulier aux *apoderados** qui pourront se charger de leur carrière et aux organisateurs qui les engageront. Malheureusement les candidats sont nombreux et les opportunités rares.

Depuis quelques années, on assiste à une crise de la novillada qui attire peu le touriste lequel la considère comme un spectacle mineur. Le nombre des novilladas a ainsi en dix ans considérablement diminué. Cette diminution des contrats oblige les novilleros à prendre une alternative prématurée. De nombreux talents sont ainsi gachés et les organisateurs s'inquiètent de ne pas voir poindre de nouveaux artistes.

Certaines *empresas** importantes ont alors monté des novilladas dites d'opportunité afin de dénicher de futures vedettes.

Les *maletillas* à la recherche d'opportunités rivalisent d'imagination pour attirer l'attention sur leurs modestes personnes. Le colombien Miguel Cardenas s'installa à la porte des arènes de Barcelone où il campa plusieurs jours sous une pancarte sollicitant une *oportunidad.* Il l'obtint mais sa carrière devait être bien modeste.

OREJA : Oreille.

Voir *Trofeos.*

ORTEGUINA.

Suerte de cape créée par le mexicain Ricardo Romero Freg (à ne pas confondre avec le célèbre Luis Freg) et de ce fait appelée aussi *fregolina,* introduite en Espagne par Domingo Ortega qui l'a ramenée d'Amérique.

Elle demande une particulière dextérité et sans doute un long entraînement hors du ruedo. Elle consiste à enchaîner des *gaoneras** par un sorte de *serpentina**. Le diestro lâche, en effet, une extrémité du capote de la main qui passe derrière le dos et après une course aérienne ondulante cette extrémité vient retrouver la main qui l'a lâchée pour permettre, du côté de celle-ci, l'exécution d'une autre gaonera.

La suerte est extrèmement brillante et jamais le diestro ne paraît mieux mériter ce nom. « Paquirri » réussit agréablement la manœuvre. Bien entendu, le torero, très occupé à sa petite jonglerie, doit avoir en face de lui un adversaire qui ne requiert pas toute son attention.

ORTICINA.

Attribuée au mexicain José Ortiz, cette passe de cape est directement dérivée de la *chicuelina** et n'en diffère qu'en ce que le torero effectue lentement et en marchant son pivotement et s'éloigne ainsi du toro. C'est, si l'on veut, un intermédiaire entre la chicuelina normale et la chicuelina *corrida* (marchée).

Hierro de José Benitez Cubero Pallarés

PALA : Partie médiane de la corne, endroit où elle s'incurve.

PALETAZO : Coup donné par la corne à sa partie incurvée, coup de « plat de corne ».

PALCO : Loge.

Voir *Plaza de toros*.

PALITROQUES : Petits bâtons.

Synonyme de banderilles.

PALMAS : Applaudissements.

PITOS : Sifflets.

PALMAS Y PITOS : le mélange reflète habituellement le dosage d'aficion du public, les maigres sifflets des connaisseurs étant couverts par l'enthousiasme de la foule, ou les quelques bravos des mêmes luttant sans espoir avec l'incompréhension de ladite. On dit qu'il y a « avis partagés » ou « division d'opinion ».

PALMAS DE TANGO : applaudissements scandés sur le rythme français « Remboursez » qui montrent ironiquement au torero combien son travail est apprécié.

PALMAS DE BULERIAS : applaudissements scandés sur un rythme d'anapeste (deux brèves, une longue) et destinés à accompagner les prouesses d'un torero gitan.

PALOS : Bâtons.

Synonyme de banderilles.

PANUELOS : Mouchoirs.

« Instruments de travail » de la présidence. Ne servent en aucun cas à leur destination première, mais à transmettre des ordres aux intéressés. Le Président dispose de 4 mouchoirs :
Un *blanc* :
— pour donner le signal du paseo,
— pour ordonner la sortie du toro,
— pour ordonner l'entrée des picadors,
— pour ordonner la sortie des picadors et le début du tercio des banderilles,
— pour ordonner la fin du tercio des banderilles et le début du tercio de muerte,
— pour accorder l'oreille ; s'il pense devoir en accorder deux, il sortira le mouchoir deux fois (à moins que l'organisation n'en ait prévu deux) ; s'il croit devoir également accorder la queue il sortira le mouchoir trois frois (à moins que...) ;
Un *vert* :
— pour ordonner le renvoi du toro au corral pour inaptitude au combat ou après les trois avis ;
Un *rouge* :
— pour ordonner la pose des banderilles noires ;
Un *bleu* :
— pour ordonner l'octroi d'un tour de piste à la dépouille du toro.

Par ailleurs tout spectateur d'une corrida doit être muni d'un mouchoir qui pourra servir assez souvent en l'agitant à faire attribuer une oreille du toro au diestro qui paraîtra l'avoir méritée (voir *trofeos*). Et plus rarement à réclamer, en l'exhibant, le retrait d'un toro présentant un défaut physique (boiterie, corne cassée), avant que n'intervienne la première pique.

PARADO : Arrêté.

Deuxième état du toro. Il est entré en piste *levantado** ; les lances de cape, les piques et les banderilles vont affaiblir ses facultés physiques, lui faire baisser la tête ; il va aussi perdre ses éventuelles tendances à courir en tous sens, à chercher plusieurs buts, à fuir le combat. Le châtiment va le laisser tendu vers le leurre, le chargeant avec plus de lenteur et de douceur. La faena de muleta le conduira à son troisième état *aplomado**.

PARAR : Arrêter ou s'arrêter.

Parar définit un des trois commandements de base du toreo qui restent immuables à travers les âges et les techniques : parar, templar, mandar.

Parar c'est attendre sans rompre que le toro s'engage vers le leurre pour déplacer l'étoffe, au rythme convenable, devant la tête du toro. Parar est presque synonyme d'*aguantar**, mais on emploie ce dernier terme lorsque la charge du toro, par son caractère violent et incertain, rend l'action de parar particulièrement méritoire.

PAREJA : Paire, couple.

Une *pareja de toreros* se forme inévitablement lorsque deux toreros de styles différents sont vedettes en même temps. Leur *competencia** les pousse alors à se surpasser et entretient l'intérêt des aficionados. Les *parejas* les plus connues ont été celles de « Frascuelo » et « Lagartijo », « Joselito » et Belmonte, Aparicio et « Litri ».

PAREJA :
Mazantinito et Lagartijillo-Chico

PARON.

En dehors de son acception tauromachique, le mot *paron* est un terme d'équitation qui signifie arrêt, refus. En langage taurin, il signale que la suerte qu'il qualifie est exécutée par un torero qui garde les pieds joints. On sous-entend souvent qu'il s'agit d'une véronique bien que stricto sensu le mot paron ne concerne que l'attitude de l'homme. Une véronique en paron constitue une figure qui peut être gracieuse et témoigne d'une certaine virtuosité. Elle est émouvante lorsque la cape tombe verticalement devant le corps de l'homme qui donne alors un *delantal**. Cependant le diestro qui manque d'équilibre est forcé de raccourcir la suerte et en tout cas ne peut pas la charger. Le paron demande donc des animaux très nobles et les principes du bon toreo commandent de n'en point abuser.

PASCALIENNE.

Passe de cape dans laquelle le torero, après avoir cité de face comme pour la véronique, *a jurisdiccion** pivote dans le sens de la course du toro, élève la cape et le fait passer dessous.

Cette suerte qui semble avoir été interprétée par différents toreros espagnols et mexicains sans avoir attiré autrement l'attention, a été adoptée par de jeunes toreros français. Alain Moncouquiol « El Nimeño » d'abord, Frédéric Pascal ensuite. Ce dernier lui a laissé son nom à l'initiative de Jean Isnard qui en a fait l'étude poussée.

PASE : Passe.

Figure tauromachique (*suerte*), dans laquelle le torero, tenant en main le leurre, conserve jusqu'au bout son emplacement de départ et, citant le toro, fait se déplacer la bête attirée par l'étoffe. En français on parle à peu près indifféremment de passes de muleta et de passes de cape ; mais en espagnol *pase* correspond à l'usage de la muleta, alors que, s'agissant de la cape on préfère le mot *lance*.

Le toreo est évidemment fait de passes. Il en existe une très grande variété et diverses façons de les classer. On se contentera de dire ici qu'il y a des « passes » au cours desquelles le toro « passe » entièrement, c'est-à-dire fait défiler tout son corps devant le matador immobile. Et toréer, c'est « faire passer le toro », en « le tirant », en allongeant le bras, en courant la main, en fléchissant la ceinture. Et il y a des passes ou le toro passe incomplètement ou ne passe pas. Ceci peut se produire parce que le toro indocile, dangereux, couard, se refuse à *embestir* (charger). On le toréé alors « par devant » (*por la cara*), avec des passes *de piton a piton, de telon, de tiron*. C'est un toreo de châtiment ou de réglage, acceptable devant les toros « illidiables » autrement. Et ceci se produit encore devant un toro alourdi lorsque le matador qui ne veut ou ne peut le faire passer avance lui-même vers la queue du toro et... c'est alors l'homme qui passe. On voit cela trop souvent lors des *banderas, manoletinas* et autres *giraldillas* dispensées par des toreros qui toréent volontiers sans art et sans risque un certain public, dans lequel ceux qui nous lisent ne peuvent déjà plus se compter.

PASEO : Promenade.

En tauromachie, le défilé des cuadrillas qui ouvre la corrida. On dit aussi *paseillo*.

Le paseo est sans doute l'une des rares choses en Espagne qui commence à l'heure annoncée. Son déroulement est immuable :
— le président agite son mouchoir blanc ;
— la musique éclate (à noter que dans certaines arènes françaises c'est « l'air de Carmen » qui accompagne ainsi le paseo remplaçant le traditionnel paso-doble espagnol) ;
— les alguazils ouvrent le défilé
— les cuadrillas suivent dans l'ordre suivant :
- en tête les maestros : le plus ancien d'alternative sur la file de gauche, le second sur celle de droite et le plus jeune au milieu,
- suivant les peones, par ordre d'ancienneté de leurs patrons,
- après les toreros viennent les *monosabios* et les *areneros*,
- enfin le train d'arrastre : mules ou chevaux.

Le matador qui foule pour la première fois le sable d'une piste, défile tête nue.

Paseo

Le paseo est le moment de la corrida que préfèrent les touristes. Les quelques 1500 paseos annuels d'Europe font considérablement augmenter la consommation de pellicule.

PASO ATRAS : Pas en arrière.

PASITO ATRAS : le même en plus petit.

Le pas en question peut se faire lors des passes de cape ou de muleta ou lors de l'estocade.

Lors des passes de muleta ou de cape, le torero se place de trois quarts devant la tête, en avançant donc la jambe contraire, ou de sortie (la jambe gauche si le toro vient de la droite et vice-versa). Ce qui est bien. Mais a *jurisdiccion** l'homme recule la jambe qu'il avait avancée et se retrouve de profil grâce à ce paso ou pasito atras. Ce qui est fâcheux, car ce geste, comme le note Popelin, « esquisse déjà un mouvement de fuite ». Le pas en arrière est évidemment légitime devant un *extraño* ou si le toro se serre trop. Mais le reste du temps, c'est un défaut qui ôte à la *suerte* sa beauté, son efficacité et son émotion. Dans la mesure où « avancer la jambe » est le premier temps du « charger la suerte », on dit parfois que le torero coupable du paso atras « décharge la suerte ».

A l'estocade on voit parfois des matadors qui, après s'être profilés portent en arrière le pied droit, avant de s'élancer. Pour les uns c'est un défaut car le coup d'épée est porté de plus loin ; pour d'autres ce n'est pas criticable si l'homme y cherche « une plus grande force d'impulsion » (« Paco Tolosa »). Mais malheureusement ce pas en arrière est souvent la mise en route d'un procédé qu'il convient de déceler et de blâmer. Le matador donne en se profilant de près l'impression trompeuse qu'il va entrer *corto y derecho,* comme il se doit. Puis son recul lui permet de parcourir ensuite un arc de cercle vers la gauche, juste assez pour franchir la ligne de la dangereuse corne droite. Bien entendu l'estocade n'étant plus portée « entrant droit », le coup d'épée court le risque d'être inefficace et *atravesado**. Aussi les spécialistes de cette manœuvre ont-ils inventé la *media lagartijera* dans laquelle l'épée, enfoncée seulement à moitié, ne pouvait ressortir par le flanc gauche du toro. De nos jours le *rincon* (coin) dit d'Ordoñez arrange bien des choses (voir estocada caida).

Le pasito atras peut être encore plus sournois : le torero cite de profil, puis recule a *jurisdiccion* non plus la jambe contraire mais l'autre, donnant ainsi — et en particulier dans la photographie — l'impression qu'il charge la suerte.

PASO DE BANDERILLAS : Pas des banderilles.

Une estocade portée au pas des banderilles l'est contre toutes les règles de l'art. Au lieu d'entrer « court et droit », le matador part de loin, en

PASO DE BANDERILLAS

courant, décrit un arc de cercle (comme dans la pose des banderilles au *cuarteo*) et décoche son coup d'épée à l'aveuglette car il ne lui est pas possible de viser la croix dans ces conditions. Le plus souvent l'estocade est un *bajonazo* ou un *golletazo*.

PASTUENO : Franc.

Synonyme de *boyante* et *claro*.

PATIO : Cour.

Il y a les cours fleuries des maisons particulières de Sevilla et Córdoba et celles du *Generalife* à Granada sont célèbres. Antonio Machado a chanté dans « Retrato » :
« *Mi infancia son recuerdos de un patio de Sevilla
y un huerto claro donde madura el limonero…* »

Mais les patios tauromachiques se trouvent aux arènes :
— *Patio de cuadrillas* : cour des *cuadrillas,* d'où part le *paseo* et dans lequel s'ouvrent les portes de la chapelle et de l'infirmerie.
— *Patio de caballos* : cour des chevaux, où se trouvent les écuries et les selleries.

En général, les deux patios n'en font qu'un et c'est le terme de *patio de cuadrillas* qui désigne l'ensemble de ces dépendances des arènes.

PAVO : Dindon.

En tauromachie, c'est un beau toro au *trapío* impressionnant.

PECHO : Poitrine.

PASE DE PECHO : passe de poitrine.

Il s'agit d'une passe fondamentale. En principe on devrait appeler ainsi une passe de muleta de la gauche, forcée, haute, changée. Son nom lui vient de la courbe que décrit la corne du toro autour de la poitrine du torero. Ce dernier se place de trois-quart dos, la jambe gauche en arrière. Lors de la suerte, la muleta d'abord basse se porte d'arrière en avant, puis, le bras poursuivant son mouvement comme si la main gauche du matador voulait se porter sur son épaule droite, la corne droite qui suit le leurre « défile » (« Paco Tolosa ») devant la poitrine de l'homme. La passe est changée puisque le toro cité d'un côté du matador trouve sa sortie de l'autre côté et, si elle n'était pas haute, la corne ne menacerait pas la poitrine. On a justement fait remarquer que c'était en réalité une passe basse avec un *remate** vers le haut.

La passe de poitrine des temps anciens était forcée sur le retour du toro après une naturelle parce qu'à cette époque et jusqu'à Belmonte on ne liait pas les passes en rond. On peut voir de nos jours un pecho forcé lorsque après plusieurs naturelles enchaînées le toro se serre de plus en plus, qu'il faut terminer la série et que la passe de poitrine libère à la fois la tension qui est allée croissant et les olés qui ne demandent qu'à jaillir. Mais bien souvent le pecho est « préparé » ; s'il est bien exécuté, il ne perd rien en beauté lorsque après une série de passes en rond, le toro s'arrête épuisé et que le torero désireux de placer sa passe de poitrine terminale, cite longuement, s'approche, agite le leurre pour déclencher enfin la charge.

On voit aussi des passes de poitrine isolées ou encore enchaînées ce qui est assez paradoxal s'agissant d'une passe d'arrêt conçue comme un *remate**. On voit même des pechos débuter une *faena*.

La passe de poitrine de la droite se voit souvent et des photographies de l'époque montrent que Belmonte la pratiquait volontiers. Il s'agit d'une passe moins méritoire puisque nécessairement aidée. Mais surtout on voit donner des passes que l'aficionado a pris l'habitude d'appeler passes de poitrine mais qui ne méritent pas ce nom. Il s'agit d'abord des suertes dans lesquelles le torero ne soulève pas le bras et laisse l'étoffe basse jusqu'au bout de la passe ; les cornes du toro ne dépassent pas ses genoux, la figure peut-être très belle mais c'est un *pase por bajo* où la poitrine n'est pas concernée. Surtout, le matador peut relever le bras en fin de suerte mais sans le ramener vers l'épaule opposée, en lui imprimant un simple mouvement de pendule ; on obtient alors une caricature de passe de poitrine, une passe *de costadillo* qui n'est ni un *cambio** ni un *remate** mais peut faire illusion parce que l'homme n'a pas les pieds joints.

PATIO DE CABALLOS
par M. Castellano (1828-1880)

PECHO
(Cesar Giron à Arles)
Photo L. Clergue.

PEDRESINA.

Passe de muleta créée par Pedro Martinez « Pedres ».

Au début des années 50, trois toreros d'Albacete — « Pedres », Juan Montero et « Chicuelo II » — suivis par un gitan de Huelva, « Chamaco » s'employèrent à « révolutionner » le toreo en multipliant les suertes spectaculaires et émotionnantes découlant du *litrazo**.

C'est l'évolution de cette technique qui, une quinzaine d'années plus tard, a abouti au numéro d'« El Cordobés ». L'ensemble de ces recettes avaient été éprouvées par les toreros comiques (en particulier le génial « Llapisera ») et les toreros précités s'employèrent à les pratiquer en course formelle. Il est curieux de noter que l'un des imitateurs du « Cordobés », « El Platanito », est devenu lui-même torero comique.

« Pedres » créa plusieurs variations sur un même cite ; celles-ci reprises, adaptées à leur personnalité, remodelées par les autres *albacetenos* engendrèrent de nombreuses suertes qui entretinrent une confusion telle que toutes furent baptisées *pedresinas*. On en vint à définir ainsi des cites de face, de dos et de profil, des passes de la droite et de la gauche, des changées et des naturelles...

Il semblerait que la pedresina initiale ait été une passe de la droite, citée de profil, muleta tenue par devant jusqu'à ce que le toro arrivant à quelques mètres du torero, celui-ci fasse passer le leurre dans son dos, changeant le voyage du toro qui défile sous la muleta. Cette suerte peut être exécutée dans tous les terrains.

Une variante demande à être donnée dans les *tablas** : le torero cite de face, muleta pliée dans la main gauche paraissant donner la sortie vers la barrière ; lorsque le toro s'élance, le torero fait demi-tour, lâche l'étoffe qui s'élève au-dessus de la bête l'envoyant dans son terrain du centre.

« Chicuelo II » puis « Chamaco » affectionnèrent des passes, baptisées pedresinas improprement, qui n'étaient que des cites *de espalda* (de dos) — ou de face suivi d'un demi-tour — et qui finalement furent englobées sous le terme de *culeras*, ou *culerinas* (de *culo* qui désigne en espagnol le bas du dos), appellation devenue péjorative avec la démystification du procédé.

« Chamaco » ajouta quelques « génialités » de son cru : cite muleta pliée dans la gauche et dressée contre la poitrine du torero (« cite du parapluie » ou « du fusil »), cite de la droite, muleta insérée entre les jambes et agitée de bas en haut (Gustave Coderch « Barretina » l'appela « cite du phallus »). Tout cela témoignait d'un goût douteux et n'avait qu'un lointain rapport avec la tauromachie.

Lorsque « Pedres » revint aux ruedos après une *despedida** prématurée, il était devenu classique... et avait abandonné la *pedresina*.

PEGAJOSO.

De *PEGAR* : Coller, se coller.

Se traduit parfaitement en français par « collant » et « empoisonnant ». Toro qui ne laisse pas de répit au torero, qui poursuit inlassablement son but, qui ne se laisse pas fixer.

PELEA : Combat.

S'applique uniquement au toro. Le combat de l'homme se dit *lidia*.

PELOS (de los toros) : Pelages, robes (des toros).

La nomenclature qui suit est loin d'être complète. Une certaine sélection du pelage rend d'ailleurs de plus en plus rares les robes composées.

— *ALBAHIO* : blanc jaunâtre (à ne pas confondre avec « barroso », « ensabanado » et « jabonero »).
— *ALBARDADO* : porte sur le dos une tâche claire en forme de selle.
— *ALDINEGRO* : « castano », « colorado », « retinto » ou « melocoton » dont le poil est noir au milieu du corps vers le bas.
— *ALUNARADO* : « berrendo » dont les taches ressemblent à de grandes lunes.
— *ANTOJERO* : sans être « lucero » ni « estrellado » a une tache sur un ou les deux yeux en forme de lunette, de couleur différente de celle du reste du corps.
— *APAREJADO* : « berrendo » avec une bande sur le dos qui s'étend presque jusqu'aux flancs.
— *ATIGRADO* : qui a la peau de deux couleurs et dont les taches de la couleur la plus sombre forment comme de petites lunes.
— *AZABACHE* : noir de jais au poil brillant.
— *BARROSO* : jaunâtre foncé.
— *BERRENDO* : à fond blanc avec des taches plus ou moins grandes d'une autre couleur qui sont généralement noires, rouges ou chatains ; le toro dont les taches sont un mélange de poils blancs et noirs est appelé également *BERRENDO EN CARDENO* (pie).
— *BOCIBLANCO* : qui a le mufle blanc.
— *BOCINEGRO* : qui a le mufle noir ; se nomme aussi *BOCINERO* ou *JOCINERO*.
— *BOTINERO* : de robe claire — y compris les berrendos — avec les extrémités de couleur sombre.
— *BRAGADO* : de quelque couleur

que ce soit — sauf le berrendo — avec la peau des testicules blanche.

— BURRACO : de poil noir avec des taches claires comme une pie.

— CALCETERO : de couleur sombre avec les extrémités blanches.

— CAPIROTE : avec la tête et une partie du cou d'une seule couleur, distincte du reste.

— CAPUCHINO : dont la tête est de couleur différente du reste du corps, la tache se terminant en bec sur la nuque.

— CARBONERO : « berrendo » dont le fond blanc est noirâtre.

— CARDENO : mélange de poils blancs et noirs sur toute la peau ; il y a les *CARDENOS CLAROS* (clairs) et les *OSCUROS* (sombres) suivant que domine le blanc ou le noir, les « oscuros » s'appelant également *NEGROS ENTREPELADOS* et *ARROMERADOS* ceux qui sont plutôt clairs.

— CARETO : front blanc et reste de la tête d'une autre couleur.

— CARIBELLO : tête sombre et front saupoudré de poils blancs.

— CARIFOSCO : avec le poil du front frisé.

— CARINEGRO : « retinto », « colorado », « castaño », « melocoton », « jijon », « cárdeño » ou « sardo » avec la face noire.

— CASTANO : mélange fourni de poils rouges et noirs (couleur chataigne).

— CHORREADO : avec bandes verticales du dos au ventre, de ton plus sombre que le reste.

— COLIBLANCO : de couleur sombre avec la queue blanche.

— COLORADO : « castaño » tirant sur le rouge.

— ENSABANADO : blanc.

— ESTORNINO : noir avec de très petites taches d'autres couleurs.

— ESTRELLADO : de couleur claire avec une tache noire sur le front.

— GARGANILLO : avec le cou sombre et une tache blanche en collier.

— JABONERO : blanc sale tirant sur le jaunâtre (savonneux).

— JIJON : rouge.

— JIRON : de couleur uniforme avec tache blanche au bout du corps ; ne le sont pas les « aparejados », « bragados » ni « meanos ».

— LISTON : avec raie de couleur différente le long de l'épine dorsale.

— LOMBARDO : noir sans tache avec dos « castaño » plus ou moins sombre.

— LUCERO : de couleur sombre avec tache blanche sur le front.

— MEANO : de couleur sombre avec le fourreau blanc.

— MELOCOTON, JARO ou ASAJARADO : « castaño » très clair.

— MORCILLO : « chorreado » aux taches rouges.

— MULATO : noir mat.

— NEGRO : noir ; *AZABACHE* ou *MOHINO* quand le poil est brillant.

— NEVADO : avec de nombreuses petites taches blanches.

— OJALADO : avec un cercle autour des yeux de couleur différente.

— OJINEGRO : avec le cercle des yeux noir.

— OJO DE PERDIZ : avec le cercle des yeux de couleur perdrix.

— PERLINO : gris clair.

— RABICANO : avec des crins blancs dans la queue.

— REBARBO : comme le « bociblanco ».

— REMENDADO : avec des taches découpées.

— RETINTO : tirant sur le rouge, avec généralement le cou et les extrémités plus sombres que le reste du corps.

— SALINERO : marbré de blanc et rouge sans tache de même couleur.

— SALPICADO : de couleur sombre avec taches grandes et petites.

— SARDO : poils noirs, blancs et rouges soit en forme de petites lunes, soit en mélange marbré des trois couleurs.

— TOSTADO : de couleur intense et sombre.

— VERDUGO : « chorreado » avec les lignes de couleur noire.

— ZAINO : noir mat, sans aucun poil blanc.

PENA TAURINA ou CLUB TAURINO : Association d'aficionados qui peut être :

— indépendante : « Los de José y Juan » de Madrid qui groupe des aficionados « purs et durs » dans le souvenir de Joselito et Belmonte ; la « Peña El Puyazo » qui s'attache à la régénération de la suerte des piques ; la « Peña El 7 » qui groupe des habitués du tendido 7 à Madrid...

— inféodée à un torero : se forme à la faveur du succès momentané d'un torero et se trouve rapidement désemparée à la suite de ses échecs répétés ; tous les toreros, même modestes, ont une peña à leur dévotion dans leur village natal.

Ces associations sont groupées, en Espagne comme en France, dans des Fédérations.

PENDULO : Pendule, balancier.

Création du torero comique « don Tancredo », reprise par Dos Santos et après lui les *albacetenos* (« Pedres », Montero, « Chicuelo II »). Le torero, de face ou de profil, tenant la muleta derrière son corps, lui donne un mouvement de pendule. Le toro, qui doit être tardo ou aplomado, suit des yeux le leurre en ignorant le torero immobile. Très spectaculaire, ce cite doit se dérouler dans les cornes.

PEON : Piéton, ouvrier agricole.

En tauromachie : auxiliaire du matador, subalterne.

Les peones sont *de brega* c'est-à-dire qu'ils interviennent dans le travail obscur de placement du toro dans le ruedo conformément aux ordres du matador et aux prescriptions du règlement (voir *cuadrilla*).

Le *peon de confianza* est, comme son nom l'indique, chargé de besognes de confiance dans le ruedo (jauger le premier toro) et hors du ruedo (représenter le matador au *sorteo*).

Les honoraires des peones ont été également fixés pour la première fois, le 9 mai 1934 par le Directeur Général du Travail, Alfredo Sedo, après consultation du *Jurado mixto nacional del Espectaculo Taurino*.

PERFIL : Profil.

Lorsque Belmonte, dans un terrain « compromis », garda les pieds immobiles pour recevoir le toro et fit passer et repasser la bête, toujours sans bouger les pieds à la stupéfaction générale, l'immense Rafael Guerra « Guerrita », l'oracle de la tauromachie, déclara : *Así no se puede torear* (on ne peut pas toréer ainsi). Mais Belmonte en introduisant dans le toreo une émotion esthétique fondée sur l'immobilité ouvrait une voie qui devait aller jusqu'à son terme logique. Entre 1930 et 1935, Victoriano de la Serna exaspérait la recherche plastique inaugurée par Belmonte, et le mexicain Lorenzo Garza découvrait le stratagème qui permet raisonnablement au torero d'attendre sans bouger les pieds et la muleta immobile, que le toro baisse les cornes sur le leurre avant de le tirer lentement en allongeant simplement le bras : ce stratagème, c'est le cite de profil, le toro prenant la muleta « à corps passé ». Mais pour que ce procédé puisse se généraliser, il lui fallait des lettres de noblesse. Ce fut « Manolete » qui les lui donna. Grâce au cite de profil, le troisième « calife » de Cordoue a pu réaliser un toreo conforme à son génie et qui enthousiasma les aficionados des années 40. Mais c'est que « Manolete » se servait de position profilée pour citer de près, serrer contre lui le toro, l'embarquer pleinement dans le leurre, templer et dominer par le mouvement lent et harmonieux du poignet, enchaîner les passes et construire une faena. C'est encore que « Manolete » fut un grand estoqueador et que sa sincérité, sa conscience professionnelle et une élégance mélancolique teintée de mysticisme s'unissaient pour réaliser ce mélange difficile à définir qui fait la grande « figure ». Le cite de profil n'était pour lui que le moyen au service de qualités exceptionnelles. Ce qui est fâcheux c'est que ses successeurs et imitateurs ont souvent conservé le procédé sans en justifier l'usage par le résultat obtenu, mais dans le but d'esquiver les difficultés et les dangers de la lidia en donnant le change autant que faire se peut. Ils pratiquent alors un toreo marginal, *fuera de cacho** exempt d'émotion et d'efficacité. Le « toreo de profil » aujourd'hui courant évite au matador de charger la suerte et par là de dominer les adversaires difficiles. Il est parfois encore aggravé quand le diestro présente à l'œil et à la corne « contraires » du toro, le *pico de la muleta*, le *palillo* étant dirigé obliquement, pointe vers l'arrière. Il en résulte un toreo sans dominio ni profondeur et l'immobilité de l'homme qui peut perdre son regard sur les *tendidos** et frotter son ventre contre le flanc du toro à corne passée, ne peut séduire que les nigauds. Certains matadors citent en plaçant leurs pieds de profil mais avec le buste qui fait face au toro grâce à une belle rotation de ceinture.

PERIODICOS, DIARIOS : Journaux, quotidiens.

Tous les journaux espagnols (et du midi français) possèdent une chronique tauromachique.

La première référence à une corrida parue dans la presse, suivant José Maria Cossío, fut publiée en 1784 par le *Mémorial Literario*. Suivirent aussitôt le *Correo de los Ciegos,* le *Semanario Erudito* et le *Diario de Madrid*.

PESADA (corrida) : Lourde, pesante.

Corrida ennuyeuse, assommante, proche de *l'aburrimiento**.

PERCAL : Percale.

Synonyme de *capa**.

PERDER EL TERRENO : Perdre du terrain.

Lorsque le toro perd du terrain, l'homme en gagne. Lorsque le toro gagne du terrain, l'homme en perd.

Il convient donc de se reporter à la définition de ganar terrenos en intervertissant l'ordre des facteurs.

PERROS : Chiens.

Il est d'usage d'utiliser dans les ganaderías comme dans les corrales des plazas ou les abattoirs, des « chiens à taureaux » (bull-dogs). Dès la fin du XVe siècle, dans les combats taurins, des chiens étaient lâchés dans la piste contre les toros *mansos** ou trop avisés, « ce qui permettait non seulement d'éviter des risques aux vies inappréciables des acteurs, mais aussi d'amuser le public qui jouit énormément de ces luttes qu'il a considérées de tout temps comme annexes et inséparables des courses de taureaux » (José de la Tixera). Goya dans la planche 25 de sa « Tauromachie », intitulée *Echan perros al toro* (on lance des chiens contre le toro) décrit un de ces épisodes.

La coutume de lâcher des chiens contre les toros *mansos** persista jusqu'en 1860, date à laquelle les autorités interdirent leur utilisation et les remplacèrent par les banderilles de feu.

Au temps de leur emploi, les chiens défilaient au *paseo**.

PESO : Poids (des toros).

Le poids des bêtes peut être évalué en vif ou *en canal*. Le poids *en canal* est celui de la carcasse, dépouillée et vidée. Il peut être alors évalué en *arrobas**. Le poids en canal équivaut à un peu plus de 60 % du poids vif.

Le poids règlementaire du toro a varié suivant les époques et les circonstances (suites de la guerre civile par exemple). C'est en 1917 que pour la première fois un poids minimum est imposé :
550 kilos de juin à septembre, et 525 le reste de l'année.
En 1923 : 570 kilos de mai à septembre et 543 le reste de l'année.
En 1930 : 470 pour les plazas de 1re catégorie, 445 en 2e et 420 en 3e.
En 1943 : 423 pour les plazas de 1re catégorie, 401 en 2e et 378 en 3e.
En 1951 : 450 pour les plazas de 1re catégorie, 425 en 2e et 400 en 3e.
En 1953 : retour aux poids de 1930.

En 1956 : retour aux poids de 1951.
En 1960 : 460 pour les plazas de 1re catégorie, 435 en 2e et 410 en 3e. Nous en sommes toujours là.

Mais la notion de poids a changé de signification et a perdu de son importance.

A l'époque où le ganado bravo vivait à l'état véritablement sauvage, c'est-à-dire qu'il ne recevait qu'exceptionnellement sa nourriture des mains de l'homme et la recherchait dans les immenses pâturages des *latifundios,* le poids minimum de viande correspondait à celui que devait porter une bête de cette espèce, suivant son âge, placée dans ces conditions d'élevage. Actuellement avec l'apparition du *pienso* compuesto* et la stabulation dans d'étroits enclos, on peut facilement accumuler les kilos imposés par le règlement pour les corridas de toros sur une ossature d'*utrero**. Cet engraissement artificiel et excessif augmente la faiblesse des pattes et l'essoufflement des animaux. Ce qui importe donc c'est avant tout le rapport poids-âge. Il est essentiel que si dans le ruedo fait irruption une *media tonelada de toro* (une demitonne de toro), ce soient bien 500 kilos de quatre ans.

Le règlement impose pour les corridas de toros dans les plazas de 1re et 2e catégorie l'affichage du poids dans le ruedo et à la porte d'entrée de la plaza.

PETO : Caparaçon.

Sorte de matelas qui enveloppe et protège d'une part le ventre et d'autre part les pattes des chevaux des picadors.

Le règlement qui en impose 6 pour une corrida, le décrit ainsi : « 2 toiles imperméabilisées, avec rembourrage de coton également imperméabilisé, le tout uni par un capitonnage d'estame ; un tablier ouaté d'une longueur suffisante pour protéger le ventre du cheval ; son pourtour sera garni de bordures de cuir ; des courroies pour agrafer et dégrafer ; des tirants dans la partie centrale pour éviter la remontée des étriers ». Son

PETO

poids ne pourra dépasser, une fois confectionné, 25 kilos ; une tolérance de 5 kilos étant accordée à cause de l'augmentation qui pourrait se produire par suite d'un usage répété ». On ne saurait mieux dire !

En France, le caparaçon fut utilisé dès la fin du XIXe siècle, mais il était assez différent du modèle actuel et laissait au cheval l'usage complet de ses pattes. Daniel Caldine le décrivait ainsi :

« Le caparaçon est une sorte de tablier de cuir épais garni de fer du côté droit, celui par où doit être forcé le toro ; cette garniture du caparaçon est généralement composée d'une série de lames de métal cousues côte à côte entre les deux épaisseurs du cuir du tablier. Celui-ci entoure complètement le corps du cheval, passe même entre les jambes, devant le poitrail et n'est percé que de deux petits trous ronds ménagés à l'endroit où doit se donner le coup d'éperon ».

Le caparaçon a été imposé le 7 février 1928 par le Général Primo de Rivera, alors premier ministre d'Alphonse XIII, pour que disparaissent des ruedos les étripages de pauvres rosses sacrifiées par dizaines à l'incompétence des picadors qui n'avaient plus la science ni la force de leurs prédécesseurs pour préserver leurs montures de la corne.

Le caparaçon prévu pour protéger le cheval, a provoqué l'accablement du toro. La taille et le poids de ces « blindages » (où sont les 25 kilos du règlement !) croissant, les chevaux de plus en plus solides, le groupe équestre est un véritable mur contre lequel s'épuise le toro bravo, d'autant que le picador y ajoute la manœuvre dite *carioca**.

L'essai des caparaçons fut fait lors de la novillada du 6 mars 1927 dans l'ancienne plaza de Madrid. Dix modèles étaient en compétition, le modèle alors choisi fut celui présenté par un certain Don Estebán Arteaga.

PICA : Pique.

Se dit également en espagnol : garrocha, puya, vara (en fait le mot puya s'applique plutôt au fer de la pique et les mots garrocha et vara au manche).

1° - **l'instrument** : descend en droite ligne de la lance, puis du javelot utilisés par les nobles cavaliers jusqu'au début du XVIIIe siècle ; lorsque les bouviers prirent la relève dans l'arène ils se servirent de leur *garrocha* de travail puis de l'antique pique lorsque la corrida commença à être codifiée. La pique a été plusieurs fois modifiée en fonction de l'évolution de la lidia et du toro lui-même. De 1791 à 1917, pour éviter que la pique ne pénètre trop profondément, une sorte de pelote de corde de la forme d'un citron *(pica alimonada)* était fixée après la pointe de fer. Les picadors amenuisèrent peu à peu cet arrétoir pour faciliter la pénétration de la pique au point qu'il arrivait que des toros soient tués dès le premier tercio. En 1917, le règlement remplaça le citron par une rondelle de fer de 6 centimètres de diamètre, nettement insuffisante pour éviter les mêmes effets que le citron effilé. Après divers essais et nombre de controverses, le dernier règlement en vigueur (1962) décrit la pique de la manière suivante : « les puyas (fers) auront la forme d'une pyramide triangulaire, avec des arêtes droites ; elles seront d'acier tranchant et piquant, aiguisées à la pierre à eau ; non vissées à la frette mais avec un tenon rivé ; et leurs dimensions appréciées au gabarit, seront 29 mm de long sur chaque arête et 20 mm de large à la base de chaque face ou triangle ; elles seront pourvues à leur base d'un heurtoir de bois enroulé de corde collée, de 5 mm de large sur la partie correspondant à chaque arête, 7 mm à compter du milieu de la base de chaque triangle, 36 mm de diamètre à sa base inférieure et 75 mm de long, terminé par une garde fixe d'acier aux bras de forme cylindrique, de 52 mm de leurs extrémités à la base du heurtoir et d'une épaisseur de 8 mm. La longueur totale de la pique, c'est-à-dire hampe et fer, sera de 2,55 m à 2,70 m ».

Tout cela est extrêmement précis et détaillé. Ce qui fixe mieux les idées sur la réforme de la puya c'est l'appellation de pique *a cruceta* (à croisillon), venant de la forme de croix que donne la garde sur le montant. L'efficacité en est presque absolue en ce qui concerne la pénétration, la garde de 14 centimètres empêchant l'arme d'entrer au-delà des 8 centimètres de fer et de corde.

Pour les novilladas, la hauteur de la pyramide, pointe de la puya, est diminuée de 3 mm.

L'empresa doit prévoir 3 puyas par toro. Chaque fer porte sur la partie garnie de corde un timbre du Syndicat des éleveurs et des spectacles taurins qui atteste du respect des précédentes dispositions. Les puyas sont adressées à l'empresa dans une caissette de bois scellée, ouverte avant l'apartado par le président de la course ou le délégué de l'Autorité.

Chaque picador choisit une hampe, qu'il marque de son nom et sur lesquelles il fixe deux des fers ; ces piques lui seront exclusivement réservées pendant la course.

2 - l'utilisateur, son cheval, ses aides
Le piquero, ou picador, ou varilarguero, porte un costume spécial. Dans

PICA à Nîmes
Photo L. Clergue.

CAIDA à Nîmes
Photo L. Clergue.

la corrida de toros, le nombre des picadors est égal à celui des bêtes annoncées. Chaque cuadrilla comporte donc 2 picadors devant à tour de rôle affronter les 2 toros à charge du maestro. De plus l'*empresa** doit prévoir un picador de réserve destiné à remplacer un picador des cuadrillas mis hors de combat.

Le rôle et l'importance du picador ont considérablement varié au cours de l'évolution de la corrida. Du moment où les bouviers remplacèrent les nobles cavaliers jusqu'à l'apparition des toreros-vedettes à pied, le picador est le chef de la cuadrilla et son travail l'essentiel du spectacle. Il veille alors à préserver sa monture de la corne. Peu à peu, le matador prenant de l'ascendant, le picador est ramené au rôle de subalterne aux ordres d'un patron qu'il ne doit pas concurrencer. La perte de l'état entraîne la perte des facultés et bientôt c'est le massacre dans les ruedos de dizaines de haridelles (condamnées à l'abattoir en tout cas) qui fait hurler d'indignation les ligues protectrices des animaux. Enfin c'est le caparaçon et la relégation du picador au rang d'éxécuteur des basses œuvres. Il est désormais monté sur un solide cheval abrité derrière son matelas protecteur, propriété généralement d'une entreprise spécialisée (*empresa de caballos**) ; il est aidé des *nonosabios** et strictement aux ordres du matador ce qui lui ôte la plus grande part de responsabilité dans les excès qu'il peut commettre.

Il faut noter que le règlement impose que l'œil droit du cheval soit bandé pour lui éviter la vue du toro et que personne ne se place sur le côté droit de la monture « afin que nulle présence humaine n'attire la charge du toro et que celle-ci ne soit le fait que de sa spontanéité et de sa bravoure ».

3 - la manière de s'en servir : le tercio des piques

a) buts :

— fixer le toro (*parar los pies*) et « lui amener la tête à composition » (*ahormar la cabeza*) c'est-à-dire en fait calmer le toro et lui faire baisser la tête pour permettre le travail de muleta et l'estocade ; il est bien évident qu'aucun torero ne pourrait exécuter avec un toro d'âge et de poids règlementaire, une faena de muleta dans la ligne moderne d'esthétique, à un toro sortant du toril, fougueux et distrait.

— révéler la bravoure de la bête ; tout toro subit sans rechigner la première pique, ce ne sont que les suivantes qui démontrent sa bravoure, son courage, son mépris du châtiment ; c'est pourquoi il est nécessaire que le tercio comporte plusieurs rencontres et que le règlement en fixe le nombre minimum à trois. Plusieurs rencontres obligent par ailleurs les matadors à intervenir au *quite** et à s'exprimer à la cape. Malheureusement le grand public n'aime pas et ne comprend pas le tercio des piques, le matador pour éviter ses protestations réduit le plus souvent le tercio à une seule rencontre prolongée, avec *carioca**.

b) **les règles d'éxécution de la suerte sont :**

— le picador se place entre la barrière et le cercle tracé sur la piste à 7 mètres du marchepied de celle-ci.

— le matador (ou son peon) place le toro face au picador entre le centre de la piste et le cercle tracé à 9 mètres du marchepied de la barrière. Les 2 mètres qui séparent les deux cercles forment un no man's land ménagé au toro pour lui permettre de prendre son élan.

— le picador doit tenir son cheval éloigné de la barrière le présenter de face, citer le toro et placer la pique immédiatement après le morrillo, peser sur le fer de son poids, sans chercher à se reprendre, sans vriller, sans placer la pique dans un trou déjà ouvert lors d'une précédente rencontre.

— le matador doit rapidement intervenir au quite pour éviter qu'une rencontre prolongée ne châtie excessivement le toro et empêche d'autres rencontres nécessaires à la révélation de la bravoure du toro.

— la présidence est seule juge du nombre de piques que le toro est susceptible de subir. Parfois le matador sollicite le changement de tercio ; le président est seul habilité à accorder ou refuser l'arrêt du tercio.

Voir également : *marronazo, refilon*.

PICADOR ou PIQUERO.

Voir *Pica*.

PICARO : Fripon, coquin, filou.

PICARESCA : Le roman picaresque a donné à la littérature espagnole quelques chefs-d'œuvre dont le modèle est le *Lazarillo de Tormes* (anonyme du XVIe).

En tauromachie, on parle de *picaresca* pour qualifier les agissements de coulisses, tractations occultes, manœuvres tendant à l'amoindrissement du bétail...

PICO DE LA MULETA.

Il s'agit de la pointe d'acier qui termine le bâton (*palillo*) sur lequel est fixée la serge rouge de la muleta. On voit parfois le matador en piquer les flancs du toro pour l'inciter à charger. Plus souvent on voit les toreros qui toréent de profil placer le pico de la muleta devant « l'œil contraire » du toro pour déclencher une charge inoffensive en restant *fuera de cacho**. Le procédé est encore plus criticable lorsque la muleta est tenue dans la main droite et que le pico de la muleta devient alors la pointe de l'épée qui agrandit le leurre (voir *perfil*).

PIENSO : Aliment du bétail.

En ce qui concerne le toro, l'aliment passe de la *lactancia*, (le lait de la mère) à la *sobrealimentacion* à base de *pienso*, en passant par la consommation des *pastos*, fourrages verts ou secs. Mais au cours de sa dernière année, le toro absorbe surtout du « pienso » destiné à l'amener au poids minimum exigé par le règlement.

Le pienso « naturel » se compose de vesces, fèves, avoine et blé donnés broyés et mélangés avec de la paille. Eventuellement on y ajoute des navets, betteraves et carottes crus.

Le pienso *compuesto* (composé) est à base de farines de céréales renforcées de protéines (tourteaux de soja, farines de poisson...), de vitamines et d'antibiotiques. Le novillo soumis à cette alimentation prend rapidement du poids et l'on a remarqué que sa table dentaire tend à rattraper rapidement celle du toro de quatre ans ; ce qui, avant le marquage au millésime de l'année de naissance, permettait de présenter des novillos en corrida de toros.

PINCHAZO : Piqûre.

Voir *Estocada*.

PITON : Corne.

Voir *Asta*.

Le revistero espagnol Tomas Orts Ramos « Uno al sesgo » demanda un jour au grand torero cordouan « Guerrita » à quoi il attribuait sa chance.

— A ce que les toros ont des cornes. S'ils n'en avaient pas, il y aurait des milliers de « Guerrita », répondit le maestro.

PITON A PITON (DE) : Corne à corne (de).

Suerte au cours de laquelle le matador, restant face au toro, sans que celui-ci passe, déplace sèchement la muleta d'une corne vers l'autre.

C'est parfois la seule manière de régler la tête et de fixer un toro difficile ou sans charge.

C'est aussi un moyen efficace de couper la charge d'un toro de caste et d'abuser le public en rejetant sur la bête la responsabilité qui incombe à l'homme peureux.

On dit plus familièrement que le matador fait du « chasse-mouche » car il paraît alors vouloir débarrasser le toro de tout diptère éventuel.

Notons qu'avant la révolution imposée par Belmonte, alors que nombre de matadors étaient avant tout des « tueurs » et non des *muleteros*, leurs faenas étaient le plus souvent réduites à du corne à corne destiné à fixer la bête avant l'estocade considérée comme l'essentiel du travail à exécuter.

Nouvelle plaza de Vista Alegre à BILBAO
Photo L. Clergue.

PLANTA : Prestance.

Un matador a la *planta torera* lorsqu'il a l'air d'être ce qu'il est, lorsqu'il se meut dans l'arène avec l'allure du torero, lorsqu'il effectue son travail avec les gestes précis et adéquats.

PLAZA : Place.

PLAZA DE TOROS : Arènes.

Au XVIIIe siècle, le substantif espagnol *arena* (sable, gravier) désignait « le lieu, le champ, la place où se tiennent les tournois, les carrousels, les combats des taureaux ». Le terme plaza de toros lui fut ensuite substitué.

Les édifices actuels, copiés sur les arènes romaines, succèdent aux « champs clos » ou *corros* et aux places des agglomérations — d'où le nom espagnol de *plaza de toros* — où se déroulaient les corridas au XVIIIe siècle.

Les plus anciennes arènes existantes seraient celles de Santa Cruz de Mudela (Cuidad Real) qui dateraient de 1641, puis celles de Bejar (Salamanca) que les recherches de Juan Muñoz Garcia font remonter à septembre 1711. A part, bien entendu, les arènes romaines de France.

Il y a, en Espagne, environ 350 plazas de toros et en France, une trentaine dans lesquelles se donnent des corridas avec mise à mort.

Une plaza de toros comprend :
1 - Le *ruedo* ou *redondel* (cercle, rond), la piste, la scène du théâtre, partie essentielle puisque certaines petites arènes sont réduites au seul ruedo ; il comprend lui-même :
— la piste de sable (le « Sable d'or de Sevilla » et le « Sable noir de Bilbao ») ;
— les *burladeros* (refuges), chicanes par lesquelles les toreros pénètrent dans le *callejon* ;
— le *callejon* (ruelle), couloir séparé de la piste par la *barrera* (barrière) de bois d'une part, et des gradins par la *talanquera* (palissade) de bois ou de pierre d'autre part ; dans le callejon s'abritent et s'agitent acteurs, aides, autorités...
2 - Les *tendidos* (gradins découverts) destinés au public et comprenant de la piste au mur d'enceinte dans les plazas importantes :

PLAZA

— la *barrera* ou premier rang ;
— la *contra-barrera* ou deuxième rang :
— après un couloir de dégagement, la *delantera* ;
— les différents rangs de tendidos *bajos* (bas) ;
— après un couloir de dégagement, les différents rangs de tendidos *altos* (hauts) ;
— le *tabloncillo* ou dernier gradin.

3 - Les *palcos* (loges) couverts par les *andanadas ;* (gradins supérieurs) qui dominent en balcon le ruedo avec son premier rang le *balconcillo*.

En France les appellations sont souvent différentes ; on trouve des « premières », des « secondes », des « torils hauts » et « bas », des « réservées », etc...

Les tendidos suivant leur exposition sont :
— *de sombra,* à l'ombre
— *de sol,* au soleil
— *de sol y sombra,* entre les deux.

Les tarifs croissent évidemment du soleil vers l'ombre.

4 - Les dépendances comprennent :
— les *corrales* (enclos) où séjournent en groupe les toros jusqu'à leur entrée au toril ;
— le *toril,* divisé lui-même en *chiqueros,* loges obscures dans lesquelles ils sont séparés et attendent leur sortie dans le ruedo ;
— le *patio de cuadrillas,* cour réservée aux toreros ;
— le *patio de caballos,* écuries des chevaux de picadors, d'alguaciles et du train d'arrastre ;
— le *desolladero* (écorcherie) ou *matadero* (abattoir) où se débitent les carcasses des bêtes abattues dans le ruedo ;
— la *capilla* (chapelle) ;
— l'*enfermeria* (infirmerie) ;
— les *taquillas* (guichets de vente des billets) ;
— divers services : location ou vente des coussins (*almohadillas*), buvettes, toilettes, bureaux, conciergerie...

Les portes du toril, du patio des cuadrillas et du patio des caballos, sont percées dans la talanquera et communiquent avec le ruedo par des portes ouvertes dans la barrera.

Les arènes espagnoles sont divisées en trois catégories ce qui influe essentiellement sur le poids des toros combattus et les honoraires des toreros et subalternes :
— sont en première catégorie : les deux plazas de Barcelona, Bilbao, la *Monumental* de Madrid, Sevilla, Valencia et Zaragoza ;
— sont en deuxième catégorie : les capitales des provinces non classées en première et *Vista Alegre* à Madrid, Algéciras, Aranjuez, Cartagena, Gijon, Jerez de la Frontera, Linarés, Merida et Puerto de Santa Maria ;
— sont en troisième catégorie : toutes les autres plazas permanentes et toutes les plazas portatives.

Les arènes pouvant contenir le plus de spectateurs se trouvent à Mexico (*Monumental :* 46 000, *El Toreo :* 25 000). En Espagne viennent dans l'ordre :
— La *Monumental* de Barcelona : 23.750 spectateurs.

PLAZA

- La *Monumental* de Madrid : 23.669
- Pamplona : 19.500
- Murcia : 17.500
- Valencia : 16.945
- Alicante : 14.800
- Bilbao : 14.796
- Le *Real Maestranza* de Sévilla ne compte que 12.300 places.

En France :
- Nîmes : 20.000
- Arles : 15.000
- Bayonne, Toulouse, Béziers : 12.000.

PLAZA PARTIDA : Arène divisée, partagée.

Dans sa série de lithographies dite « de Bordeaux », Goya a gravé une *Division de plaza o plaza partida*. Elle illustre une des coutumes taurines du siècle dernier aujourd'hui disparue. Les toros n'étant pas alors des modèles de bravoure et encore moins de noblesse, les courses étaient parfois fort languissantes et pour soutenir l'intérêt des spectateurs on produisait deux spectacles à la fois en divisant le ruedo en deux parties au moyen d'une barrière. Il arriva que la plaza soit divisée en trois et même en quatre parties dans lesquelles se déroulaient conjointement trois et quatre courses. On peut penser que cette coutume devait entretenir un certain désordre dans un arène où il devait être difficile de savoir à qui s'adressaient les applaudissements et à qui les sifflets.

« Gorrete », matador sobre et sévère, répondit un jour à un aficionado qui lui demandait comment étaient sortis les toros :
— L'un après l'autre. L'histoire ayant fait fortune, un aficionado, un autre jour, lui posa la même question en ajoutant :
— Et ne me réponds pas comme à l'autre ! ce n'est pas ce que je te demande !
— Ce n'est pas ce que je t'aurais répondu, répartit le torero, parce qu'ils sont sortis deux par deux. La plaza était *partida*.

Le 22 mai 1980, à Madrid, six

PLAZA PARTIDA, par GOYA (1746-1828)

toros furent lidiés normalement par « Guerrita » et « El Ecijano » et quatre novillos le furent ensuite en division de plaza. De ceux-ci, l'un, nommé Finito, de Torres Cortina, fut brave à un point tel que la lidia de son congénère passa totalement inaperçue et qu'aucun journaliste n'en fit mention.

PLEITO : Dispute, procès, chicane.

A souvent opposé toreros espagnols et mexicains.

Pendant l'hiver 1932, Domingo Ortega, la vedette du moment, fut fort mal reçu par les publics mexicains montés par les toreros nationaux qui, manquant de classe, n'avaient pas réussi à s'imposer en Espagne pendant la saison. Ce fut le début d'une période agitée qui se termina en 1936 avec la guerre civile espagnole.

Après la guerre et les triomphes d'Arruza en Espagne, les choses s'arrangèrent. Les relations hispano-mexicaines connurent ensuite des hauts et des bas, plusieurs pleitos intervenant.

Celui qui se termina par la convention du 18 juillet 1944 reconnaissait que seules les alternatives octroyées en Espagne et dans les deux plazas de Mexico étaient valables.

PODER : Puissance, pouvoir.

Qualité du toro qui s'exprime surtout dans la suerte de pique. Nettement affirmée quand le toro repousse, soulève, et, mieux encore, culbute le cheval et le piquero. Franchement insuffisante quand le toro s'agenouille ou tombe en cours de lidia. La puissance du toro est dûe en partie à son poids et particulièrement au développement de son morrillo, mais aussi à son influx nerveux, à sa caste.

PODER A PODER (DE) : Pouvoir à pouvoir (de).

Il s'agit d'une manière risquée de poser les banderilles. Ainsi que l'indiquait déjà « Guerrita », c'est une suerte qui, le plus souvent, n'est pas prévue et qui demande au torero des moyens physiques importants et une bonne dose de sang-froid. L'occasion se produit quand l'homme se préparait pour un *cuarteo**, et que survient une *arrancada** inattendue ou qui surprend par sa violence. Beaucoup de peones ici sortent en faux... et « Guerrita » lui-même recommandait de faire ainsi, de renoncer à clouer, si le toro n'a pas un défaut qui le fait mal voir de près (*burriciego*). Mais si l'homme répond du tac au tac *de* *guapo a guapo,* à la manœuvre intempestive du toro, il calculera au plus juste le centre de suerte, accélérera sa course, gagnera la tête par un cuarteo bref et pourra clouer sous des applaudissements mérités. Exceptionnellement certains matadors athlétiques, voulant briller au second tiers, provoquent des situations semblables avec des toros *prontos** en se dirigeant vers eux en ligne droite. Arruza agissait ainsi mais il a peu de successeurs.

PORFIA : Obstination, entêtement.

En tauromachie, on dit d'un torero qu'il exécute un « numéro de pórfia », lorsque le toro, aplomado ou tardo, ne répondant pas aux sollicitations, le matador multiplie les cites dans les cornes.

PORTA GAYOLA (A) : Devant la porte de la cage.

Expression portugaise usitée en Espagne et en France pour qualifier les suertes exécutées dès la sortie du toril.

PRESIDENCIA : Présidence.

A l'heure fixée très précise, un homme apparaît au *palco,* sorte de petite loge tout en haut des gradins des arènes, agite un mouchoir blanc et immédiatement tout s'ébranle : c'est le président. En Espagne (en France, à défaut de règlement, il en va autrement) ce n'est pas un titre honorifique : c'est le véritable patron de la corrida, au pouvoir absolu, qu'il tient directement du gouvernement puisqu'il est soit Gouverneur Civil de Province, soit Alcade de la ville, ou que ces excellences lui ont délégué leurs propres pouvoirs ! Et dans les arènes espagnoles on ne badine pas avec le pouvoir officiel. Dans le callejon, un commissaire de police patrouille, relié au palco par un téléphone, suivi des deux alguaciles qui demeurent ce qu'ils étaient déjà au XVIIe siècle, des agents de police ayant conservé à travers les siècles l'uniforme des pandores de Philippe II. Et tout en haut des gradins, pour les occasions épineuses, attend toute une escouade de la garde civile à l'invraisemblable bicorne de cuir bouilli, mais aux « instruments de travail » tout à fait adéquats.

PRESIDENCIA

Le président, parce qu'il est gouverneur, alcade ou commissaire de police n'est pas forcément connaisseur en matière de tauromachie. C'est pourquoi en 1923, l'administration espagnole, qui comme ses consœurs pense à tout, promulga un décret instituant un corps d'assesseurs techniques recrutés principalement parmi les anciens professionnels, chargés de conseiller discrètement les excellences.

Suivons donc une présidence, un jour de corrida.

Vers midi, tout de sombre vêtu et cravaté, le président (et sa suite) pénètre dans le patio des cuadrillas. On lui présente une caissette dont il fait sauter les scellés pour en distribuer le contenu aux picadors : ce sont les pointes des piques portant un timbre du syndicat des spectacles prouvant qu'elles sont bien conformes au règlement. Il en profite pour distribuer aussi aux dits picadors quelques avertissements d'avoir à se bien conduire sous peine de voir pleuvoir les *multas* (amendes) prévues au dit règlement. Puis il s'achemine vers les corrales où ont lieu le *sorteo* et *l'apartado* : le tirage au sort des lots de toros entre les représentants des matadors et le triage des bêtes qui sont enfermées dans les loges obscures du toril.

Il va passer alors un assez inconfortable après-midi car la charge n'est pas de tout repos. Il devra suivre avec attention tout ce qui va se passer dans le ruedo, prendre des décisions et... des risques. Ceci en deux occasions surtout : pendant le tercio de piques où il devra juger du degré de châtiment subi par le toro et arrêter ou prolonger en conséquence le tercio, et lorsque tout sera fini lorsqu'il lui faudra attribuer les récompenses. Dans les deux cas, il fera rarement l'unanimité.

La panoplie du président se compose de 4 mouchoirs et d'un opuscule rébarbatif comme le sont tous les règlements. Les mouchoirs, eux, sont de différentes couleurs : blanc pour diriger les opérations et distribuer les récompenses, vert pour ordonner le retrait d'un toro inapte au combat, rouge pour ordonner la pose de banderilles spéciales pour toros couards et bleu pour octroyer à la dépouille d'un toro exceptionnel les honneurs du tour de piste.

A côté de cet étalage de lingerie, 138 articles d'un règlement dont la dernière mouture date du 15 mars 1962. Cinq fois modifié en 45 ans, surtout en ce qui concerne le poids minimum des toros et le tercio de piques, le règlement est la bible de l'aficionado. Promulgué avec le souci de préserver l'éthique de la corrida, il garantit — autant que faire se peut ! — l'intégrité du toro et l'honnêteté des conditions de la lidia. Comme le disait un président des courses de Bilbao : « Le seul qui ne puisse se faire entendre est le toro, c'est pourquoi je suis là pour le défendre ».

En France, où la *fiesta* n'est pas « nationale » mais tolérée depuis l'amendement de la loi Grammont, il n'y a pas de règlement et donc rien qui entrave les agissements des taurins qui ont tendance à se référer à la loi espagnole lorsqu'elle leur est favorable, pour l'ignorer lorsqu'elle devient gênante. Il faut toutefois considérer qu'ils ne le font pas autant que l'absence de règlement leur permettrait de le faire. Peut-être est-ce une conséquence de l'action des aficionados. Le président français se trouve ainsi désarmé et son seul secours est d'appeler le fautif au palco pour lui administrer une remontrance publique dont le torero n'a cure.

PROBON.

De *PROBAR* : essayer, tater.

Terme spécifiquement taurin qui qualifie un toro donnant l'impression qu'il va amorcer sa charge parce qu'il remue la tête ou avance une patte mais retarde très longtemps son démarrage.

PRONTO : Prompt.

Un toro *pronto* est un toro dont la charge se déclenche à la moindre sollicitation.

PRUEBA DE CABALLOS : Essai des chevaux (des picadors avant la course).

GANADERIA EN PERIODE DE PRUEBA : Voir *ganaderia*.

PUBLICO : Public.

C'est le nerf moteur de la corrida : l'argent sans lequel elle n'existerait qu'à l'état de petit spectacle offert par un mécène comme le fait l'éleveur dans ses arènes privées à l'occasion des *tientas*. C'est au spectateur que l'on doit l'évolution, l'édulcoration de la corrida. L'élévation du niveau de vie en Espagne et l'avènement d'un tourisme forcené ont amené aux arènes des publics qui y ont apporté leur dynamisme et une masse de capitaux mais aussi leur ignorance et leur sensiblerie.

Nicolas Salas a ingénieusement classé les spectateurs des corridas en quatre catégories :
1 - les aficionados* (*toristas*),
2 - les spectateurs type (*toreristas*, voir *aficionado*),
3 - les spectateurs éventuels : touristes,
4 - les spectateurs passifs : invités, ceux qui viennent se montrer à la barrera, ceux qui accompagnent un invité ou un étranger...

Bien entendu, la composition du public varie suivant les plazas et les événements tauromachiques. La proportion de toristas est la plus forte à Bilbao, celle de spectateurs éventuels à Palma de Mallorca... Mais il semble que l'on puisse arrêter la proportion moyenne des différentes catégories à :
— 20 % pour les toristas (peut-être en étant optimiste)
— 30 % pour les toreristas
— 30 % pour les éventuels
— 20 % pour les passifs.

PUEBLERINO : Villageois, provincial.

Peut s'appliquer à un torero ou à une faena.

Un torero *pueblerino* est un torero que son art (ou plutôt son défaut d'art) condamne à ne travailler que dans les arènes de village où le public fruste se laisse prendre à des trucs spectaculaires qui cachent l'incompétence. On doit remarquer pour la défense des populations de pueblos que ces mêmes trucs enchantent toute personne, même citadine, même intellectuelle, qui n'est pas au fait de la tauromachie.

Une faena pueblerina peut être exécutée par un grand maestro qui, confronté avec un public pueblerino, décide de lui « en donner pour son argent » et s'abaisse au rang du torero pueblerino. Cette concession à la vulgarité peut être compréhensible mais elle est toujours condamnable.

PUBLICO

PUENTE TRAGICO : Pont tragique.

Juan Anlló « Nacional II », grâce à sa haute taille, parvenait, en dessinant une véronique, dressé sur la pointe des pieds, à se courber sur la bête la regardant défiler comme sous un pont. La véronique y gagne en émotion ce qu'elle perd en limpidité et en harmonie.

Il ne faut pas confondre ce « pont tragique » avec le « pont de la mort » donné parfois par les tremendistes : c'est une passe de muleta de la droite dans laquelle le torero fait face à la barrière et pique le bout du *palillo** dans les planches ; la bête doit passer sous le leurre entre la barrière et le torero ce qui peut paraître démentiel si l'on ne sait pas que cette suerte ne se donne qu'à des *mansos** ou des *querenciosos** attirés par l'abri des planches.

PUESTO.

Du verbe PONER qui signifie énormément de choses.

On dit d'un torero qu'il est *puesto*, lorsqu'il est « fait », achevé : lorsqu'il a terminé son apprentissage et qu'il est apte à alterner en corrida de toros. Ne devraient prendre l'alternative que des toreros puestos.

PUNTILLA ou CACHETE

PUNTA : Pointe.

PUNTA DE GANADO : Pointe de bétail.

Troupeau peu nombreux. Le troupeau important se dit *paria*.

PUNTA DE CAPOTE : Pointe de cape.

C'est par la pointe de la cape de travail tenue dans la seule main droite, que les subalternes devraient, suivant le règlement, courir les toros lorsqu'ils entrent dans le ruedo. Cette manière de toréer évite de faire retourner les bêtes trop sèchement, et donne de l'ampleur au mouvement permettant de mieux voir les réflexes du toro. Elle est en outre fort belle à voir. Malheureusement son éxécution est difficile et rares sont les subalternes de classe qui s'y consacrent.

PUNTAZO : Coup de pointe.

Voir *cogida*.

PUNTERO : De pointe, le meilleur.

Torero puntero : Torero de tout premier plan.

PUNTILLA ou CACHETE.

Poignard servant à donner le coup de grâce au toro couché après l'estocade ; il doit viser le bulbe rachidien et être donné avec précision et rapidité. Lorsque le puntillero (ou cachetero) rate son coup, il provoque une réaction du toro qui se remet sur pied déchaînant la colère de la foule... et celle du matador qui se voit ainsi contraint à descabeller.

Ainsi, le banderillero « Malaver », gravement malade, reçut la visite d'un ami qui s'étonna et se réjouit de le voir dans son jardin.

PUNTILLA ou CACHETE

Comme il lui disait qu'il le croyait obligé de garder le lit, « Malaver » répliqua :
— « C'est que je me suis relevé sous la puntilla ».

Francisco Montes a donné les dimensions de la puntilla dans des termes d'époque : *pulgada* (pouce) pour le diamètre, et *tercia* (pied) pour la longueur. Disons que ce poignard mesure 10 à 15 centimètres.

Il fut un temps où certains puntilleros étaient d'une adresse digne des meilleurs cirques, ils donnaient alors le coup de grâce en lançant la puntilla qui faisait un tour avant de se ficher dans le bulbe rachidien du toro, on appelait ce coup : « *de ballestilla* ».

Avant l'époque du caparaçon ou peto, on puntillait aussi les chevaux blessés.

PURO : Cigare.

Cigare en général mais plus spécialement de la Havane, car, comme le disait un vieux planteur brésilien à Zino Davidoff, le pape européen du cigare : « Fils, tu aimes le tabac. Va à Cuba, sur les terres rouges. Tu y découvriras le puro. Et rien d'autre n'existera plus pour toi ».

Le puro est un accessoire essentiel dans la panoplie du parfait taurin. Il aide aussi l'aficionado à supporter une corrida pesante. Rafael « El Gallo » disait : « Boire du café est une *exquisitez* et fumer un bon cigare, la gloire. Café et cigare. Je ne demande pas plus pour être un homme heureux ».

Toutes les grandes marques ont fabriqué des *coronas* bagués aux armes des grands toreros et ganaderos que ceux-ci ont distribué généreusement à leurs amis et admirateurs. Malheureusement pour les taurins, le prix des puros de havane atteint de tels sommets qu'il faut être pour le moins apoderado du « Cordobés » pour s'y adonner avec continuité.

PUYA.

Synonyme de *Pica**.

PUYAZO : Coup de pique.

Hierro des heritiers de Flores Albarran

QUANDO HAY TOROS NO HAY TOREROS.

« Lorsqu'il y a des toros, il n'y a pas de toreros » : sous-entendu des toros-toros et des toreros-vedettes. Aphorisme rarement démenti.

QUERENCIA.

Littéralement, la querencia c'est l'instinct qui ramène les animaux vers un endroit favori, l'attachement de l'animal pour certains endroits. Par extension, la querencia c'est aussi l'endroit favori de l'animal, le gîte, le refuge.

En tauromachie, c'est l'endroit de l'arène adopté par un toro pour y faire face à son adversaire, le torero. Bien entendu, ce choix n'est le fait que de rares toros, soit parce qu'ils sont avisés, soit parce qu'ils sont *mansos**. Le terrain naturel du toro est le centre de la piste. Les querencias dites « naturelles » sont toujours le long de la barrière et près de la porte du toril, celle-là parce que la bête y trouve refuge en s'acculant à quelque chose de sûr et celle-ci parce qu'il est sorti par cette porte pour entrer dans un univers hostile et n'aspire qu'à retrouver son gîte précédent. C'est en partie pour limiter les querencias que les pistes sont rondes.

Il y a d'autres querencias dites « accidentelles » et qui peuvent s'éloigner de la barrière : un endroit de la piste plus humide ou plus meuble, l'emplacement où un précédent toro a été abattu et qui conserve l'odeur du sang, l'endroit où le toro peut plus facilement sauter la barrière pour se réfugier dans le callejon.

Travailler un toro *querencioso* n'est pas de tout repos. Il y a deux possibilités : sortir la bête de son refuge ou choisir de l'y travailler.

Il est essentiel pour le torero de tenter de faire sortir le toro de sa querencia car il y est plus dangereux. Lorsqu'il en sera sorti, le torero devra veiller à l'empêcher d'y retourner. Il ne devra lui laisser ni champ ni répit.

Il arrive que, soit par incompétence du matador, soit parce que la tendance du toro est au superlatif, la bête refuse de se laisser déloger. Le maestro devra la tuer dans sa querencia et pour cela lui donner la sortie de la suerte vers celle-ci. Il pourra choisir aussi de faire une faena qui ne peut qu'être extrêmement méritoire étant donné le danger qu'elle suppose.

QUIEBRO : Ecart.

Ce mot sert à définir une manière brillante de poser les banderilles

QUERENCIA

et on ne la voit guère effectuée de nos jours que par les maestros eux-mêmes et de très rares grands peones dont Luis Gonzalez était le plus notable représentant.

L'histoire rapporte que Antonio Carmona « Gordito », qui était autant gymnaste que torero, cloua ainsi les palos pour la première fois à Sevilla, le 19 avril 1858, dans l'enthousiasme général. Le Marquis de Salamanca, surnommé le *Buckingham espagnol*, envoya aux pieds du banderillero deux cigares somptueux enroulés dans un billet de mille pesetas. mais la planche 15 de la Tauromachie gravée de Goya nous montre déjà *el famoso Martincho poniendo banderillas al quiebro* (1816).

Quoi qu'il en soit la suerte se pratique ainsi : le torero se place en face du toro, talons joints et provoque la charge par des cris ou des sautillements. *A jurisdiccion,* l'homme, faisant un pas latéral, se fend sur un côté infléchissant dans ce sens la course du toro. Le torero se redresse alors vers sa position primitive et pose les bâtons pendant que le toro baisse la tête.

La suerte est effectivement très belle lorsqu'elle est exécutée avec pureté et sérénité et les nombreuses fantaisies dont on a voulu l'agrémenter ne lui apportent rien de plus. « Gordito » la pratiquait couramment avec un camarade couché à plat ventre entre ses jambes. « Alcalareño », Antonio Fuentes posaient volontiers un pied sur un mouchoir pour en souligner l'immobilité, d'autres enserraient leurs mollets par des chaînes ou dans un cerceau pour limiter l'ampleur de l'écart. La principale « amélioration » que se permettent les toreros actuels consiste à utiliser des banderilles courtes ce qui enlève en grâce ce que cela peut apporter en émotion, le torero ayant l'air de poignarder la bête.

La suerte al quiebro est en général donnée le long de la barrera, la feinte de jambe et de corps étant marquée du côté opposé, vers le terrain du toro. Il est méritoire de la faire au centre du rond, téméraire de la servir *a porta gayola** comme le faisait « Gordito ».

Teruel, « Paquirri », L.-F. Esplà, « Nimeño II », Richard Milian sont parmi les diestros actuels affirmés ceux qui prennent le plus volontiers les banderilles et ils donnent la suerte al quiebro quand les conditions du toro le permettent.

La suerte de *topa carnero** est considérée comme l'ancêtre du quiebro qui l'a depuis longtemps supplantée.

QUINTO : Cinquième.

S'emploie dans l'expression *No hay quinto malo* qui signifie qu'il n'y a jamais de cinquième toro mauvais au cours d'une corrida. Affirmation qui a autant de valeur que par exemple. « Nous vaincrons parce que nous sommes les plus forts ».

Il semble que l'origine du dicton soit controversée. Pour les uns, lorsque les éleveurs étaient maîtres de fixer l'ordre de sortie de leurs bêtes, pour ménager l'intérêt croissant de la course, ils plaçaient en cinquième lieu le toro qui leur paraissait devoir être le meilleur. Pour d'autres, le dicton étant très ancien, c'est pour ne pas le faire mentir que les éleveurs plaçaient là la bête en qui ils avaient le plus confiance.

QUITE.

De *quitar :* enlever, ôter (... le toro).

Le quite est d'abord « l'action de faire s'éloigner le toro de l'endroit où il pourrait blesser un torero » (Cossío). C'est avant tout le secours porté à personne en danger, magnifié dans l'arène par la solidarité qui lie des hommes exerçant un métier dangereux. Le torero — et singulièrement le chef de lidia — ne doit pas quitter le toro des yeux et être prêt à intervenir aussi vite que possible pour écarter le toro d'un picador tombé, d'un banderillero qui vient de clouer et que le toro poursuit, d'un diestro en difficulté. Le quite est fait ainsi le plus souvent avec la cape mais l'urgence peut tout justifier. On a vu faire des quites par des coups de poing sur le frontal du toro ; on a vu le grand Montes, dans un *quite a cuerpo limpio* (à corps découvert) détourner le toro vers lui puis faire un écart si prodigieux que la bête a roulé à terre sous les acclamations ; on voit assez souvent des quites *coleando,* en tirant la queue du toro.

Mais le quite le plus dramatique — et malheureusement inefficace — fut celui donné à « Curro Guillen » par son ami « Juan Leon ». Curro avait été pris à la cuisse droite et le toro retournait vers lui. « Juan Leon » se jeta purement et simplement sur les cornes du toro qui prit Guillen sur la corne droite et Leon sur la gauche, et les souleva ensemble. Miraculeusement Leon, chez qui la corne s'était insinuée entre la manche et l'épaule droites s'en tira sans dommage.

Le premier matador de toros a être tué dans l'arène fut « José Cándido Exposito », en 1771 au Puerto de Santa Maria par un toro de Bornos ; il fut pris alors qu'il faisait un quite au picador « Chiquilin » qui venait d'être désarçonné.

Lorsque Manolo Granero fut tué en plaza de Madrid, ses partisans et le public de Valencia où il était né, reprochèrent injustement à Marcial Lalanda de ne lui avoir pas fait le quite pour se débarrasser d'un rival gênant.

Un quite opportun constitue un des gestes les plus émouvants que l'on puisse voir dans un ruedo et le mot quite entre naturellement dans le vocabulaire de l'aficionado, comme le remarque « Tio Pepe », qui donne l'exemple suivant : « J'étais la proie d'un raseur, merci de m'avoir fait le quite ! ».

Mais le quite a une autre signification. Le mot s'applique à l'action du matador qui écarte le toro du cheval à la fin d'une pique. Le toro devant en principe prendre les trois piques règlementaires, il devrait y avoir trois quites au premier tiers et l'usage veut que le premier soit fait par le diestro qui a la charge du toro — matador de turno — et les suivants par ordre d'ancienneté. Le quite, fait de quelques lances de capote, sert au matador

QUITE
(Limeño à Nîmes)
Photo L. Clergue.

à apprécier les facultés du toro après le châtiment et à briller en étalant sa science et son art dans le toreo de cape si riche en possibilités. On parle ainsi de *quite par chicuelinas, par gaoneras,* de *quite de la mariposa* et quelques-uns garderont le souvenir ébloui d'un « duel de quites » auquel se sont livrés Antonio Ordoñez et Curro Romero à Sevilla en 1967.

Plus loin de nous, « Chicuelo », « Gitanillo de Triana », Rafael « el Gallo », Marcial Lalanda étaient coutumiers de quites qui vivent dans la mémoire des aficionados les plus anciens. Mais l'exploit le plus étonnant revient peut-être dans ce domaine comme dans bien d'autres à « Joselito ». En juillet 1914, il s'était « enfermé » à Madrid avec 6 Martinez — et il devait céder à la pétition du public qui exigea en plus le *sobrero* — en un temps où les toros prenaient volontiers au moins trois piques. Il effectua tout seul tous les quites sans refaire deux fois la même figure de cape !

Les temps ont bien changé. Pour des raisons diverses, les toros ne prennent plus guère qu'une pique et le premier tiers devient pour le matador la *suerte de quitar... la montera* (Bollain), pour demander à la présidence le retrait rapide des picadors.

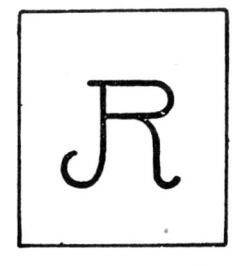

Hierro de David Ribeiro Telles

RABO : Queue.

Voir *Trofeos*.

RACHA : Veine, chance.

MALA RACHA : Déveine, malchance ; synonyme de *MALA SUERTE* ou *MALA PATA*.

« Mala pata ! » grogna « El Espartero », le 27 mai 1894, alors qu'il se rendait aux arènes de Madrid ou Perdigon de Miura devait le tuer quelques instants plus tard. La voiture qui l'y amenait venait de croiser un enterrement.

RAYAS : Raies.

« Le matin du jour de la corrida, on tracera sur le sol de la piste, avec de la peinture de couleur adéquate, deux circonférences concentriques à une distance du marchepied de la barrière de sept mètres pour la première, de neuf mètres pour la seconde. En se plaçant pour la suerte des piques, les picadors ne pourront s'avancer au-delà de la première ; le toro lorsqu'il sera mis en suerte, ne pourra être amené au-delà de la seconde ». (Article 81 du règlement).

Bien entendu, il faut comprendre que le picador doit rester entre la barrière et la raie la plus proche de celle-ci, et que le toro doit demeurer entre le centre et la raie la plus proche de celui-ci.

Dans son esprit cette règle cherche à assurer au toro une chance de se défendre plus efficacement du picador. Avant qu'on ne l'édicte, le picador adossé à la barrière recevait l'assaut du toro en toute sécurité, il ne pouvait y avoir de chute sans effort exceptionnel ; d'autre part, si le torero plaçait la bête tout près du cheval, celle-ci n'avait aucun champ pour prendre son élan. Maintenant il y a obligatoirement deux mètres au moins pour permettre au toro de s'élancer et il a sept mètres de champ avant que le groupe équestre puisse s'adosser aux planches.

Encore faut-il que, pour profiter des avantages que le règlement lui donne dans le respect de l'éthique tauromachique, le toro ait les forces suffisantes.

Malheureusement le punch se fait rare chez le toro moderne et les chutes de picadors tendent à devenir exceptionnelles.

On attribue à Domingo Ortega l'initiative de cet article du règlement.

REATA : File.

En argot taurin c'est la filiation dans le bétail. Il est de tradition que le veau ou la génisse prenne ainsi le nom de la mère.

Le toro Destenido de Juan Pedro Domecq qui fut grâcié lors de la corrida-concours de Jerez de la Frontera, le 11 septembre 1955, était fils de la vache n° 696 dénommée Destenida. En 1952, naquit une génisse de cette même vache et on l'appela naturellement Destenida ; elle se montra supérieure lors de la tienta et devint à son tour reproductrice.

REBOLERA
(Julio Aparicio à Arles)
Photo L. Clergue.

REBOLERA.

Lance de cape qui en général termine une série et constitue un *remate**. Le torero ne tient la cape que d'une main — il s'agit donc d'une *larga** — et pivote vivement en repliant son bras dans son dos. L'action imprime à l'étoffe un mouvement tournant qui la soulève et la fait onduler et son vol s'achève devant le muffle du toro qui s'immobilise cependant que l'homme s'éloigne (voir *SERPENTINA*).

RECARGAR : Recharger.

Lorsque le torero « quite » un toro de la pique et l'attire vers le centre, la bête, si elle est très brave, peut revenir sur le cheval aussitôt, sans qu'on l'y invite, et « recharger ». C'est un signe de caste.

RECELOSO : Méfiant.

Toro qui hésite longuement avant de charger, tardant à choisir le leurre ; qui ne tardera pas à s'aviser.

RECIBIR : Recevoir.

Façon de porter l'estocade en recevant, immobile, le toro et non en se jetant sur lui selon la technique habituelle du *volapié**.

En fait, tuer *a recibir* est la quintescence du toreo.

Car cela suppose :
— en premier, un toro qui ait de la charge et qui réponde encore, en fin de faena, à la moindre sollicitation de la muleta ;
— en second lieu, un torero qui domine à tel point la situation, qu'il puisse à la fois, par la muleta tenue dans la main gauche, capter puis dévier la charge du toro, c'est-à-dire toréer, et en même temps, de la main droite, loger l'épée.

De fait, si de nombreux volapiés permettent au torero de tricher en se jetant hors de la trajectoire du toro, le recibir qui suppose l'immobilité du torero, exige une déviation de la trajectoire du toro vers l'extérieur. Cela ne peut être obtenu que si la cruz (croisement du bras qui porte l'épée sur le bras gauche qui dévie la charge) est parfaitement réalisée.

On comprendra, au vu de ces exigences que la suerte de recibir

RECIBIR

tombe en désuétude et on sera reconnaissant à ceux des matadors qui la présentent parfois.

RECONOCIMIENTO : Reconnaissance.

Agrément des toros pratiqué dès leur arrivée aux corrales par les vétérinaires officiels chargés de la police sanitaire et de l'application du règlement taurin... dans les pays où il a valeur légale (article 72 et suivants).

Cet agrément doit porter non seulement sur les qualités sanitaires des animaux (absence de maladies légalement contagieuses et de fièvre aphteuse notamment) mais aussi sur l'aptitude des toros au combat. Après vérification des documents sanitaires d'origine, les vétérinaires doivent apprécier « l'état de santé, l'âge, le poids apparent, les défenses... et en général tout ce que requiert le type zootechnique du toro de combat ».

Ceci implique donc le refus éventuel de certains toros et leur remplacement par des sujets plus conformes.

RECORDS.

L'esprit de la corrida s'accommode mal de la notion de record. On peut cependant retenir certaines performances plus ou moins discutables.

Voici les records des contrats honorés dans une temporada :
— 1°) « El Cordobés » en 1970 avec 121
— 2°) « El Cordobés » en 1965 avec 111
— 3°) Juan Belmonte en 1919 avec 110

JOSELITO

— 4°) « El Cordobés » en 1967 avec 109
— 5°) Arruza en 1945 avec 108
— 6°) « Joselito » en 1916 avec 105
— 7°) « Joselito » en 1917 avec 103
— 8°) « Joselito » en 1915 avec 102
— 9°) Miguel Marquez en 1968 avec 101
— 10°) Luis Miguel « Dominguin » an 1948 avec 100.

Ces dix performances sont les seules dépassant et atteignant le chiffre de 100, dans l'histoire de la tauromachie.

Les meilleures « séries » ont été réalisées par :
— « Guerrita » au XIX° siècle, en tête de la catégorie pendant ses 12 ans de carrière de 1888 à 1899, avec environ 80 contrats par an,
— « Joselito » premier de 1913 à 1918 inclus.

En ce qui concerne les novilleros :
— 1°) « Litri » en 1949 avec 114,
— 2°) « El Cordobés » en 1962 avec 109 (c'est le seul record que le *fenómeno* ne pourra jamais accrocher à son palmarès).

Ce sont les deux seuls novilleros « centenaires ».

En ce qui concerne les rejoneadores : Angel Peralta a toréé en 1970, 93 fois, ce qui dépasse de loin toutes les performances jamais réalisées par un caballero en plaza.

Le record des oreilles obtenues après une faena appartient sans doute à Chicuelo. Il toréait des toros d'Albasserrada à Barcelone en 1925, et devant le cinquième surpassa Belmonte avec qui il alternait, avant de porter dans les règles une demie estocade *en todo lo alto*. Puis à ce toro mourant et titubant il donna encore trois naturelles miraculeuses avant que la bête s'écroule. Il obtint tous les trophées. Et lors de la vuelta triomphale qui suivit, un spectateur qui avait conservé une oreille d'un toro précédent la jeta aux pieds de Chicuelo, qui devint ainsi le seul matador a avoir reçu pour la mort d'un toro trois oreilles et la queue.

Le record des piques acceptées par un toro se partage entre Centella de José Maria Torres (1851 à Cádix) et Llavero du Comte de Espoz y Mina (1860 à Zaragoza) : 53 piques chacun.

Le record des chevaux tués reste à Bailador de Fontecilla (Linarés 1883) : 14 chevaux. A partir de la mort du 6ᵉ, le public demanda et obtint de la présidence que la musique accompagne le combat de ce *toro de bandera**.

Le record des amendes infligées à un ganadero pour une même corrida semble être à l'actif des senores Algarra Polera de Sevilla. Pour une corrida de toros lidiés à Motril, le 1ᵉʳ mai 1968, ils durent payer :
— 90.000 pesetas pour défaut d'âge des 6 bêtes
— 122.600 pesetas pour manque de poids.

Soit environ 25.000 francs, le prix du lot à l'époque.

Il est extrêmement difficile d'établir le record des honoraires perçus par un torero ne serait-ce qu'à cause des dévaluations qui rendent les calculs approximatifs. Il semble toutefois que ce record soit détenu (toutes catégories) par « El Cordobés ». Le record aurait été établi le 13 juin 1971 à Jaen à l'occasion d'une corrida télévisée retransmise aux U.S.A. par satellite.

Quant au record des événements les plus extraordinaires intervenus dans une plaza, il semble qu'il soit la propriété de la ville castillane de Burgos où, le 17 mai 1860 toréaient les cuadrillas de El Relojero et Gregorio Lopez.

Les cinq premiers toros tuèrent tous les chevaux de picadors. Les toreros se refusèrent à poursuivre la corrida. La présidence ordonna aux picadors de faire leur travail... à cheval sur la barrière sous peine de finir la journée en prison; Ils s'exécutèrent et l'on imagine la suite du « spectacle ».

Le record des sauts dans le *callejon** est à l'actif de Granizo de Carlos Lopez Navarro (Madrid, 1884) : 22 sauts et 6 tentatives infructueuses : difficile à battre !

REFILON (DE) : En passant.

REFILON : coup de pique superficiel donné au passage au toro sans que celui-ci entre en suerte parce qu'attiré par un leurre ou fuyant le contact.

REGALO : Cadeau.

On dit ironiquement de quelque chose que c'est un cadeau lorsque précisément ce n'en est pas un. Pour le matador, le toro difficile fait partie de cette sorte de cadeaux.

En contrepartie, sont le plus souvent des cadeaux pour lui, les oreilles généreusement dispensées par un public facile à enthousiasmer (pour la première) et par un président qui ne l'est pas moins (pour la seconde).

REGATON.

C'est le bout de la hampe de la pique, opposé au fer.

Lorsqu'on veut juger de la bravoure d'un toro et, pour cela, lui faire charger le picador à nouveau, dans une ou plusieurs rencontres alors que le châtiment subi est déjà suffisant, le piquero retourne son arme.

Cette suerte n'est utilisée qu'en corrida-concours ou devant un public très entendu, c'est-à-dire très rarement.

REGISTRO DE NACIMIENTO : Registre des naissances.

Un décret du gouvernement espagnol, en date du 4 avril 1968, a créé le *Libro Registro de Nacimiento de Reses Bravas* (registre de naissance du bétail bravo).

Dans les trente jours de sa naissance, chaque bête doit être inscrite sur un Registre d'élevage et sa déclaration de naissance faite aux Services Provinciaux qui l'enregistrent. Cette inscription au registre s'accompagne du marquage du chiffre de l'année de naissance (voir *herradero*).

Lorqu'un toro est vendu, il doit l'être accompagné d'un extrait du registre, délivré par le Ministère de l'Intérieur (*Gobernacion*) et le Ministère de l'Agriculture, portant :
— la date de naissance et le numéro d'inscription au registre,
— le nom de la ganaderia,
— les fer, devise, señal de l'élevage,
— le numéro individuel de marquage,
— la couleur de la robe.

RECORTE.

De Recortar : Couper.

Action de couper brusquement la charge du toro en maniant le leurre avec brusquerie et en évitant qu'il ne se déploie. Le toro qui poursuit ainsi une cape ou une muleta s'arrête brutalement, tordant le cou dans la direction de la proie qui se dérobe, soumettant ainsi son ossature à rude épreuve. La conséquence d'un recorte est souvent la chute du toro.

Le recorte peut s'effectuer aussi à *cuerpo limpio**, sans leurre. C'est une façon pour les banderilleros d'échapper à la poursuite du toro. Le *quiebro** est un recorte.

Dans une certaine mesure, des véroniques données à toile réduite, sans décoller les bras du corps, en jouant sèchement du poignet, sont autant de recortes. Cette façon de toréer (de cape ou de muleta) qui s'apparente au maniement d'une manivelle (*manivela*) a donné naissance au néologisme *manivelazo*.

On peut ajouter que les *remates** sont également des recortes.

RECURSO : Recours.

Aptitude à faire face aux difficultés du combat avec des moyens appropriés. Un torero de recours sait réduire les toros les plus difficiles par une lidia adéquate qui n'est, dans ces cas-là, ni artistique ni spectaculaire et n'est pas souvent appréciée à sa juste valeur par le public.

REDONDEL : Piste. Voir *Plaza*.

REDONDO : Voir *derechazo*.

REDUCIR : Réduire.

Réduire un toro c'est imposer à chaque bête le combat, parfois particulier, qui permettra d'entrer a matar. Le mot est plus spécialement employé pour qualifier le travail face à un toro difficile, *de sentido,* qui nécessite pour en venir à bout un torero de recours.

REEMBOLSO : Remboursement.

Les articles 56 et 58 du Règlement imposent à l'empresa le remboursement des billets aux porteurs qui en feront la demande lorsque la corrida devra être ajournée pour une cause imprévue (mauvais temps, refus des toros par les vétérinaires...) ou lorsque des éléments de l'affiche devront être remplacés (un ou plusieurs matadors, la moitié au moins des bêtes).

Lorsque la corrida est suspendue après avoir commencé, le remboursement n'intervient pas.

En France, le défaut de règlement officiel permet aux *empresas** d'agir à leur guise en cette matière. En général, il n'y a pas remboursement en cas de renvoi de la course ; en aucun cas lorsqu'il y a modification de l'affiche.

REGLAMENTO : Règlement.

L'éthique taurine commande que le combat de l'arène soit strictement réglementé afin d'équilibrer autant que possible la rencontre. C'est pourquoi un règlement officiel édicte, dans tous les pays où se déroulent des corridas (France exceptée) des prescriptions qui concernent :
— l'homme, ses armes, ses aides;
— la bête, les caractéristiques physiques qui en font un adversaire valable ;
— l'organisation de la rencontre afin que la sauvegarde du torero soit assurée en cas de blessure et les droits du public préservés ;
— le public et ses devoirs pour le maintien de l'ordre public.

Les premières manifestations d'autorité des pouvoirs publics en matière de corrida, remontent à 1770 avec les Ordonnances de Charles III. Mais c'est en 1847 que le premier véritable règlement fut promulgué par un certain Melchor Ordonez, *jefe politico* de Málaga, à l'occasion des corridas prévues dans cette ville, les 3 et 13 juin. Ce même règlement fut étendu à la plaza de Madrid en 1852 avant que n'intervienne en 1868 celui du Marqués de Villamagna. Plusieurs fois remanié (1880 - 1917 - 1923 - 1930 - 1943 - 1951 - 1953 - 1956), il a abouti à l'actuel Règlement Taurin du 5 mars 1962 que les gouverneurs de Province et les Présidents des corridas sont chargés de faire respecter. A la suite de la reconnaissance de la corrida en France, avec l'amendement de 1951 à la loi Grammont, il était permis de supposer que le règlement espagnol serait repris et adapté à notre pays. Il n'en fut rien sous prétexte de ne pas attenter « aux libertés municipales » derrière lesquelles s'abritèrent hypocritement certaines organisations commerciales.

REGULAR : Régulier.

Si dans la langue française, régulier signifie conforme aux règles, il n'en est pas de même dans la langue espagnole. Dans les années 50, les automobilistes qui fréquentaient (en nombre restreint) les routes espagnoles en ont fait l'expérience. Une route annoncée comme *regular* pouvait paraître, à l'usage, régulière pour les mulets et les chèvres mais certainement pas pour les délicates mécaniques qui quittaient la péninsule prêtes à rendre l'âme.

Si vous lisez dans un journal taurin que tel maestro, dans telle arène, a été *regular,* soyez assuré qu'il y fut minable ou au mieux, tout juste passable.

Regular était autrefois aussi un autre nom de la naturelle, *el pase regular.*

REHILETE.

Synonyme de *banderilla.*

REHILETERO : synonyme de *banderillero.*

REJON et **REJONEADOR.**

Voir *caballero en plaza.*

RELANCE (al) : Au hasard.

Lors de la pose des banderilles, la suerte al relance qualifie originellement un recours dans lequel le banderillero profite de la sortie d'une autre paire et de la course du toro pour clouer à tête passée.

Le nom est resté à la suerte préparée, avec deux toreros se plaçant en retrait l'un de l'autre, le premier

Un buen rejon.

REJON et REJONEADOR

effectuant un cuarteo dans un sens et le second immédiatement après un cuarteo dans le sens contraire. Quand la manœuvre est bien enlevée, la scène est agréable et rapide ; elle évite des capotazos de mise en suerte.

RELOJ. : Horloge, pendule.

« Dans toutes les plazas de première et deuxième catégorie sera installée une horloge en état de parfait fonctionnement et visible de la présidence » (article 23 du règlement).

Les plazas de toros, avec les stades de « futbol » sont en Espagne les seuls lieux où une horloge ait une quelconque importance puisqu'il est traditionnellement reconnu que la corrida est le seul rendez-vous dont l'horaire soit respecté. L'Espagnol qui se soucie habituellement de sa montre comme de ses premiers pneus cloutés, manifeste au premier top de l'heure de la course, une impatience stupéfiante.

L'horloge sonne également le glas des avis*.

REMATE : Terminaison, achèvement, couronnement.

Action de finir une suerte, une série de passes, par une passe différente et définitive qui fixe le toro, l'arrête, permettant au torero de s'effacer et couronnant la suerte de manière brillante.

A la cape sont des remates :
— la demi-véronique,
— la rebolera,
— la serpentina...

A la muleta :
— la passe de poitrine ou pecho,
— le molinete,
— le kikiriki...

Ces passes, parfois spectaculaires, sont fâcheusement enchaînées par certains toreros qui connaissent leur impact sur le public. Elles perdent alors leur finalité et, comme elles sont en quelque sorte des « recortes », le torero en vient à toréer ainsi irrégulièrement pour le plus grand plaisir des spectateurs non avertis.

On dit aussi qu'un toro *remate en tablas,* lorsqu'il donne de la corne sur les planches de la barrière ou du burladero.

RES : Animal, bête (de grande taille).

Synonyme de toro (*res vacuna :* bête à cornes).

RESENA : Compte rendu écrit d'une corrida.

Vous apercevrez parfois sur les tendidos le *revistero** de service, bloc sur les genoux et crayon en main, acharné à tout voir et à noter beaucoup. Sa *reseña* sera parfaitement incompréhensible pour le profane si celui-ci ne prend pas soin de se munir de ce dictionnaire pour y trouver l'explication des termes spécifiques dont elle sera truffée.

RESERVA : Réserve.

Le règlement prévoit le remplacement d'un certain nombre d'éléments de la corrida avant ou pendant la course. Ces « réservistes » sont :
— 1) *LE TORO* ou *SOBRERO.*

Pour une corrida de 6 toros, l'empresa doit prévoir un toro de réserve, et 2 pour une corrida de 8 toros. Ces « réserves » peuvent être d'un élevage différent de celui annoncé. Le réserve entre en piste lorsque l'un des toros du lot a été refusé par les vétérinaires, ou lorsqu'il se révèle impropre au combat (pour boiterie par exemple), ou lorsque le président le renvoie au toril pour *mansedumbre* excessive. Un matador ne peut offrir de tuer en supplément le toro de réserve, ceci afin de préserver l'égalité des chances entre les toreros qui alternent. Par contre, si un torero est opposé seul à six toros, il peut offrir d'en tuer un septième. Cette pratique est courante en Amérique du Sud et au Mexique.

Le 16 octobre 1913 à Madrid, lors de l'alternative de Juan Belmonte, la présentation des toros de Banuelos fut si défectueuse que cinq d'entre eux furent remplacés et l'on vit sortir onze bêtes. « Machaquito » qui tua le dernier, Belmonte étant blessé, se coupa la coleta la nuit même.
— 2) *LE MATADOR* ou *SOBRESALIENTE.*

Lorsqu'une corrida ne comporte qu'un ou deux matadors à l'affiche, l'empresa doit obligatoirement engager un novillero expérimenté destiné à tuer les toros restant après les blessures éventuelles du ou des deux matadors. Si le sobresaliente est mis à son tour hors de combat, la corrida est arrêtée.
— 3) *LE PICADOR*

Un picador de réserve doit être engagé par l'empresa pour pallier l'éventuelle blessure d'un de ceux faisant partie des cuadrillas des matadors qui alternent.
— 4) *LE CHEVAL DU PICADOR*

Quatre chevaux sellés de réserve seront à la disposition des picadors pour leur permettre d'en changer immédiatement en cas de nécessité pendant l'« actuacion ».

RETIRADA : Retraite.

Synonyme de *despedida**.

REUNION.

Rencontre du toro et du torero. Voir à *Jurisdiccion.*

REVISTA : Revue, périodique, magazine.

La plus ancienne revue spécialisée dans la tauromachie publiée dans le monde est française. « TOROS » (qui a succédé à « BIOU Y TOROS ») a été créée en 1925 par « Miqueleta » à Nîmes.

REVISTERO : Chroniqueur.

En Espagne, on trouve plusieurs revues spécialisées dans la tauromachie et les quotidiens d'information générale donnent tous une chronique taurine. La titularisation de cette dernière offrait des aspects particuliers, susceptibles de choquer ceux qui estiment que la presse doit être indépendante. A côté de certains journaux qui appointaient leurs critiques taurins, assurant ainsi leur objectivité, d'autres, et non des moindres, mettaient la chronique en adjudication. Elle allait au revistero le plus offrant. Le critique devait amortir son investissement et gagner sa vie et pour cela émousser son sens... critique, et se faire le propagandiste des différentes parties prenantes dans la corrida : éleveurs, organisateurs et toreros. S'instaurait alors un certain processus qui voyait des enveloppes se gonfler de billets proportionnellement au contenu dithyrambique des articles de leurs destinataires. Ces mœurs ont disparu.

Si dans les quotidiens la publicité est déguisée, dans les hebdomadaires, elle s'étale sans façons sur des pages entières, payées ouvertement, proclamant, à grand renfort de qualificatifs dont la langue espagnole est prodigue, les mérites que chacun s'octroie.

Ce goût immodéré du superlatif satisfait provoque une surenchère ridicule et finalement sans portée dans son outrance. Le sommet de l'opportunisme et du ridicule a été atteint en 1968 par un novillero qui, profitant de l'émotion soulevée par les premières greffes du cœur, faisait publier en toute simplicité : « Si un toro me tue, je donnerai mon cœur à qui en a besoin ! Un cœur pour tous ! ».

En France, les grands quotidiens du midi ont tous des revisteros attitrés.

REVOLCON : Chute.

En tauromachie : bousculade sans que le torero soit blessé.

REVOLTOSO : Turbulent, remuant.

En tauromachie : qui se retourne vite. Notons que le toro peut se retourner promptement soit parce que son tempérament (*genio*) le porte à s'apercevoir rapidement qu'il est berné par le leurre et dans ce cas il est *revoltoso*, soit parce que sa faiblesse et en particulier celle des pattes, l'empêche de prolonger son action et dans ce cas-là, son *genio* n'y étant pour rien, il n'est pas *revoltoso*.

RINCON : Coin.

Antonio Diaz Canabate (qui fut le brillant critique taurin du « Ruedo » pour lequel il créa une rubrique intitulée « La Planète des Toros », terme qui fit fortune) trouva ce délicat euphémisme pour qualifier l'emplacement sur le toro où Antonio Ordoñez avait tendance à faire pénétrer son épée. La formule, devenue le *rincon d'Ordoñez* », est passée dans le langage courant. Au point qu'Antonio Ordoñez, lui-même, devenu après sa retraite, empresa de diverses arènes a inauguré en grandes pompes dans cette ville une taverne baptisée *El Rincon d'Ordoñez*.

Ce fameux coin se trouve un peu plus bas que la croix dans un no man's land où l'estocade n'est plus ce qu'elle devrait être et n'est pas encore un *bajonazo**.

RODILLAS : Genoux.

PASE DE RODILLAS ou *RODILLAZO*.

Passe de cape ou de muleta effectuée avec un ou les deux genoux en terre.

D'abord réservé à certaines suertes précises (*doblones, largas cambiadas*), le procédé tend à gagner tout le répertoire à la faveur de la réduction du format des toros.

On en arrive à des aberrations comme celle de la passe haute de muleta à genoux ; cette suerte a pour but de faire relever la tête au toro qui humilie exagérément ; en se mettant à genoux le torero enlève toute efficacité à la passe.

D'après « don Ventura », le premier torero à avoir mis un genou en terre en toréant fut Francisco Montes, le 29 juin 1846, devant un toro de Hidalgo Barquero ; il reprit pour l'affirmer une resena de Joaquin de Lara :
« y Montes, despúes de un pase
« al natural y de pecho
« por lo corto, y el segundo
« con la rodilla en el suelo...

ROMANA : Romaine, balance.

DE MUCHA ROMANA : De beaucoup de poids.

TORO DE MUCHA ROMANA : Toro lourd.

RUEDO : Piste.

Voir « Arènes ».

PASE DE RODILLAS
(Molinete à genoux de El Cordobès à Nîmes)
Photo L. Clergue.

Hierro de Luis Algarra Polera

SACACORCHOS : Tire-Bouchon.

Se dit d'un torero qui se tortille en toréant.

SACAR LA ESPADA : Retirer l'épée.

Cette suerte en général réservée aux peones consiste à retirer l'épée du corps du toro après l'estocade soit pour accroître l'hémorragie interne et accélérer la chute de la bête, soit pour masquer un mauvais coup d'épée (en particulier lorsque l'estocade est *atravesada*). Le peon courant de l'arrière vers la tête du toro, donne sur le pommeau de l'épée un coup de cape tenue d'une main, le poids du capote entraînant l'arme.

Lorsque le toro est pratiquement « mort debout », le matador dans une sorte de desplante retire parfois lui-même l'épée, à la main, en se tenant sur la face de la bête. Le 26 mai 1958 à Nîmes, le mexicain Guillermo Carvajal, retira ainsi l'épée, en fit glisser la pointe le long du cou du toro de Carlos Nunez et acheva ce dernier d'un descabello foudroyant.

SALERO : Salière.

Au figuré : Charme, piquant, esprit.

Un torero qui a du *salero* est un torero qui a du sel, la pincée de poudre de perlimpinpin qui le différencie, qui le sort de l'anonymat ou du vulgaire. On dit aussi qu'il a le *duende* ou de la *salsa torera* (sauce torera). Il est aussi difficile d'expliquer le salero ou le duende d'un torero que de détailler le « chien » d'une femme ou d'analyser la « profondeur » d'un toreo. Les gitans sont normalement visités par cet esprit (« El Gallo », « Cagancho », « Gitanillo », Rafael de Paula...) mais d'autres toreros en sont pétris et ce sont les plus grands (« Chicuelo », les Vazquez, Antonio Ordoñez, Curro Romero...).

SALIDA - SALIR : Sortie, sortir.

Sortie est employé en pratique pour « sortie de suerte » et peut s'appliquer à l'homme et au toro. C'est à la fois la fin de la suerte et la direction que prend l'homme ou le toro en fin de suerte. Lorsque la sortie de l'homme se fait vers les barrières et celle du toro vers le centre, on parle de *suerte natural* ; de « suerte contraire » dans le cas inverse. Dans la suerte de piques il convient que le toro ne s'écarte du cheval que s'il est sollicité par la cape de l'homme, « sortir seul de suerte » est en effet le propre des toros qui manquent de bravoure vraie.

SALIR EN FALSO : Sortir en faux.

Dans la *suerte** des banderilles, il arrive que le toro ne réponde pas suffisamment au cite du torero. L'alternative pour l'homme est alors soit de tenter la pose des bâtonnets en sachant que le résultat sera défectueux ou la suerte dangereuse, soit de « sortir en faux », c'est-à-dire d'esquiver la charge insuffisante ou excessive du toro et de se replacer pour tenter à nouveau la suerte.

A noter que le règlement impose au banderillero qui aura fait trois sorties en faux de perdre son tour et d'être remplacé.

SALSA : Sauce.

Au figuré : charme, piquant.

SALSA TORERA : Apanage de la personnalité du torero au répertoire fleuri sans fadeur ; spécialité andalouse.

SALTILLERA.

De Saltillo, ville du Mexique.

La *saltillera* ou *talaverana* est une variante de la gaonera créée par Fermin Espinosa « Armillita Chico », né à Saltillo, dans laquelle le diestro pivote comme dans une chicuelina en faisant passer la cape par dessus les cornes et le dos du toro. C'est si l'on veut une *manoletina* (avant la lettre) exécutée avec la cape.

SALTOS

SALTOS : Sauts.

La très célèbre *Tauromaquia* de Francisco de Goya Y Lucientes est le fidèle reflet de ce que fut la corrida au XVIIIe siècle.

Certaines eaux fortes témoignent de suertes aujourd'hui disparues, en particulier les sauts par dessus le toro.

La planche 19 montre une « folie de Martincho » dans les arènes de Zaragoza : juché sur une table, les pieds entravés, le torero navarrais s'apprête à sauter sur le toro qui charge.

La planche 20 est consacrée à la « légèreté et l'audace de Juanito Apinani dans les arènes de Madrid » : c'est la suerte dite *salto de la garrocha* (saut à la perche), la seule du genre à avoir survécu jusqu'à nos jours où une paire de modestes toreros en ont fait l'essentiel de leur bagage technique. Le torero s'élance vers le toro qui le charge ; au moment où la bête baisse la tête pour donner le coup de corne, l'homme plante sa perche dans le sol entre les deux cornes et s'élève par dessus le toro.

Deux autres sortes de sauts étaient alors pratiqués :
— le saut *a trascuerno* (derrière les cornes) : les deux adversaires courant l'un vers l'autre, le torero, lorsque le toro baisse la tête pour frapper, saute la bête sans la toucher ;
— dans le saut *de testuz* (de front) le torero pose son pied entre les cornes prenant appui sur le frontal pour assurer son saut.

Ces deux dernières suertes sont encore pratiquées par les écarteurs landais qui parfois les compliquent en effectuant un saut périlleux par dessus la bête.

Ajoutons : le *salto de la rana* (saut de la grenouille) créé par El Cordobés. C'est une pitrerie athlétique : le torero à genoux se propulse verticalement en tournant sur lui-même. Cette suerte qui doit être donnée en série méduse le toro en même temps que le public. N'est pas à la portée de tous ceux qui ont voulu la réaliser.

SANGRE TORERA : Sang torero.

Voir *GUSANILLO*.

La sangre torera ni se compra ni se hereda (le sang torero ne s'achète pas ni ne se transmet) (*Frascuelo*).

SEGURIDAD SOCIAL : Sécurité Sociale.

Un décret en date du 8 juin 1972 a étendu aux toreros le bénéfice du régime de la sécurité sociale espagnole. En sont les bénéficiaires :
— les matadors de toros et de novillos et les aspirants,
— les rejoneadors,
— les sobresalientes,
— les subalternes et aspirants,
— les mozos de estoque et leurs aides,
— les puntilleros.

Ce régime est assorti d'une retraite dont l'âge a été fixé à 65 ans

SALTOS

pour les mozos et puntilleros et à 55 ans pour les autres professionnels.

La Sécurité Sociale a alors pris en charge le *Montepío de toreros**.

Le 1er mai 1973, le bénéfice de la sécurité sociale a été étendu à toutes les activités toreras y compris celles des nationaux dans les pays étrangers (Portugal, France et Amérique) alors que le décret de 1972 le réservait aux « professionnels espagnols résidant et exerçant normalement leur activité dans le territoire national espagnol ».

SEMENTAL : Etalon.

Dans une ganaderia de toros bravos, le mâle destiné à la reproduction connaît sa plénitude de pouvoir générateur entre 3 et 7 ans. Il peut alors couvrir normalement 40 à 50 vaches. On le réunit à elles au printemps et il reste en leur compagnie galante 5 à 6 mois.

Bien entendu, il est choisi en fonction du produit que l'on veut obtenir. Du côté physique, il sera par exemple *cornicorto* si l'on veut diminuer les armures des produits. Ce sont ses notes de *tienta* et son ascendance qui détermineront son choix du côté « caste ».

SEÑAL : Signe.

C'est avec le fer et la devise une des trois marques caractéristiques d'un élevage. *La señal* est une découpure particulière de l'oreille du toro effectuée, au cours de l'herradero (ferrade), avec un couteau effilé.

Le syndicat des éleveurs reconnaît 12 sortes de *señales*, les oreilles du toro peuvent être marquées de façons différentes et les combinaisons sont innombrables.

Les 12 *señales* sont :
— MUESCA (entaille) : demi-lune enlevée dans le bas de l'oreille ;
— PUERTA (porte) : morceau allongé enlevé en partant du bas de l'oreille et en suivant la courbure supérieure ;
— PENDIENTE (pendante) : l'oreille est fendue dans le sens de la longueur, la partie basse restant pendante ;
— GARABATO (crochet) : demi-lune enlevée dans le haut de l'oreille ;
— DESCUARTE (éperon) : quart supérieur et extérieur de l'oreille enlevé ;
— RABISACO (idem) : quart inférieur et extérieur enlevé ;
— HENDIJA ou HENDIDA (fente) : incision perpendiculaire dans le bas de l'oreille ;
— PUNTA DE ESPADA ou PUNTA DE LANZA (pointe d'épée ou d'oreille) : oreille découpée dans le sens de la longueur en forme de fer de lance ;
— ZARCILLO ou ARRACADA (boucle ou pendant d'oreille) : comme pendante mais découpée en dents de scie ;
— TRONZA (coupée) ou MEDIA OREJA (demie-oreille) : moitié extérieure de l'oreille enlevée par une coupe verticale ;
— HOJA DE HIGUERA (feuille de figuier) : pointes enlevées dans le haut et le bas figurant une feuille ;
— HORQUILLA ou HORQUETA (épingle à cheveux) : pointe enlevée horizontalement dans le milieu de l'oreille ;

L'oreille laissée intacte est dite OREJISANA. Par exemple la *señal* de Pablo Romero est : RABISACO EN LA DERECHA (oreille droite), HENDIDO Y MUESCA EN LA IZQUIERDA (oreille gauche).

En Camargue, la *señal* est dite ESCOUSSURO ou escoussure. Il n'y en a que 7 sortes :
— OSCO correspondant à MUESCA ou GARABATO ;
— EPERON correspondant à DESCUARTE ou RABISACO ;
— ARAMON correspondant à HORQUILLA ;
— OREILLE FENDUE dans sa demi-longueur ;
— OREILLE RASE correspondant à TRONZA ;
— DEMI-OREILLE ou TRANCHE DE MELON correspondant à TRONZA mais avec une coupe en diagonale ;
— OREILLE EN FEUILLE correspondant à HOJA DE HIGUERA.

L'oreille laissée intacte est dite OREILLE LIBRE.

SEÑORITO : Fils à papa.

Peut s'appliquer à un torero aux manières affectées ou à un fils de famille devenu torero.

SENTIDO : Sens, connaissance.

Qualité du toro, opposée à la noblesse, qui le pousse à discerner la présence de l'ennemi (pique, homme), à ne pas s'en laisser conter. Le toro de sentido est donc un animal « qui ne joue pas le jeu » et se révèle particulièrement dangereux.

SERIO : Sérieux.

TORERO SERIO : dont le jeu est sobre, sans fioriture ni effet ; caractéristique des toreros castillans (Domingo Ortega, El Viti...).

TORO SERIO : toro de respect répondant à toutes les caractéristiques du toro de combat : âge, poids, défenses, trapío, caste, puissance, nerf.

SERPENTINA : Serpentin.

Ou *LARGA SERPENTINA*. *Larga** utilisée par les diestros pleins de dextérité pour terminer une série de passes de cape. Le torero imprime un mouvement tournant dans le sens vertical à la cape qui figure ainsi une roue puis termine par une *rebolera**.

SESGO : Biais.

AL SESGO : En biais.

Cette manière de poser les banderilles est peut être la plus belle suerte qui se puisse voir au deuxième tiers et en tout cas une des plus risquées.

Elle nécessite des moyens physiques, une technique irréprochable et un certain courage.

Elle s'impose lorsque le toro a pris querencia* dans le terrain de la barrière. La façon méritoire d'exécuter la suerte est celle dite *al sesgo por dentro* dans laquelle la sortie du torero se situera dans un passage étroit entre un toro dangereux puisqu'*entablerado* et la barrière. Le banderillero cite au fil des tablas, parfois perché sur

SESGO POR DENTRO

l'estribo* : dès que le toro l'a aperçu, l'homme se précipite à toutes jambes vers la tête et sans *cuadrarse**, ce qui serait ici trop risqué, mais en « mettant les bras » cloue avant de poursuivre très vite sa course qui se termine souvent par un saut dans le callejon. Le maestro lorsqu'il prend en main les banderilles peut tricher dans les circonstances suivantes : il place dans le callejon un peon qui en agitant sa cape attire le toro vers la barrière donnant à croire qu'il y a pris querencia ; le passage *por dentro* est donc moins périlleux puisque le toro, dès que le peon a opportunément caché sa cape, est disposé à aller vers le centre.

Le *sesgo por fuera* doit s'envisager lorsque le toro est si près de la barrière qu'on ne peut passer entre elle et lui. Le banderillero court le long de la ligne de séparation des terrains inversés, cloue et sort vers le centre.

SILLA : Chaise.

La *Tauromaquia* de Goya témoigne aussi de suertes dans lesquelles une chaise joue le rôle d'accessoire.

Dans la planche 18, Martincho, dans les arènes de Zaragoza, s'apprête à exécuter le recibir assis sur une chaise, les pieds entravés, l'épée dans la main droite, un chapeau dans la gauche.

Plus tard, on a cité aux banderilles sur une chaise pour un quiebro dans lequel on se levait juste au moment de provoquer l'écart du toro.

Assez récemment c'est en voulant effectuer cette suerte que le modeste matador « El Bala » reçut une blessure qui conduisit à l'amputation du membre inférieur.

Il y a quelques années, Julian García, torero dont le répertoire se rapproche de celui des toreros-comiques, a inventé la suerte dite *del reclinatorio* (prie-Dieu) dans laquelle le torero cite à la statuaire à genoux sur le dit prie-Dieu.

SIMULACRO : Simulacre.

Dans les pays où tuer le toro est interdit, et dans les courses sans mise à mort, le torero simule l'entrée a

SILLA

SIMULACRO

matar avec une banderille.

Bien entendu, le toro est abattu dès qu'il sort du *ruedo*.

SINDICATOS : Syndicats.

Nous avons vu au mot *ganadería* les deux organisations professionnelles des éleveurs.

Les matadors de toros et de novillos sont groupés en syndicat chargé de défendre leurs intérêts. Dans les pays d'Amérique Latine et au Mexique, des organisations équivalentes discutent en particulier avec leurs empresas et les organisations espagnoles des conditions de participation des toreros espagnols aux corridas qui se déroulent dans ces pays. Ces syndicats ont réussi à imposer un torero national dans chaque course. Les affrontements entre syndicats espagnols et étrangers, en particulier mexicain, ont souvent tourné au conflit et à l'épreuve de force, au *pleito**, entraînant l'interdiction momentanée des toreros espagnols au Mexique et réciproquement. Les empresas, les apoderados, les subalternes, les mozos de espadas ont également des *agrupaciones sindicales*.

En 1934 existait même une « Union des Tailleurs et Loueurs de vêtements pour toréer ». Dans leur règlement on relevait un article menaçant de 300 pesetas d'amende tout sociétaire qui livrerait un vêtement à un client douteux.

SITIO : Place.

Ce terme est employé dans des sens divers.

Le sitio est d'abord l'emplacement sur lequel le matador doit se placer pour effectuer une suerte. Dans cette optique, le sitio est à considérer en fonction des terrains* et des *querencias** éventuelles du toro. Le torero doit aussi trouver les bonnes distances par rapport au toro, en fonction de sa charge, éventuellement de sa vue. Il convient aussi de déterminer s'il peut se placer *en la rectitud* ou s'il est nécessaire, pour déclencher la charge de se situer plus près de la corne contraire. Enfin, il faut parfois, entre deux passes « changer de sitio » pour améliorer son terrain.

Le mot sitio peut encore s'employer au figuré et, d'un matador qui n'arrive pas à trouver son rythme, à tenir ce qu'on espérait de lui, on dira par exemple qu'il « cherche son sitio » qu'il « ne parvient pas à trouver son sitio », et d'un matador qui l'a perdu qu'il « a perdu le sitio ». Plus rarement le sitio correspond à l'endroit où doit être portée l'estocade *en todo lo alto,* dans la croix.

SOBAQUILLO (DE).

De SOBACO : Aisselle.

Les banderilles sont placées *de sobaquillo* lorsque la rencontre de l'homme et du toro lors d'une pose al cuarteo ne se fait pas au point voulu et qu'au moment de clouer, le banderillero a dépassé la tête du toro. Il ne fait donc pas face à la tête et lance les palos en se retournant et par dessous son aisselle. Parfois cette manœuvre est involontaire et tient au ralentissement de la course du toro. Souvent elle est très volontaire et tient à l'accélération de la course de l'homme qui esquive ainsi l'essentiel du danger.

SOBRES : Enveloppes.

On donne ce nom aux pots-de-vin versés par les toreros, empresas et ganaderos à certains journalistes afin que leurs comptes rendus soient plus compréhensifs que critiques.

On dit aussi en parlant du contenu des dites enveloppes *el dinero de los periodistas* (l'argent des journalistes).

SOBRERO : Toro de réserve (voir « Réserve »).

SOBRESALIENTE : Matador remplaçant (voir *reserva*).

SOL (tendido de) : Soleil (gradin de).

SOMBRA (id.) : Ombre (id.).

SOL Y SOMBRA (id.) : Soleil et ombre (id.).

Voir *Plaza*.

SOLERA : Tradition, ancienneté.

Ganadería de solera : élevage prestigieux.

SON : Son.

Nom masculin, du latin *sonus*. Encore un mot du jargon taurin

CORRIDA DE TOROS — Banderillas - Suerte a la carrera
Collection Jugand, Biarritz

SOBAQUILLO (DE)

qui défie l'analyse. Le mayoral de la ganaderia de Rocío de la Camara nous donna, un jour, comme un des éléments de la « bonne caste » du toro : « ... qu'il charge avec noblesse et son ! ».
— « Son ? » insistâmes-nous.
— Oui, comme le son d'une bonne cloche ! ».

SORTEO : Tirage au sort (des toros).

Le matin de la corrida ont lieu les opérations du *sorteo* et de l'*apartado**.

Il y a lieu en effet de faire trois lots de deux toros chacun et de les attribuer aux matadors de la manière la plus honnête : le tirage au sort.

Vers midi, se réunissent aux corrales : les Délégués de l'Autorité, les apoderados, la direction des arènes, l'éleveur ou son représentant le « mayoral », les peones de confiance des matadors.

Les peones établissent les lots d'un commun accord : le plus lourd avec le plus léger, le plus encorné avec le plus cornicorto. Les numéros des deux toros de chaque lot sont inscrits sur un papier à cigarette. Les trois papiers sont ensuite soigneusement roulés en boule et placés dans le sombrero du mayoral. On agite et chaque peon de confiance tire au sort le lot de son maestro en commençant par celui qui représente le plus ancien matador d'alternative.

Jusqu'en 1899, l'article 18 du règlement alors en vigueur laissait à l'éleveur la possibilité d'arrêter l'ordre de sortie de ses bêtes. Cette convenance ne manquait pas de laisser planer une suspicion de favoritisme pour tel ou tel torero. Mazzantini, « Guerrita » et Emilio « Bombita » exigèrent que soit mis en pratique le tirage au sort lorsqu'ils toréaient. Le procédé fut ensuite règlementé.

Il arrive qu'une grande vedette exige de choisir ses toros laissant aux autres matadors les bêtes les plus redoutables. On a accusé « Manolete » de l'avoir fait et il est certain que le « Cordobés » était coutumier de la tricherie. C'est pourquoi certains matadors accomodants complétaient très souvent les cartels où figurait le nom du célèbre cordouan.

SOSERIA : Fadeur, absence de personnalité.

Caractéristique des toros sans véritable caste, dont le combat manque de tonus. La sosería est souvent la conséquence d'un manque de puissance. Elle se traduit par une charge molle, qui ne met pas en relief le travail du torero.

Le terme peut s'appliquer au torero, dans le même sens : fadeur et manque de personnalité.

S.P.A. ou S.P.D.A. : Société Protectrice des Animaux.

Admirable institution dont l'obstination a valu à la Tauromachie Française une histoire juridique mouvementée. Persiste à classer le toro bravo dans les animaux domestiques et a tendance à s'attribuer l'exclusivité de la sensibilité et de l'amour des animaux.

SUAVE : Suave.

Synonyme de *boyante, claro, pastueno*.

SUBALTERNO : Subalterne.

Synonyme de peon. Le picador, bien qu'aux ordres du maestro, n'est pas appelé ainsi, par souvenir sans doute de l'époque révolue où il était une vedette de la lidia.

SUBASTA : Mise aux enchères, adjudication.

La plupart des arènes espagnoles ne sont pas gérées par les propriétaires des murs. Leur adjudication donne lieu à des surenchères qui font grimper les prix y compris ceux des billets sur lesquels ils se répercutent inévitablement. Le procédé et ses conséquences ne sont pas inconnus en France non plus.

SUELTO : Libre.

SALIR SUELTO : sortir libre dans le sens de sortir seul ; s'applique au toro qui n'attend pas que le matador fasse le quite pour s'échapper de la pique. C'est un signe de bravoure limitée, de *mansedumbre**. Si le toro sort seul ainsi de la première pique sans avoir insisté, il est « manso ». S'il subit un certain châtiment et revient ensuite au cheval, il est *bravito* ou *mansote* suivant qu'il insistera ou non sous le fer avant de ressortir seul. Mais il se trouve des toros qui se grandissent sous le fer, « qui vont a mas » et qui après être sortis seuls d'une première rencontre se montreront ensuite d'une grande bravoure.

SUERTE : Chance, sort.

En tauromachie, le mot est employé dans une acception particulière.

Ce mot très usité s'applique à toutes les circonstances de la lidia. Il peut être synonyme de tercio et l'on parlera de *suerte de varas* ou de « suerte de banderilles ». Il peut correspondre à toute manœuvre délibérée effectuée par un torero ; on dit par exemple : la *suerte de quitar el toro*, *suerte de saltar con la garrocha*... « Entrer en suerte » c'est commencer une action. « Sortir de suerte » c'est au contraire terminer l'action. Le toro est réputé « en suerte » quand il s'est mis ou quand on l'a mis dans un endroit tel que la *suerte* puisse avoir lieu normalement. Le toro « s'arrête en suerte » lorsqu'il arrête de charger au milieu de l'action.

On parle de *suerte natural* (suerte naturelle) lorsque, qu'elle que soit l'action, la sortie de l'homme se fait vers les tablas (vers la barrière) et celle du toro vers le centre du *ruedo*.

L'expression « charger la suerte » mérite un développement particulier : voir *cargar la suerte*.

Pour souhaiter « bonne chance », l'espagnol dit simplement : *Suerte*.

SUPERVISOR : Inspecteur.

Lorsque « Camará » a donné à l'*apoderado** sa dimension moderne, on a vu une profession nouvelle fleurir sur la planète des toros : celle d'inspecteur des lots de toros dans les ganaderias. Lorsqu'une empresa signe un contrat à une vedette (les modestes n'ont pas la force *taquillera** pour se montrer aussi exigeants) et lui indique (avec son accord !) quelle ganaderia fournira les toros, l'apoderado délègue au *campo** un spécialiste du bétail bravo qui d'après certains signes approuvera le choix ou demandera le changement de certaines bêtes. Il est possible aussi qu'il demande certaines « améliorations » des défenses. Ce *supervisor* pour ne pas être généralement connu n'en est pas moins une des pièces maîtresses de l'organisation administrative du matador-vedette.

SUSTITUCION : Substitution.

Il peut y avoir substitution avant une corrida, de plusieurs éléments de l'affiche, en cas de force majeure :
1 - des bêtes :
— pour accident ou maladie à l'élevage,
— pour refus d'une ou de plusieurs par les vétérinaires ;
2 - des matadors :
— pour maladie, confirmée par certificat médical visé par l'Inspecteur Provincial de la Santé correspondant,
— pour blessure postérieure à l'affichage ;
3 - des subalternes.

Dans tous les cas, l'annonce doit être faite au public qui a le droit, en Espagne, d'obtenir remboursement du prix des billets d'entrée (voir à *reembolso*).

Pour les cas de substitution pendant la course, voir *reserva*.

SUSTO : Effroi.

Le *susto* est au *miedo* (peur) ce qu'une cuite carabinée est à l'alcoolisme banal.

Un torero très courageux peut subir un *susto* lorsqu'il est pris ou lorsque, dans un *derrote**, il voit la corne le frôler. Le spectateur lui-même peut subir un *susto* soit, s'il n'est pas averti, en regardant un torero tremendiste paraître « jouer sa vie », soit au spectacle d'un torero que son inexpérience met à la merci des cornes.

SUSPENSION : Suspension.

Elle peut être le renvoi d'une corrida à une date ultérieure pour cause de mauvais temps (décidé par la présidence après avis des matadors), soit l'annulation pure et simple par les autorités pour refus des toros par les vétérinaires officiels par exemple. C'est ainsi que le 13 avril 1969, un avis était affiché à la porte des arènes de Sevilla : « Son Excellence le Gouverneur Civil suivant rapport de ses Délégués dans la plaza de toros de la Real Maestranza, a ordonné la suspension de la corrida qui devait se célébrer cet après-midi avec les diestros Victoriano « Valencia », Curro Romero et Palomo Linares pour le manque éhonté de trapío, l'âge apparent et le défaut de poids du bétail, refusant les toros du fer de don José Benitez Cubero et ceux présentés par dona Maria Pallares, afin de veiller au prestige et à la pureté de la Fête Nationale pendant la Feria de Sevilla » (voir aussi *reembolso*).

Il peut y avoir aussi suspension d'un torero : en 1966, l'Union des Villes Taurines Françaises interdit à Curro Giron de toréer en France jusqu'au 30 juin 1967 pour attitude insultante à l'égard de la présidence de Céret, le 14 août 1966.

Lorsque la corrida est suspendue pour cas de force majeure, si les matadors en sont avertis avant d'entreprendre le voyage, l'empresa n'a rien à leur payer. Au contraire, s'ils sont déjà dans la ville, l'organisateur doit leur rembourser les frais de voyage aller et retour et les frais de séjour.

Si la corrida est suspendue sans qu'il y ait cas de force majeure, l'empresa devra verser au matador le montant du contrat convenu.

Hierro des héritiers de Ignacio Sanchez y Sanchez

TABLAS : Planches, synonyme de barrière.

On appelle les *tablas*, la partie de l'arène se trouvant en partant de la barrière jusqu'au tiers du rayon de la piste (voir *tercios*).

Un toro est *entablerado* lorsqu'il prend *querencia** près de la barrière. Dans ce cas le torero doit le toréer « en tablas » ou le sortir de sa *querencia**.

TALEGUILLA : Culotte de torero.

Voir *traje de luces*.

TALANQUERA : Barrière.

Voir *plaza de toros*.

TAMANO : Format (du toro).

Il varie avec l'âge mais aussi avec l'origine, la nourriture, le mode d'élevage des toros. Lorsque le tamaño de l'animal correspond en tous points au canons du toro de combat, on emploie plus volontiers le terme *trapío* dont l'acception est plutôt prestance, aspect physique en général.

A l'opposé un toro sans trapío, par manque de présentation, de poids, de cornes, ou un toro de tamaño insuffisant sont dits *terciados*. C'est la caractéristique des toros de trois ans qui n'ayant pas atteint l'âge requis pour le combat, n'ont pas encore la prestance ni les forces nécessaires pour le soutenir.

TANCREDO.

Tancredo Lopez naquit à Valencia en 1862. Cordonnier de son état, il voulut devenir matador de toros et échoua. Comme nombre de toreros ratés, il tenta de trouver au Mexique quelques contrats de misère. Il y vit un jour, un torero local nommé « El Orizabeño », présenter dans un pueblo un numéro qu'il résolut de reprendre à son compte.

Le 19 novembre 1899, à Valencia, il se présenta vêtu d'un costume de Pierrot, perruque et barbe de coton, visage enduit de farine. Il grimpa sur un podium également blanc. Dans l'arène, on fit silence et on lâcha un novillo. Tancredo demeurait immobile simulant une statue. Le novillo s'approcha, renifla puis s'en fut. Ce fut du délire dans l'arène.

Le 30 décembre suivant, l'empresa de Madrid organisa une novillada économique avec, en intermède, la *suerte del pedestal* de « don Tancredo ». Il faisait un froid comme en connaît Madrid l'hiver et le public était plus que clairsemé. La performance réussie n'en fit pas moins l'effet d'une bombe et fut classée

LANDES. — Courses Landaises, Suerte de Dom Tancredo

TANCREDO

espectaculo fin de siglo (spectacle de la fin du siècle).

Le 1er janvier 1900, Tancredo Lopez fut ré-engagé dans la plaza de Madrid. Le novillo de Miura ne fut pas dupe. Il chargea le podium et Tancredo ne trouva son salut que dans une fuite éperdue. Le 14 janvier, il en fut de même avec un novillo de Biencinto. L'homme-statue n'en fut pas moins surnommé *el rey del valor* (le roi du courage) et il connut une popularité inégalée. On lui consacra quelques couplets dont le refrain disait :
« *Don Tancredo, don Tancredo
En su vida no tuvo miedo.
Don Tancredo es un barbian !
Hay que ver a don Tancredo
Subido en su pedestal !* »
« Don Tancrède, don Tancrède
De sa vie n'eut jamais peur.
Don Tancredo est un luron
Il faut voir don Tancredo
Monté sur son piédestal ! ».

Maintes fois répété à Madrid, présenté dans toutes les arènes de province, Tancredo devint un vedette et comme tel il fut largement imité y compris par une dame, Mercedés Barta.

Les blessures reçues pendant ce numéro furent nombreuses et les autorités interdirent un temps sa représentation ; mais la cause principale de sa disparition fut la saturation du public après l'effet de surprise qui avait causé son triomphe.

« Don Tancredo » redevenu Tancredo Lopez finit dans la misère. Lorsqu'il mourut, le 12 octobre 1923 à l'hôpital de Valencia, il fallut que quelques rares amis prennent en charge les frais des obsèques de l'ancien « roi du courage ».

Parmi ses innombrables imitateurs, il y eut quelques français dont une femme, « Lisette de Granville » qui exécutait le numéro en duo avec le banderillero José Marc dit « Pepito », en 1903.

TANTEAR : Mesurer, essayer.

PASES DE TANTEO : premières passes de cape ou muleta exécutées par le matador pour juger de la manière d'attaquer du toro avant de « se confier ».

Elles peuvent intervenir en cours de faena de muleta lorsque le torero veut changer de main.

TAPAS : Amuse-gueules (entre autres significations).

Les *tapas* accompagnent normalement en Espagne l'apéritif. Certains bars exposent à la convoitise des dégustateurs une suite de spécialités qui permettent de faire deux repas successifs sans paraître goinfre ou de n'en faire apparemment aucun sans craindre la défaillance.

TAPARSE : Se couvrir, se cacher.

Se couvrir : c'est ce que fait le toro en levant la tête au moment du *descabello**.

Se cacher : c'est ce que font certains matadors derrière leur cape au moment de la sortie du toro pour ne pas le voir (suerte de l'autruche). C'est ce que fait le peon derrière le burladero lorsque le maestro dans un grand geste théâtral lui ordonne *Tápate !* pour rester seul en piste.

TAPATIA.

Le mexicain José Ortiz, plein de prestige dans son pays, traversa l'Espagne autour des années 30 *sin peña ni gloria,* laissant cependant le souvenir d'un fin capeador dont le nom est resté dans l'*orticina*. La *tapatía* dont l'invention lui est attribuée est aussi une variété de gaonera dans laquelle l'homme pivote en sens inverse de la course du toro en ramenant la cape derrière son dos.

TAQUILLA : Guichet de vente des billets.

La vente des billets de corrida se fait en Espagne :
1º) aux guichets de l'empresa qui sont en général à l'entrée de la plaza mais lorsque les arènes sont excentriques, l'empresa dispose de taquillas au centre de la ville qui facilitent la location avant le jour de la course et le matin même de celle-ci avant que le solde ne soit mis en vente aux guichets de la plaza ;
2º) au *despacho* ou *oficina* (bureau) des revendeurs officiels qui sont autorisés à prélever sur le prix officiel mentionné obligatoirement sur les billets et affiché aux guichets, une commission de 20 % maximum ;
3º) à la sauvette dans la rue, devant la plaza ou les taquillas officielles, par des « revendeurs sauvages » qui établissent leur prix à la tête des clients ou suivant l'approche de l'heure de la corrida. Cette revente est interdite mais le plus souvent tolérée par la police.

En France, les revendeurs officiellement autorisés à percevoir un pourcentage n'existent pas.

TAQUILLERO.

Qui attire les clients aux guichets.

« El Cordobés » aura été sans conteste le roi des *toreros taquilleros*. Avant lui « Manolete », Luis Miguel « Dominguin », les novilleros Aparicio et « Litri »... La force *taquillera* d'un torero n'est pas forcément un critère de la qualité du toreo qu'il interprète.

TARASCADAS : Charges soudaines (du toro).

TARDE : Après-midi.

TARDE DE TOROS : corrida.

TARDO : Tardif, attardé.

Qualifie le toro qui charge sans promptitude et répond au cite avec retard.

TAURINO : Taurin, tauromachique.

Tous ceux qui gravitent autour de la planète des toros sont qualifiés de *taurinos*.

TELEFONO : Téléphone.

Invention révolutionnaire qui a bouleversé les mœurs des taurins (comme celles d'autres humains). Avant que puisse se reproduire à distance la parole, les toreros ou leurs

TEMPLE
(Antonète à Arles)
Photo L. Clergue.

représentants communiquaient à leurs proches et à la presse les résultats des corridas par télégramme.

Ce que fit un soir Mazzantini en ces termes : « Toros grands et puissants. « Lagartijo » moyen - Moi supérieur ».

Un de ses amis qui lorgnait sur la formule intervint timidement :
— N'est-ce pas un peu exagéré, don Luis...
— Est-ce vous qui payez le télégramme ? demanda le torero en foudroyant l'importun.

SUERTE DEL TELEFONO.

*Desplante** mis à la mode par Arruza et repris par Luis Miguel « Dominguin », dans lequel le torero s'accoude au frontal du toro dans une attitude dédaigneuse et détendue (totalement opposée à celle de l'usager français). Peut être exécuté debout ou un genou en terre suivant les tailles respectives des adversaires.

Une suerte comparable fut pratiquée déjà par « Reverte » à la fin du siècle dernier mais le téléphone n'était pas alors chose courante et la suerte ne fut pas identifiée.

TELON : Rideau (de théâtre).

On appelle passe en telon toute passe de la droite ou de la gauche au cours de laquelle la muleta s'élève comme un rideau et fait ainsi redresser la tête du toro.

TEMPLAR.

Mot essentiel en tauromachie, et comme on devait s'y attendre, de définition malaisée.

Littéralement *templar* signifie tempérer, adoucir et aussi accorder (*templador* : tempérant et accordeur de musique).

Les meilleurs auteurs espagnols et français soulignent que l'action de *templar*, d'avoir du *temple*, consiste pour le matador à déplacer le leurre « au rythme même de l'élan du toro » (Lafront) — « accordant le mouvement de la cape à la violence, à la vitesse de la charge du toro » (Cossio). Popelin ne craint pas, pour définir en français ce mot espagnol, d'employer le mot anglais « timing ». On note donc que ces auteurs semblent admettre — et Cossio explicitement — qu'on peut *templar* avec violence. C'est sans doute bien comprendre le sens « accorder » du temple, mais peut-être oublier le sens « adoucir ». Hemingway qui est moins expert mais qui « a l'œil » écrit pour sa part : templar, c'est mouvoir la cape ou la muleta lentement, avec grâce et calme, prolongeant ainsi le mouvement de la passe. Popelin d'ailleurs, après avoir écrit que templar signifie accorder le déplacement du leurre à la cadence de l'avance du toro, sent le besoin d'ajouter : « Bien pratiqué il met à même de contrôler à volonté la vitesse de l'adversaire » sans expliquer comment en accordant la vitesse de déplacement du leurre à celle du toro, on peut ralentir cette dernière. Lafront cerne le problème de près en remarquant l'importance qu'il y a de toréer la cape basse, comme si le fait, pour le toro, de diriger la tête vers le bas pour suivre le leurre, ralentissait son déplacement horizontal. Luis Bollain qui prend volontiers... le toro par les cornes, n'hésite pas à écrire : accord de vitesse n'est pas *temple*. Pour qu'il y ait *temple*, il faut que les mouvements accordés soient lents et cette lenteur doit être imposée par le torero. Et il ajoute que s'il ose écrire cela c'est qu'il est allé exposer son point de vue à Juan Belmonte qui lui a répondu : *Pues yo pienso lo mismo que usted*. C'est, on en conviendra une référence. C'est pour cela que, au-delà des explications rationnelles, le *temple* apparaît comme un pouvoir magique, frère du *duende**. C'est par lui que Juan Gallardo, le torero de « Sangre y arena » de Blasco Ibañez, pouvait réaliser le « quite de l'éternité ». *Tirar de un toro que no pasa !* Finalement c'est cela le temple : tirer un toro qui ne passe pas... et qui passe quand même.

Et le *trianero* avouait volontiers que la grâce ne l'habitait pas toujours : « Je déplaçais le leurre à la vitesse que me dictait mon sens du toreo et puis... certaines fois le toro passait lentement et clairement et d'autres fois il ne s'en souciait pas, derrotait dans la toile ou me prenait. Je ne puis expliquer le pourquoi du succès ni le pourquoi de l'échec ».

Mais cet aveu de Belmonte, s'il nous refuse la composition du breuvage magique, marque les limites de notre recherche : « Je déplaçais le leurre à la vitesse que me dictait *mon sens du toreo*... ».

TEMPORADA : Saison.

La « temporada de toros » sérieuse commence en Europe avec la Feria de la Magdalena à Castellon de la Plana et les Fallas de Valencia, pour se terminer à la Feria à Zaragoza.

Commence alors la temporada aux Amériques. Voir *feria*.

TENDER LA SUERTE : Tendre la suerte.

Expression tombée en désuétude. Les vieux traités disent que la suerte s'exécute ainsi :
1º) le torero **prépare** la suerte, c'est-à-dire qu'il cite le toro ;
2º) le torero **tend** la suerte, c'est-à-dire qu'il présente le leurre devant les yeux du toro ;
3º) il **charge** la suerte, c'est-à-dire qu'il l'exécute ;
4º) il **finit** la suerte par un remate ;
5º) il **sort** de suerte.

TENDIDA : Tendue, allongée.

Voir *estocada*.

TENDIDO : Gradins découverts.

Voir *plaza*.

TENTADOR : Celui qui éprouve.

Voir « tienta ».

TERCIADO : De taille moyenne.

Voir « tamano ».
Toro terciado : ni grand, ni petit.

TERCIO : Tiers.

En principe il en faut trois pour former un tout. En tauromachie, on désigne d'abord par *tercio* chacune des trois zones concentriques de l'arène (voir *terrenos*) ; les trois tercios sont donc ici : *los medios, el tercio* et *las tablas*. Dans ce sens le tiers, el tercio, c'est la zone intermédiaire qui sépare le terrain de l'homme du terrain du toro.

Ensuite on appelle tercio, chacune des phases de la corrida. Il y a ainsi le *tercio* (ou *suerte de varas* (le tiers de piques) qui « casse » le toro, le *tercio de banderillas* qui l'avive, et le *tercio de muleta* (ou *de muerte,* ou *ultimo tercio*) qui le règle. Le début du premier tiers et le changement de tiers sont annoncés par les *clarines* sur ordre de la présidence qui exhibe le mouchoir blanc. On raconte en Espagne une histoire qui est l'équivalent de celle de César-Raimu, qui, dans le « Marius » de Pagnol, prépare je ne sais plus quelle mixture avec « quatre tiers » d'ingrédients (*En cuantas « mitades » se doble el papel de oficio militar ? — En tres mi sargento !*). Il en est un peu ainsi des trois tiers de la lidia depuis que les chevaux sortent dans l'arène après le toro. Car, avant l'arrivée des cavaliers dans l'arène, il y a en quelque sorte un « quatrième tiers » pendant lequel on observe le toro du *burladero**, pendant lequel les peones ébauchent un *tanteo,* pendant lequel surtout on attend du diestro au moins une demi-douzaine de véroniques. Et on garde dans l'oreille le cri de cette vieille spectatrice qui, voyant sortir les picadors, s'écrie volontiers « Quoi ! Déjà ! » Pourtant tel est le début du premier tiers et c'est avec les picadors que la course commence.

TERRENOS : Terrains.

Les arènes sont rondes pour qu'il n'y ait pas de « recoin » dans lequel un toro couard et avisé pourrait se réfugier. Imaginons ce qui se passerait s'il y avait un réduit angulaire limité par la barrière ! Le toro y serait inexpugnable et il faudrait aller chercher les *cabestros*... ou les chiens !

Le « redondel », le rond, impose la disposition des « terrains » et limite les *querencias* au maximum. Si l'on trace deux cercles concentriques à celui que dessine la barrière, on divise le ruedo en trois secteurs :
— le terrain « des tablas », des planches, du dedans (los adentros) compris entre la barrière et le plus grand des cercles
— le terrain « de los medios », du

milieu, du dehors (los afueras), enfermé dans le cercle le plus petit — le terrain « del tercio », du tiers (ceci se retrouve dans l'expression « salut au tiers ») entre les deux.

Los Medios, c'est le terrain du toro. On écrit souvent que c'est vers lui que se dirige le toro qui sort du toril. Cette éventualité est rare et, en général, le toro fait le tour du rond. Mais il est certain qu'il « tolèrera mal que quelqu'un lui coupe sa ligne de retraite vers le centre et le chargera dès qu'il la traversera » (Popelin). Cette notion est importante tout au long de la lidia.

Las Tablas, c'est le terrain de l'homme. Le matador engage le combat à la limite de son terrain et il affirme son dominio en s'avançant vers le centre, dans le terrain du toro.

Ces notions sont si fondamentalement admises que lorsqu'un torero toree *por dentro,* c'est-à-dire en se plaçant entre le toro et la barrière, on dit qu'il toree « dans la suerte natural », et lorsqu'il toree *por fuera,* c'est-à-dire entre le toro et le centre du ruedo, qu'il toree « dans la suerte contraire ». Et l'aficionado espagnol qui veut être très injurieux à l'égard d'un diestro dira « No sabe el terreno que pisa ! » (il ne connaît pas le terrain qu'il foule !). On peut voir à *ganar terreno*,* la nuance qu'il faut apporter à une appréciation trop rigide de ces données. En outre le voisinage de la barrière est une *querencia** volontiers choisie comme refuge par un toro plus désireux de se défendre efficacement que de foncer sur la muleta. On conçoit que lorsque le toro « s'appuie à la barrière » les terrains classiques doivent être inversés et la tactique des toreros modifiée en conséquence.

TERTULIA : Réunion.

En Espagne, la femme reste (de moins en moins) au foyer mais l'homme peut en sortir à sa guise. Il retrouve alors ses amis de la tertulia. Ces réunions qui peuvent devenir des clubs sont consacrées à des activités très diverses : le métier, les timbres postes, la définition du sexe des anges ou la tauromachie. L'essentiel est de se réunir entre copains pour passer le temps. Roger Curel en a écrit : « La chose pourrait prêter à sourire si elle ne découvrait à la fois cet instinct profondément démocratique de l'espagnol — cette égalité entre hommes — et ce souci de la protection d'un moi véritable et profond derrière les remparts anodins d'un sujet où l'on a la certitude à l'avance que tout le monde sera d'accord ».

On appelle également *tertulia,* une réunion d'après corrida au cours de laquelle des journalistes ou des aficionados chevronnés et avertis font la critique de la course. C'est ainsi qu'à Nîmes, après chaque corrida, au siège de la société, les « Amis de la Revue Toros » se réunissent pour entendre ce qu'ils liront quelques jours plus tard dans leur périodique de prédilection.

TETE PASSEE.

S'emploie dans l'expression « à tête passée », et s'applique à l'exécution d'une suerte.

Il peut s'agir de la pose de banderilles au *cuarteo*.* L'homme doit marquer un temps d'arrêt devant la tête (*cuadrarse en la cabeza*) et, idéalement, clouer « dans le berceau ». En clouant « à tête passée » l'homme qui ne se découvre qu'en dehors de l'armature de la bête esquive le danger et la beauté de la performance.

Il peut s'agir du travail de muleta lors de certaines *banderas* ou *manoletinas* quand le corps de l'homme qui pivote en sens inverse de la course de la bête se rapproche du corps de l'animal jusqu'à se tacher de son sang sans danger... parce que la tête et les cornes sont passées.

Il peut s'agir enfin de l'estocade lorsque le matador qui a fait un pas vers la gauche et avancé en dehors des cornes, enfonce l'épée « à tête passée ».

Toutes ces manœuvres sont évidemment fautives hors le cas où l'on est en présence d'un toro particulièrement avisé et dangereux.

TIEMPO : Temps.

Les temps, ce sont les mouvements correspondant aux diverses phases essentielles d'une suerte.

L'expression *a un tiempo* s'applique à l'estocade, lorsque le torero s'élance vers le toro en même temps que le toro s'élance vers l'homme, la rencontre se faisant à peu près à mi-chemin.

El tiempo c'est encore le temps qu'il fait et l'on voit écrit sur les affiches que la corrida aura lieu *con permiso de la autoridad y si el tiempo no lo impide* (avec l'autorisation des autorités et si le temps le permet).

TIENTA : Essai, épreuve.

Opération de sélection du bétail bravo. Elle s'effectue sur les produits de deux ans (*erales*) : pour les femelles afin de tester leur caste en vue de leur entrée éventuelle au troupeau des vaches *de vientre* destinées à la reproduction, pour les mâles afin de tester leur bravoure.

La tienta des mâles a été à peu près abandonnée par tous les ganaderos parce qu'elle risquait de laisser au jeune veau le souvenir cuisant du fer et plus tard le faire fuir la pique dans l'arène. Elle ne se pratique qu'avec les étalons (*sementales*).

La tienta s'effectue de deux manières :
1°) *Tienta en corral*

Les vachettes à essayer sont réunies dans un corral puis introduites, une à une, dans un autre corral adjacent ou plus fréquemment dans une arène de tienta ou *tentadero*. En piste se trouve le *tentador* (vaquero monté sur un cheval caparaçonné, armé d'un garrocha à très petit fer) et quelques aides (peones ou toreros invités par le ganadero). Suivant le nombre de piques subies, et la manière dont elle les aura prises, la bête sera classée pour sa bravoure. Les toreros la travailleront ensuite de cape et de muleta afin de tester sa noblesse. Les tientas ayant lieu au printemps servent d'entraînement aux toreros.

L'éleveur et le *conocedor** suivant les performances de la bête lui

donnent une note résumée par une lettre qui sera :
— S pour *sobresaliente* (supérieure),
— MB pour *muy buena* (très bonne),
— B pour *buena* (bonne),
— R pour *regular* (passable).

Les vaches ainsi marquées sont *aprobadas* et conservées pour la reproduction.

Celles ne méritant que :
— DB pour *desecho bueno* (écartée parce que assez mauvaise)
— DM pour *desecho malo* (écartée parce que nettement mauvaise).
sont envoyées à l'abattoir ou vendues à des éleveurs de second groupe.
2°) *Tientas por acoso* (par harcèlement).

Elle a lieu *en campo abierto*, en plein pâturage. Deux cavaliers armés de garrochas « trient » dans le troupeau la bête à tienter, la poursuivent et lorsque par fatigue elle ralentit sa course, l'un des cavaliers d'un coup de garrocha sur la cuisse, la renverse (voir aussi *derribar*). Lorsqu'elle se relève elle charge et c'est alors qu'elle est testée. Le second cavalier protège le *tentador* et empêche éventuellement la bête de fuir.

TIERRA : Terre.

DE LA TIERRA : Du pays.

Si vous voulez dans l'auberge espagnole boire du vin du pays, demandez : du *vino de la tierra*.

On appelait les *toros de la tierra*, les anciens produits des élevages de Colmenar Viejo, en particulier les fameux toros de Banuelos. On appela ensuite les *ganaderos de la tierra*, les célèbres éleveurs de Colmenar : Felix Gomez, Manuel Aleas, Vicente Martinez.

TIJERA ou **TIJERILLA :** Ciseaux.

On nommait *tijerillas* ou *de la tijera* ou encore *a lo chatre*, les passes de cape au cours desquelles le torero croisait les avant-bras au début, pour les décroiser en cours de suerte dans un mouvement de ciseaux. On peut ainsi faire des véroniques ou même un *farol** « Pepe Illo » précisait que pour « envoyer le toro du côté droit, il faut mettre le bras gauche au-dessus et vice-versa ». Cette suerte que Montes et Cayetano Sanz exécutaient avec prédilection ne semble plus guère avoir été pratiquée depuis Julian Casas « El Salamanquino », actif vers 1850. Spectaculaire et sans grande difficulté, elle mériterait sans doute d'être redécouverte par un matador avisé à la recherche d'une originalité de bon aloi.

TIO : Oncle.

Employé admirativement pour dire d'un toro que c'est un « sacré client » soit par le trapio soit par le tempérament : *« Que Tio »*.

TIRON : Secousse.

A tirones : par à coups.

Les tirones ont pour but de faire se déplacer un toro obstiné dans sa *querencia** et qu'on ne peut déloger autrement. Le matador place la muleta devant le muffle du toro et la retire en reculant pour faire avancer d'un pas l'animal vers le lieu souhaité. Et l'on recommence la manœuvre. Il s'agit là de *toreo por delante* ou *por la cara* qui ne cherche que l'efficacité.

TOPA CARNERO (A) : Tape-mouton (à).

Ce terme bizarre qualifie une suerte de banderilles encore appelée *de pecho* ou *a pie firme*, comme depuis les premiers temps de la tauromachie à pied. Bien qu'on ne la pratique plus, elle présente un certain intérêt technique dans la mesure où elle a donné naissance à la suerte *al quiebro** qui, plus brillante, l'a supplantée.

Voici comment « Paquiro » la décrit, reprenant et précisant des indications déjà mentionnées dans la *Cartilla* de la bibliothèque d'Osuna : le torero cite d'assez loin, face au toro. Au moment où ce dernier s'apprête à donner son coup de tête, l'homme fait un pas de côté et en arrière et peut *cuadrarse en la cabeza** et « mettre les bras » pendant que le toro humilie. Après quoi le plus souvent, le torero peut rester immobile, ayant finalement cloué hors de jurisdiccion.

On observera que dans la pose des banderilles al quiebro, le toro est dévié de sa trajectoire par l'écart du torero, alors qu'ici c'est l'homme qui s'écarte de la trajectoire du toro. On voit quelquefois, par hasard, la suerte a topa carnero quand le torero a voulu faire un quiebro et a manqué son coup.

TORACO, TORAZO : Gros toro.

TOURADA : Corrida de toros à la portugaise.

TOREABLE.

Toro qui peut être toréé, c'est-à-dire qui, spontanément ou après une préparation adéquate peut permettre au matador de « le faire passer » selon les règles. L'art d'un matador consiste à toréer avec grâce. La science et le courage d'un matador consistent à rendre toréable le maximum de toros possible parmi ceux qui, au départ, semblaient se prêter peu à être toréés. On peut exiger d'un torero qu'il fasse tout ce qu'il peut pour rendre un toro toréable. On ne peut lui reprocher de n'y point parvenir s'il a paru faire ce qu'il fallait.

TOREADO : Toréé.

Le mot peut s'employer dans deux sens.

Il peut s'agir d'un toro qui, contrairement au règlement, par erreur ou par fraude, entre dans l'arène après avoir été déjà toréé. D'emblée avisé, il s'arrête en suerte et cherche l'homme derrière le leurre. Il peut être ramené aux corrales sur demande du matador si la présidence et ses assesseurs jugent qu'il a pu en effet être déjà toréé. Il peut aussi s'agir d'un toro à qui le matador a su servir le traitement adéquat et ainsi *llevar al toro toreado*, est arrivé à assujetir complètement la bête à sa volonté et la fait évoluer selon les meilleurs canons tauromachiques. *Asi es torear !* (c'est ainsi qu'on toréé !) crie l'aficionado. José de Quijano, revistero d'autrefois, a même décrit le matador « Algabeno » *llevando al toro toreadísimo !*

TOREADOR.

1 - Forme archaïque désignant le torero à cheval, et tombée en désuétude dès le XVIIIe siècle.

2 - Substantif appliqué aux professionnels français adeptes de la course hispano-française avant la première guerre mondiale, à demi écarteurs ou razeteurs, à demi toreros.

3 - Manière ironique et dédaigneuse pour les Espagnols de désigner un torero français à la suite des prestations en Espagne des précédents.

4 - Substantif mériméen popularisé par Meilhac et Halevy, librettistes de « Carmen » (1875), qui ne tinrent aucun compte de l'avis autorisé de Théophile Gautier qui écrivit en 1840 dans son « Voyage en Espagne » : « On n'emploie guère en Espagne le mot matador pour désigner celui qui tue le taureau ; on l'appelle espada, ce qui est plus noble et a plus de caractère ; l'on ne dit pas non plus toréador mais bien torero. Je donne en passant cet utile renseignement à ceux qui font de la couleur locale dans les romans et dans les opéras-comiques ». Dans « Carmen », à l'acte II, le « toréador » Escamillo s'époumonne sur la musique de Bizet, à mettre en garde la corporation contre « l'œil noir qui la regarde ». Depuis lors, le français persiste à l'employer.

TOREO.

Le toreo, c'est l'art et la manière de toréer, de combattre les toros de lidia. Les principes du toreo sont demeurés et demeureront sans doute inchangés car ils résultent des particularités immuables de la bête et des moyens fondamentaux que l'intelligence et le courage de l'homme mettent en œuvre pour la dominer avec aisance. Mais ses modalités ont beaucoup varié — et varieront encore — avec la mode, le goût du temps et le type de toros lidiés. Le toreo, par rapport à la lidia, au combat proprement dit, comporte une note esthétique, et l'on a pu dire que la lidia était la prose de la Fiesta de Toros, et le toreo sa poésie.

Luis Bollain résume ainsi l'histoire du *toreo*.

— Première époque : *lidia* sans *toreo*, à l'âge ancien des toros féroces et durs.

— Deuxième époque : *lidia* et *toreo*, avec « Joselito », la science de « lidiar », et Belmonte l'art de « torear ».

— Troisième époque : ni *lidia*, ni *toreo* : les héritiers de « Manolete ».

Cette manière de juger est sans doute pessimiste. Le point important est que s'il n'existe pas de toros, que l'on ne puisse lidier, il est des toros que l'on ne peut pas toréer. Tout l'art du matador consiste à toréer tout toro qui peut l'être — et à bien lidier les autres. « Curro Romero » est un cas particulier de matador qui ne sait que toréer — et très bien — et n'a ni goût ni compétence pour la lidia. Toréer c'est en définitive faire passer le toro en effectuant au mieux les trois manœuvres fondamentales : *parar - templar - mandar*.

TOREO A CHEVAL.

Voir *caballero en plaza*.

TORERA.

Voir *Mujer*.

TOREO DE SALON.

Entraînement en chambre du matador.

Pour parfaire ses attitudes et améliorer l'effet plastique de son jeu de cape ou de muleta, le torero, devant des amis, des conseillers... ou un miroir, toréé un toro imaginaire. On conçoit que ses gestes soient plus coulants et décontractés que dans le ruedo. Mais même ainsi, il n'est pas donné à tous de faire l'admiration des spectateurs. C'est parce qu'il excellait dans cet exercice, que ses amis poussèrent le garçon de courses « Curro Romero » à affronter des toros réels et non plus imaginaires. Le plus étrange est que, les jours de grâce, Curro fait dans l'arène et devant le toro des choses aussi plastiques et belles que dans le toreo de salon. On rapporte que lorsque Antonio Fuentes, après le paseillo et avant l'entrée du toro dessinait dans le vent une véronique à un toro fantôme, l'ovation éclatait.

TORERAZO : Grand torero, torero d'époque, *figura*.

TORERIA : Ensemble des toreros.

TOREADOR

TORERITO : Petit torero.

Employé pour désigner soit un torero inexpérimenté, au bagage rudimentaire, soit un torero mièvre, sans profondeur et sans *dominio**.

TORERO.

1 - Nom commun : tout combattant professionnel de l'arène, qu'il soit matador, banderillero, picador, peon, puntillero, caballero... L'amateur qui se produit dans les tientas ou les festivals est un *aficionado práctico*.

On compte environ :
— 200 toreros comiques
— 1200 subalternes professionnels
— 200 matadors de toros
— 1000 novilleros toréant avec ou sans picadors
— 60 rejoneadores.

2 - Adjectif : relatif à la corrida. Qualifie aussi l'allure, les manières dans le civil ou dans l'arène.

TORETE ou TORITO : Petit toro.

TORIL.

Ensemble des loges ou *chiqueros* dans lesquelles sont enfermés les toros avant la corrida. Voir *plaza*.

TORO.

Zootechniquement le toro de combat est un mammifère du groupe des artiodactyles (du grec artios, en nombre pair, et dactylos, doigts), ruminant (nombreuses poches stomacales et absence d'incisives supérieures), cavicorne (à corne creuse), de la famille des bovidés, de la sous-famille des bovins, du genre Bos Taurus.

L'origine du toro de combat est contestée. Pour les uns, il devrait ses caractéristiques, ses qualités et ses mœurs à des conditions particulières d'élevage et à la sélection orientée vers la course. Pour d'autres les détails de la morphologie et du squelette le rapprocherait de l'aurochs (Bos primigenius) qui peuplait l'Eurasie et l'Afrique du Nord au quaternaire.

La race actuelle, très bien fixée, provient de deux souches principales : Vistahermosa et Vasquez. De robe noire dominante, au courage développé, massif, bréviligne, le toro de combat se caractérise surtout par son agressivité, son extraordinaire combativité que l'élevage en semi-liberté et la modernisation de son régime alimentaire n'ont pas fondamentalement modifié.

TORO VIVO : Toro vivant.

Lorsqu'une estocade n'est pas concluante, le matador se doit d'entrer à nouveau a matar. Avec le risque de prolonger la suerte, de mécontenter le public et de se faire prendre. Il peut alors tenter de masquer son échec et précipiter les choses en descabellant à toro encore vif, *a toro vivo*. Pour cela, il faut au matador du coup d'œil et de l'adresse au descabello car le toro encore vivant lève la tête, « se couvre », ne se laisse pas fixer facilement. Comme conséquence, on voit souvent un matador ayant ainsi tenté vainement le descabello, reprendre l'épée et son travail où il l'avait inconsidérément laissé.

TRAJE DE LUCES : Costume de lumières.

Le costume du torero est appelé *traje de luces* (costume de lumières) à cause des dorures et des paillettes qui en recouvrent la plus grande partie et étincèlent au soleil.

Il est pesant (10 kilos), anachronique, compliqué, aussi peu efficace contre la chaleur que contre le froid, il enlève au torero une partie de son aisance et coûte horriblement cher mais il ne viendrait à l'idée de personne d'en changer. Lorsqu'un jour Luis Miguel « Dominguin » tenta d'en moderniser et d'en alléger les éléments, on s'inquiéta, on invoqua ses amitiés picassiennes, on parla de snobisme, voire de profanation.

Il faut avouer qu'un pareil respect de la tradition d'un costume qui, après tout, n'est qu'un habit de travail, est probablement unique. Depuis 1830 et Francisco Montes, le grand « Paquiro » qui « légiféra » en la matière comme en d'autres, le costume de lumières s'est figé pour

TRAJE DE LUCES

l'éternité semble-t-il et espère-t-on. A peine peut-on remarquer des variations dans l'architecture du couvre-chef, la *montera*, dans la longueur de la *coleta*, ce chignon qui est au torero ce que la tonsure était à l'écclésiastique, dans la qualité de l'étoffe de base, velours, taffetas, soie artificielle.

Bien que la coupe et la décoration de chaque pièce soient assez spéciales, le traje de luces se compose des mêmes éléments que tout costume masculin. Sur les sous-vêtements :
— des bas montant jusqu'à mi-cuisse ; deux paires superposées, l'une en coton blanc, l'autre en soie de couleur rose framboise : ce sont les *medias*. Au XVIIIe siècle, la couleur en était différente suivant la qualification du torero : perle pour les picadors, rouge pour les matadors, blanche pour les peones ;
— une chemise (*camisa*) blanche plus ou moins ornée de broderies et de dentelles en plastron.
— une mince cravate (*corbata* ou *panoleta*) en soie de couleur vive, souvent rouge.
— une ceinture de soie (*faja*), autrefois large et très longue dans laquelle le torero s'enroulait, aujourd'hui ré-

duite et mince, de la même couleur que la cravate.

— la culotte ajustée (*taleguilla*) et très moulante qui, en 1889, suscitait l'aigreur d'un chroniqueur parisien : « En quoi ces messieurs aux performances accusées par des collants de satin rose et bleu mourant, aux têtes glabres de vieux séminaristes coupables, ont-ils bien pu séduire nos esthétiques de l'avenue des Accacias ? ». Les parties latérales de la taleguilla sont brodées d'or ou d'argent et ornées de motifs comme les grecques. Les jambes de la culotte se terminent par un lacet que l'on serre sous le genou ; les bouts du lacet sont ornés de glands appelés *machos*. Ceux-ci ont donné, dans le langage courant diverses locutions : on dit *apretarse los machos* pour se préparer soigneusement à une action ; de quelqu'un qui se montre peureux et sans décision on dit qu'il est *flojo de machos*... Bien entendu, ces glands ne sont pas sans analogie avec les attributs du mâle qui en espagnol se dit *macho*.

— le gilet (*chaleco*) descendant du justaucorps (*chupa*) du temps de Goya. Celui-ci a peint José Romero portant une chupa offerte par la duchesse d'Albe en 1802. Le devant de ce gilet de soie est également orné et brodé.

— le boléro, veste courte (*chaquetilla*), surchargé de broderies, de glands, de brandebourgs ; aux épaulettes démesurées ornées de cabochons, copiées sur celles des uniformes militaires de la « glorieuse infanterie espagnole » ; les ornements sont appelés *alamares* et les accessoires pendants, *caireles*.

— la montera, couvre-chef difficilement descriptible, en astrakan ou en tissu noir recouvert de *moritas*, petites boules de laine infiniment moins onéreuses que la fourrure.

— les chaussures (*zapatillas*) sont semblables à des chaussons de danse. La semelle doit être lisse et uniforme, sans talon. Elles sont agrémentées d'un ruban noué sur le cou-de-pied.

— la *coleta* enfin, petit chignon postiche insigne de la profession.

Lors du *paseo**, les toreros s'enveloppent dans une cape de soie richement décorée et brodée.

Ce que coûte un « traje de luces » varie bien entendu suivant la qualité du tissu et des broderies (celles-ci étant plus ou moins coûteuses suivant qu'elles sont faites à la main ou à la machine).

Le costume du peon est le même, évidemment moins luxueux, moins voyant, brodé d'argent ou de noir. Celui du picador est différent dans certains éléments.

— la taleguilla est remplacée par une culotte de peau, jusqu'à mi-mollet, couvrant des jambières. La jambe droite, la plus exposée est protégée jusqu'à la cuisse par un appareil métallique articulé aux genoux nommé *mona* ; la jambière qui couvre la gauche est la *monilla*. Les chaussures sont également blindées. Au XIXe siècle, la mona, moins élaborée, portait le nom de celui qui l'avait inventée, le caballero Gregorio Gallo ; on l'appelait *gregoriana*.

— la montera cède la place au *castoreño*, semblable à un chapeau de curé romain, à larges bords, en feutre de castor, orné d'un gros pompon et assujetti avec une large jugulaire, sorte de robuste casque de parachutiste en prévision des chutes dites « monumentales ».

Le traje de luces étant l'habit de travail, les toreros portaient autrefois à la ville, le *traje corto* (costume court) ou *traje campero* (costume de paysan) parce qu'il était, et qu'il est toujours porté par les vaqueros dans les ganaderias : culotte ajustée, boléro, chemise sans cravate, chapeau cordouan à larges bords, bottes de travail... Les toreros ne portent maintenant ce costume que lorsqu'ils se rendent dans les élevages pour participer à des fêtes ou s'entraîner lors des *herraderos* et des *tientas*. Ils le portent aussi lors des *festivals*.

TRAPAZO.
DE TRAPO : Chiffon.

Mouvement du leurre que l'on ne peut appeler passe. Sous l'effet de la maladresse, de l'incompétence ou de la panique du torero, cape et muleta, agités sans règle ni raison, prennent des allures de ce qu'ils sont sans la magie du toreo : des chiffons.

TRAPECIO (cite del) : Trapèze (cite du).

Il arrivait à Rafael « El Gallo » de citer en levant les bras tenant les banderilles avec, dans chaque main le harpon du bâtonnet tenu par l'autre. La figure obtenue avait la forme approximative d'un trapèze.

TRAPIO : Aspect, présentation.

(En dehors de la tauromachie : « du chien »).

Le trapío du toro de combat c'est la conjonction idéale des caractéristiques physiques de la race. Un spécialiste de l'élevage bravo, Alberto Vera « Areva » a énuméré celles-ci : près de 80 adjectifs sont employés à décrire les formes, l'état du poil, l'aspect des cornes, des yeux, du morrillo, des pattes... Il nous assure que le bon trapío nécessite que les orifices des narines soient ouverts et dilatés et les sabots lustrés et de la même couleur que les cornes. Sans

TRAJE DE LUCES

TRAPIO

tomber dans des préoccupations de jury de concours de beauté disons que le toro doit être harmonieux, avec un morrillo proéminent, des cornes longues et fines courbées vers l'avant, la queue longue frôlant le sol, les pattes nerveuses, les muscles jouant sous le poil brillant et court; la tête, petite, doit avoir l'aspect que donne l'âge adulte. Le poids n'est pas un élément essentiel, un toro de 480 kilos, s'il a du trapio, fait plus impression qu'un *acochinado** de 600 kilos soufflé par la graisse.

TRASERA : En arrière, postérieure.

Placée en arrière de la croix (voir *Estocoda*).

TRASTEO.

Synonyme de faena, désigne l'ensemble des passes de muleta.

TRASTOS : Outils.

Instruments utilisés par le torero. La muleta et l'estoque sont les *trastos de matar*.

TREMENDO : Terrible, effrayant.

De cet adjectif espagnol, on a tiré un néologisme taurin : le tremendisme.

C'est la manière de toréer des matadors qui cherchent à effrayer les spectateurs par les risques apparents ou réels qu'ils assument. De tels matadors sont dit « pathétiques » ou pour être à la mode *tremendistas*. Espartero, « Carnicerito », « Litri », « Pedres », « Chicuelo II », « El Cordobés » en furent ou en sont des représentants éminents. Il n'est pas douteux qu'un certain trémendisme peut être de bon aloi, et il semble bien que Belmonte dispensait une émotion qui n'était pas qu'esthétique. Mais le plus souvent les toreros affichent leur trémendisme aux dépens des saines conceptions du toreo et par conséquent du *dominio*. Ils contribuent à former une classe de spectateurs qui ne savent pas voir où est le vrai mérite. Ils recherchent des toros qui, par leur peu de poids et leur peu de cornes permettront avec moins de risque, des facéties d'allure tragique dont il est traditionnel de rappeler qu'elles font florés dans les charlotades. Le trémendisme satisfera toujours une importante fraction du public.

TRES EN UNO : Trois dans un.

Il s'agit de trois passes données en les liant au point qu'elle paraissent n'en former qu'une seule.

Jusqu'en 1950, on appelait *dos en uno* (deux dans un) la dernière naturelle d'une série, liée étroitement à la passe de poitrine. Julio Aparicio, fit succéder à un dernier derechazo, un changement de main dans le dos et la passe de poitrine. Ce fut le *tres en uno*.

Bien entendu, la recette fut reprise et plus ou moins modifiée. « Chicuelo II », en 1954 à Madrid, lia une *pedresina** à un changement de main et à la passe de poitrine.

Entre temps, « Pedres » avait créé le *quatro en uno* (quatre dans un) : pivotant après la pedresina, il dessina un *derechazo**, puis changea de main dans le dos et en termina avec la passe de poitrine.

Antonio Ordoñez, un jour de 1952 à Bordeaux, lia un changement de main, un pecho, un molinete et termina en afarolado.

La suerte qui, au début, n'était qu'un *remate** devenait une suite de passes qui constituaient une série originale et disparate.

TRINCHERA : Tranchée.

La trinchera ou trincherilla est une passe changée par le bas donnée de la main droite. Le torero placé de trois quart et la jambe contraire* avancée reçoit la bête sur son flanc droit puis déplace le leurre en le gardant bas suivant un arc de cercle assez court. La figure est un peu celle d'une passe de poitrine donnée de la droite et qui ne serait pas rematée par le haut.

On appelle d'ailleurs le *pecho : cambiado por alto*. et la *trinchera : cambiado por bajo*.

Mais la différence est grande. Ici la corne du toro est, lors du cite, cachée par la muleta qui protège comme un abri le corps du *diestro* et c'est l'origine du nom de la passe. En outre, dans les passes por alto on s'expose à perdre de vue pendant un instant la tête du toro cachée par la muleta.

Tandis que les passes basses ne comportent pas cet inconvénient. En effet, elles sont souvent utilisées comme *doblones* pour retenir les

TRINCHERA
(Diego Puerta)
Photo L. Clergue.

fuyards, et châtier les toros qui se décomposent. Certains matadors ont su élever la modeste *trincherilla* à la dignité d'une passe fondamentale, et après Domingo Ortega on a parlé de *trincherazo* sans mettre dans le suffixe l'intention péjorative qu'il lui arrive d'avoir.

De nos jours Antonio Ordoñez et Paco Camino savaient mettre dans leurs trincheras l'efficacité et la beauté d'un toreo exceptionnel.

Julio Perez Herrera « El Vito » qui devait être un banderillero extraordinaire dans les cuadrillas d'Ostos et « Litri », inventa pendant la courte période où il fut un jeune matador, la *vitolina* qui commence comme une trincherilla pour donner la sortie dans le dos.

TROFEOS : Trophées.

- Trophées accordés pendant la corrida
1°) Aux matadors :

Article 68 du Règlement : « Les récompenses pour les matadors comprendront la *vuelta* autour du ruedo, l'octroi d'une ou des deux oreilles du toro combattu et la sortie à dos d'hommes par la porte principale de la plaza. A titre tout à fait exceptionnel, la présidence, seule juge, pourra accorder l'ablation de la queue des bêtes.

a) *vuelta* : tour.

Lorsque le matador en aura terminé avec son toro, si le public l'applaudit sans réclamer l'oreille, il sortira du burladero et s'avancera pour saluer (salut aux tiers) ; si les applaudissements se font plus insistants, il entreprendra alors un tour de piste.

b) *oreja* : oreille.

Si le public a particulièrement apprécié le travail du matador, il demandera au président l'octroi de l'oreille du toro. Le président se conformera à la pétition majoritaire des spectateurs qui font connaître leur vote en agitant leur mouchoir, en sortant le sien (blanc) pour autoriser l'alguazil à faire prélever le cartilage et à le remettre au torero.

L'octroi de la deuxième oreille, éventuellement de la queue, est de la compétence exclusive du président qui n'a pas à se ranger à une pétition du public même largement majoritaire et insistante. Dans son esprit, le règlement qui accorde au public le droit de récompenser d'abord le torero, empêche que la récompense ne soit excessive.

L'attribution de l'oreille vient, dit-on, d'un ancien usage suivant lequel on attribuait au matador récompensé le prix de la viande du toro en plus de son cachet. L'oreille servait, en quelque sorte de contre-marque.

Madrid et Sevilla se refusèrent longtemps à adopter cette coutume. La première oreille fut concédée à Madrid le 29 octobre 1876. José Lara « Chicorro » avait fait le saut de la garrocha, s'était emparé à *cuerpo limpio** de la devise clouée sur le *morrillo** de Medias Negras de Benjumea, avait offert cette devise à Alfonso XII et banderillé supérieurement avant de tuer d'un étonnant volapié.

Mais dès le 12 mai 1898 un président facile à enflammer avait accordé à Madrid une deuxième oreille au modeste Leandro Sanchez de Leon « Cacheta » pour sa demi-estocade au toro Calero qui avait été toréé à cheval par Fernandez Heredia.

Ces premières faveurs, extrêmement rares, n'étaient pas accordées d'une manière très sérieuse, comme le témoignage d'une satisfaction exceptionnelle pour un travail exceptionnel mais plutôt pour remercier un torero modeste des efforts prodigués. C'est seulement le 2 octobre 1910, toujours à Madrid, que la tradition s'instaura dans son esprit lorsque le public réclama et obtint pour Vincente Pastor l'oreille de Carbonero de Concha y Sierra.

La plaza de Sevilla ne se rendit que le 30 septembre 1915, et il fallut que Joselito, enfermé avec six toros de Santa Coloma fournit au cinquième une faena exceptionnelle pour qu'il emporte l'oreille de Canterino.

Il fallut attendre le 20 avril 1930

Ch. Bernheim phot.-édit., O. A. D.
Vincente Pastor.

pour que le mexicain Heriberto García, grièvement blessé lors d'une stupéfiante estocade portée à recibir se vit gratifié dans l'infirmerie de la plaza madrilène de la queue du cinquième toro de Bernaldo de Quiros. Le public avait assisté debout à la faena.

Depuis, Curro Caro le 26 septembre 1935 (toro de Sotomayor) et Sebastian Palomo Linarés le 22 mai 1972 (toro d'Atanasio Fernandez) ont pris à Madrid la queue de leur adversaire.

c) *rabo* : queue.

Au fil des ans, l'octroi des oreilles étant devenu monnaie courante, l'inflation a entraîné la recherche de super-récompenses ; on en est venu à accorder la queue du toro puis la patte, puis les deux pattes... On en serait venu à retrouver l'esprit de 1876 et l'octroi du toro tout entier, si l'autorité n'avait pas interdit cette ultime pratique.

d) *salida a hombros* : sortie à dos d'hommes.

Lorsque le matador aura obtenu « deux oreilles au minimum pendant la lidia de ses toros », il pourra sortir de la plaza par la porte principale porté en triomphe par ses admirateurs (voir *hombros*).

e) On doit noter aussi que lorsque le président fait accompagner une faena de la musique c'est une première récompense à la qualité de la faena et non un élément systématique d'ambiance.

2º) Aux ganaderos.

Lorsque le toro aura été *de bandera*, d'une caste exceptionnelle, le public demandera que la dépouille de l'animal soit honorée d'une vuelta. Le président l'accordera, si bon lui semble, en agitant son mouchoir bleu.

Le ganadero ou son mayoral pourront être invités par le public à faire le tour du ruedo en récompense de la fourniture d'un lot de toros particulièrement remarquables.

II - Trophées accordés après la corrida.

Certaines personnalités ou entités taurines ont pris l'habitude de décerner à l'occasion d'une corrida, d'une feria ou d'une temporada, un trophée spécial à un torero ou un ganadero.

C'est ainsi que pour la Feria de Sevilla, la « Real Maestranza de Caballeria » (propriétaire des arènes) décerne un prix au meilleur matador, à la meilleure faena, au meilleur toro, au meilleur lot de toros... « Mayté » (propriétaire d'un grand restaurant de Madrid) en fait de même pour la San Isidro. Le Club Taurin « Cocherito de Bilbao » décerne un prix au meilleur toro de la feria de Bilbao...

Aux Amériques les trophées sont légion : *Jesus du Gran Poder* à Quito, *Scapulaire d'Or* pour la Feria de Los Milagros de Lima, la *Plaque d'Or* et l'*Orange d'Or* pour la feria de Valencia Venezuela), le *Señor de los Cristales* pour la Feria de Cali (Colombie)...

En France, la mode s'est également répandue et on ne compte plus les trophées : « oreille d'or » ou « d'argent », « épée d'or », « cape d'or »...

TRUCOS : Trucs.

Comme toutes les professions, celle de torero a ses artifices destinés à abuser le public profane. En général, ces trucs permettent de donner l'impression soit qu'on toree dans les règles, soit qu'on fait face au péril alors qu'on transgresse les unes et qu'on évite l'autre.

Parmi les trucs couramment employés, certains sont rudimentaires et n'abusent qu'un public novice, d'autres témoignent d'une astuce plus subtile.

Parmi les premiers :
— bomber le torse et même le ventre (*abraguetarse*) après le passage des cornes.
— s'agenouiller à toro passé ou lui prendre alors la croupe (« tourniquet » mis à la mode par Aparicio).
— lever les bras après la pose des banderilles au lieu de les lever avant...

Parmi les autres :
— effectuer le *paso atras**
— utiliser le *pico de la muleta**
— aveugler le toro avec la muleta en entrant a matar
— pour le picador pratiquer la *carioca** ou laisser l'étrier ballant pour que le toro ait l'occasion de se blesser.

Certains toreros vont jusqu'à employer des gadgets : le Mexicain Manolo Martinez a mis au point un système de ressort permettant d'agrandir artificiellement la muleta et de la maintenir tendue.

TURNO : Service.
DE TURNO : De service.
ESPADA DE TURNO : Matador dont c'est le tour de toréer.

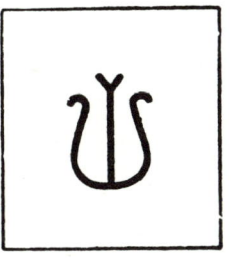

Hierro des héritiers de José Benitez Cubero

UTRERO.

Bicho de 2 à 3 ans (avant il est *becerro*, puis *eral*, et ensuite il est *novillo*, puis *toro*).

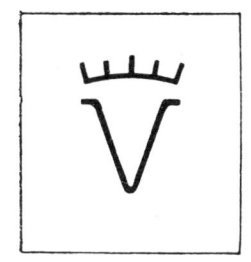

Hierro de « Garcibravo, S.A. »

VACA : Vache.

La vache *brava* est sélectionnée dans la tienta alors qu'elle a un an. Elle peut être saillie à deux ans mais connaît son meilleur temps comme reproductrice entre 3 et 10 ans.

Areva donne aux vaches les qualificatifs suivants :
— *de vientre* lorsqu'elles sont destinées à la reproduction,
— *machorras* lorsqu'elles sont stériles,
— *llenas* lorsqu'elles sont pleines,
— *horras* lorsqu'elles ont été saillies mais ne restent pas fécondées,
— *paridas* lorsqu'elles viennent de mettre bas,
— *novillas* ou *becerras* lorsqu'elles ne sont pas destinées à la reproduction.

VACADA : Troupeau de bœufs ou de vaches.

VALOR : Courage.

Sans doute l'une des qualités primordiales chez le torero. L'art est l'autre élément indispensable car si un artiste relativement peureux ne peut être qu'un torero irrégulier, un vaillant sans art ne sera jamais qu'un second plan.

Il est indéniable que le seul fait d'entrer dans un ruedo, de s'avancer vers un toro et de le faire passer (bien ou mal) suppose une dose de courage peu commune. Comme l'a dit José Maria Peman : « Dire d'un torero qu'il est peureux, c'est dire d'un ministre qu'il est idiot ! » Et encore la comparaison peut pour certains ne pas paraître à l'avantage du torero.

« Frascuelo » qui fut un des toreros les plus courageux de l'histoire de la tauromachie refusait obstinément de se rendre au Mexique. Ponciano Diaz, empresa de Mexico, lui faisait un pont d'or pour toréer dans ses arènes.

— Faites-moi plutôt une bonne route, lui dit le torero qui avait horreur des voyages en bateau.

Diego Puerta était couramment appelé *Diego Valor* (Diego Courage).

VAQUERO : Vacher.

« Areva » donne la liste suivante des variétés de cet état :
— *mayoral* ou *conocedor* chef vacher
— *vaqueros a pie* ou *a caballo* : vachers à pied ou à cheval,
— *cabestros* : bourreliers, selliers,
— *pastores* : bergers,
— *zagales* : jeunes pâtres,
— *guardas* : gardiens.

VARA : Perche, pique.

La *vara* ou *garrocha* est plutôt la hampe de la *pica* et la *puya* le fer.

VARETAZO : Coup de plat de corne.

Voir *cornada*.

VARILARGUERO : Porteur de longue lance.

Synonyme ancien de picador.

VENTA : Auberge (en pleine campagne).

En tauromachie, la *venta* prend parfois une destination particulière. On y adjoint des corrales qui permettent d'exposer plusieurs lots de toros à la curiosité des aficionados. Sevilla, la première, exposa ainsi tous les lots de la feria d'avril à la Venta de Antequera. Actuellement seules Madrid (Venta del Batan) et Valencia (Venta del Saler) permettent d'apprécier les lots de la feria en buvant un *fino*.

VERDAD : Vérité.
DE VERDAD : pour de bon.

Un *torero de verdad*, un *toro de verdad* : un vrai torero, un vrai toro.

La hora de verdad : la minute de vérité, le moment de l'estocade.

VERGUENZA.

Qualifie également la honte et l'honneur.

Un *SIN VERGUENZA* n'a ni l'un ni l'autre. Mais comme disait Rafael « El Gallo » : « Avec les toros comme avec le reste, un jour vous êtes sublime et le lendemain... moins sublime ». Et Victoriano de la Serna, avec quelque raison, expliquait qu'un

VERONICA
(Antonio Bienvenida)
Photo L. Clergue.

torero étant un artiste il ne pouvait pas se trouver en état de grâce sur commande, le soir à cinq heures précises. A ces deux toreros qui furent parmi ceux qui se firent traiter le plus souvent de « sans vergogne », on peut opposer des toreros moins doués mais dont l'amour propre et la conscience professionnelle font que les publics ne se sentent jamais bernés ni volés. Diego Puerta est resté quinze ans le plus bel exemple de *vergüenza torera*.

VENTAJISTA : Profiteur, débrouillard.

C'est le torero spécialiste des trucs*.

VERONICA : Véronique.

L'Espagnol, à qui les choses sacrées sont familières ne voit aucune irrévérence à comparer le torero qui présente la cape devant le muffle du toro à Sainte-Véronique avançant le linge qui va essuyer la Sainte-Face.

La véronique est la passe fondamentale du travail de cape. Elle est au capote ce que la naturelle est à la muleta. On l'appelait à l'origine : *lance de frente* (passe de face) car il était impensable de ne pas citer en se mettant face au toro. Voici les canons de la véronique d'aujourd'hui. Le torero se place sur le chemin des toros : *en la rectitud*. Et comme le note Bollain ce qui importe, ce n'est pas tant que le corps du diestro soit orienté face au toro, mais que le terrain où il place ses pieds prolonge l'axe du toro. C'est ce qui explique que « Guerrita » commence ainsi la description de la suerte qu'il appelle « lance de frente » : *Se colocará el diestro de costado...* ! « Les pieds du torero doivent être écartés, *compas**

abierto. Si une véronique donnée pieds joints, *en paron*, revêt parfois quelque éclat le toro ne peut ainsi être conduit ni la suerte chargée. A *jurisdiccion** le torero se gardera du *pasito atras**, mais lancera le poids de son corps sur la jambe contraire*. Il lui faut alors *templar**, accordant le mouvement de la cape à la charge du toro, en abaissant suffisamment les bras pour la ralentir. Puis ayant ainsi commandé le voyage du toro, se trouver prêt à enchaîner avec une véronique sur l'autre côté.

Ces règles sont dérivées de l'art de Belmonte et remplacent celles de la véronique « à l'ancienne », dans laquelle le torero qui avait cité de face pivotait légèrement en recevant la charge et levait haut le capote en étendant les deux bras.

Le cite de profil est de nos jours le plus courant. Il n'est pas critiquable si le torero se croise, c'est-à-dire se place au bon endroit et si la cape tombant droite, comme repassée, *planchada,* se retire en effleurant le sable et trouve la voie du temple et du *mando.* Mais le cite de trois quarts, *adelantando la pierna,* permet d'atteindre les sommets de l'art.

« Gitanillo de Triana » passe pour avoir donné des véroniques d'une inoubliable beauté. « Son cœur, dit Corrochano, s'arrêtait à chaque véronique ».

« Cagancho », Victoriano de la Serna, « Chicuelo », Pepe Luis Vazquez, Manolo Gonzales ont déroulé les fastes de la cape andalouse. De nos jours les deux Antonio, « Bienvenida » et Ordoñez ont su nous éblouir. Mais Curro Romero est incomparable... les jours exceptionnels où l'inspiration le saisit.

Dans le déroulement de la *lidia** la véronique apparaît dans deux circonstances : à la sortie du toro ; lors des *lances de tanteo* ou de salut qui permettent d'évaluer les qualités du toro et de le fixer, et lors des *quites**, au moment le plus fleuri du toreo de cape, dans un but d'adorno, autant que pour apprécier et faire apprécier à la Présidence s'il est temps d'arrêter le châtiment des piques et de changer de *tercio.*

VETERINARIOS : Vétérinaires.

L'enseignement vétérinaire espagnol est dispensé par les facultés vétérinaires attachées aux Universités de Madrid, Barcelone, Cordoue, Saragosse et Leon. L'entrée dans les Facultés ne se fait pas comme en France, par concours, mais après obtention du « baccalauréat » espagnol. Cette modalité explique que les effectifs vétérinaires espagnols soient relativement pléthoriques. La fin des études est sanctionnée par le doctorat-vétérinaire qui offre aux jeunes vétérinaires deux types de débouchés différents :
— Exercice de la médecine vétérinaire sous régime libéral. Néanmoins ces praticiens disposent souvent d'un mandat sanitaire les autorisant à assurer des missions officielles de nature sanitaire et administrative telles que : contrôle des livres de naissance, rédaction des certificats accompagnant les animaux à la sortie de l'élevage...
— Fonctionnariat soit dans le cadre municipal de l'Ayuntamiento avec pour tâche majeure le contrôle des denrées alimentaires et par là l'examen de la dépouille des toros de combat, soit dans l'administration centrale avec notamment pour mission la prophylaxie des maladies contagieuses telles que la fièvre aphteuse et l'application du règlement taurin.

VIENTO : Vent.

Le règlement prévoit la suspension de la corrida « lorsque le vent constituera par sa violence, un risque grave pour les lidiadores » (article 58).

Bien qu'à notre connaissance cette clause soit restée de style, il semble qu'elle devrait être prise en considération. Le vent est « le plus grand ennemi du torero », non seulement parce qu'il le découvre et l'expose à la blessure mais surtout parce qu'il empêche de toréer : sous les rafales, il est impossible de *templar** et donc de *mandar*.* Et par là même, la corrida ne peut se dérouler dans des conditions normales. Jamais une corrida par vent fort n'a donné satisfaction au public. Si donc les empresas et les toreros répugnent à faire renvoyer une corrida pour ce motif, les autorités devraient intervenir afin de préserver les droits des spectateurs.

On a pu mesurer la gravité des conséquences de l'action du vent, le 30 mai 1941 à Madrid lorsque Pascual Marquez toréait Farolero de Concha y Sierra ; « en vérité la cornada c'est le toro qui l'a donnée mais ce fut le vent, le sale vent, qui souleva la cape et laissa à découvert la poitrine noble et courageuse de Pascual Marquez » (José Antonio Medrano).

Le Sevillano devait mourir de la blessure douze jours après.

Pour pallier dans la mesure du possible de tels risques en alourdissant le leurre, les matadors ont l'habitude, les jours de vent, de mouiller capes et muletas et de les charger du sable de l'arène.

VIAJE : Voyage.

Direction suivie par le toro ou le torero pour exécuter une suerte. Le voyage naturel du toro correspond au chemin qu'il prend spontanément. On appelle encore voyage, le mouvement du torero qui entre a matar. On dira par exemple : il a tué le toro en trois voyages.

Interviennent alors des locutions taurines parfaitement incompréhensibles pour le néophyte : « Toréer sur le voyage du toro » ou « profiter du voyage du toro » (ce qui équivaut à « regarder passer le train » sans imposer sa volonté à la bête), « changer le voyage du toro », soit dans les passes *cambiadas,* soit en chargeant la suerte dans le véritable toreo.

Dans un autre ordre d'idées, les toreros nous paraissent être les véritables « gens du voyage » car si, dans le cirque, on suit une certaine logique du déplacement, en tauromachie on voyage follement. C'est ainsi que pendant le mois d'août 1970, « El Cordobés » a rempli 31 contrats dans les lieux suivants : Marbella, Puerto de Santa Maria, Huelva, Málaga (2), Palma de Mallorca, Vitoria, Pontevedra, Benidorm, Huesca, San Sebastian (2), Gijon, San Sebastian, Burgo de Osma, Bayonne, San Feliú de Guixols, Ciudad Real, Dax, Toledo, Vinaroz, Antequera, Puerto de Santa Maria, Cuenca, Almagro, Almería, Algeciras, Linares, Benidorm, Marbella, Cuellar. Prenez une carte d'Espagne qui déborde jusqu'à Dax et suivez le guide !

Vers 1880, un ami demandait à « Lagartijo » ce qui le fatiguait le plus dans le toreo : la muleta, les quites ou la lidia.
— Moi ? le train ! répondit le grand Rafael.

Il est ainsi naturel que de nombreuses anecdotes concernant les toreros prennent place dans les trains ou dans les gares. Ainsi un jour sur un quai de Barcelone, Belmonte attendait le train entouré d'une foule d'admirateurs. Il dit soudain « Faites place, quelqu'un arrive ». (abrid paso Señores que aqui llega alguien). Il avait aperçu « Chicuelo ».

VISTA.

Coup d'œil, appréciation rapide des qualités et des défauts du toro et de la tactique à employer pour le combattre.

VIVIDORES : Profiteurs.

Ce qualificatif est employé à l'égard de ceux qui vivent de la corrida.

Il y a lieu toutefois de différencier les véritables *vividores* des autres, ces derniers n'étant que des professionnels qui ont fait du métier d'organisateur ou d'apoderado leur gagne-pain... pas toujours très rémunérateur dans le cas des empresas de village ou des représentants de toreros médiocres. Les véritables *vividores* sont ceux qui vivent d'une manière occulte des largesses intéressées des toreros : journalistes qui font une propagande mensongère, médecins qui signent des certificats de complaisance, vétérinaires qui falsifient les papiers d'origine des toros...

VOLAPIE.

Méthode de mise à mort qui laisse au torero la totalité des initiatives. Le toro étant cadré, la méthode respecte alors les temps suivants :
— position de trois-quart-face à la distance optima du toro,
— enroulement de la muleta autour de l'épée afin de ne laisser flotter que l'étoffe requise,
— visée, avec appel de l'attention du toro,
— départ selon une ligne théoriquement droite vers l'animal encore immobile,
— déviation de la tête du toro à gauche par le jeu de la muleta tenue dans la main gauche croisant sous le bras droit, et introduction concomitante de l'épée avec effacement de la jambe droite, tout le poids du corps devant être alors porté par la jambe gauche.

De plus les mouvements du toro introduisent des éléments nouveaux qui nécessitent des corrections.

C'est donc bien, à plusieurs titres, le geste le plus difficile de la tauromachie actuelle.

La *volapié* permet d'estoquer des toros dont la charge a été réduite par la longueur de la faena et par conséquent d'allonger celle-ci conformément au goût du public qui réclame maintenant la *faena de cien pases* (la faena de 100 passes).

On attribue à « Costillares » l'invention de l'estocade a *volapié*.

VOLUNTARIO - VOLUNTARIOSO : Volontaire.

Toro plein de bonne volonté qui charge sans se faire prier et avec entrain mais qui perd le plus clair de ces qualités au contact des dures réalités du châtiment. On pourrait dire de lui, en français, qu'il a « les yeux plus gros que le ventre ».

VOLTEAR : Faire voltiger.

C'est ce que fait le toro lorsqu'il arrive que sa corne accroche le torero sans mal. Le résultat est appelé *voltereta* (cabriole, culbute).

VUELTA (AL RUEDO) : Tour (de piste).

Voir *Trofeos*.

VUELTA DE CAMPANA : Tour de cloche.

On appelle ainsi la cabriole du toro qui plantant ses cornes dans le sable, emporté par son élan, décrit cette *vuelta*. C'est une conséquence de la noblesse de la bête qui sort diminuée de cette épreuve.

VOLAPIE

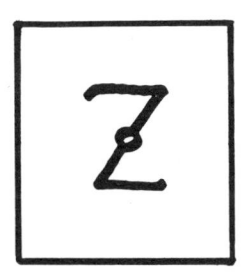

Hierro de Villar-Vega

ZAHONES.

Partie de l'équipement de travail du cavalier andalou. Sorte de tablier de cuir se divisant en deux parties pour enserrer les cuisses. Tous les vaqueros du monde (y compris les cow-boys) les utilisent en guise de protection lors des opérations d'élevage. Les toreros s'en servent lors des tientas pour se protéger de blessures éventuelles.

Ouvragés, les zahones font partie du costume du caballero en plaza lorsqu'il est équipé à la mode andalouse. Les prix varient suivant le travail effectué sur le cuir et la qualité de celui-ci.

ZAPATILLAS : Chaussons, escarpins du torero.

Voir *Traje*.

ZURDO : Gauche (contraire de droit).
MANO ZURDA : main gauche (voir *izquierda*).

AGUANTAR (additif à la page 13) : Endurer, contenir, attendre, résister, tenir.

Toutes ces nuances se retrouvent dans l'*aguantar* tauromachique.

Le matador doit rester immobile en recevant la charge du toro (*parar**). Ce peut être assez facile si ce dernier charge sans trop de violence, si sa charge est rectiligne, si ce qu'on a vu jusque là de lui ne fait pas craindre un *extraño**.

L'*aguante* — la faculté d'aguantar — intervient vraiment lorsque le matador conserve sa parfaite immobilité de jambes et de buste et poursuit son mouvement de bras même si le toro charge de façon inquiétante, s'arrête en suerte ou manifeste un mouvement imprévu. L'effet émotionnel est toujours impressionnant et peu de toreros ont été doués du véritable aguante. Il peut traduire la forme la plus honorable du tremendisme et c'est la manifestation d'un courage exemplaire. Ce fut une qualité essentielle de « Manolete » et d'« El Cordobés ».

Faire preuve d'aguante est d'ailleurs la meilleure manière de s'imposer devant un toro de caste.

CALENDRIER DES PRINCIPALES FERIAS ET CORRIDAS ISOLEES TRADITIONNELLES DE FRANCE, D'ESPAGNE ET DES AMERIQUES

Il est impossible de donner avec précision un calendrier des ferias et des corridas isolées traditionnelles. Nous avons choisi d'en donner un en fonction de fêtes mobiles arrêtées arbitrairement. Les dates de nombreuses manifestations tauromachiques sont attachées à ces fêtes mobiles : Rameaux, Ascension, Pâques, Pentecôte, Fête Dieu. Il en est de même des fêtes politiques : anniversaires, commémorations, fêtes nationales... D'autre part, les ferias, tant en Espagne, qu'en France ou aux Amériques, comprennent un nombre de corridas qui reste à la discrétion des organisateurs et qui ne peut donc être connu à l'avance. Nous devons signaler les imperfections de ce calendrier qui ne doit, en aucun cas, être le prétexte exclusif d'un déplacement... surtout lointain !

Les auteurs, depuis trente ans, fréquentent les ferias européennes sans avoir pu encore arrêter avec certitude les dates de leurs déplacements un mois avant ceux-ci. Ils persistent cependant. *Cosas de toros !*

	FRANCE		ESPAGNE		AMERIQUES	
	Ferias	Corridas isolées	Ferias	Corridas isolées	Ferias	Corridas isolées
Janvier 1					CALI (Col.)	
2						JALPA (Mex.)
3					CARTEGENA DE INDIAS (Col.)	VILLA GUERRERO (Mex.)
D 4						ARMENIA (Colombie)
5						POPAYAN (Col.)
6						MEXICO
7					MANIZALES (Col.)	TLALTENANGO (Mex.)
8						
9						
10						
D 11						ACAPULCO (Mex.)
12						ARANDAS (Mex.)
13						LEON (Mex.)
14						MEXICALI (Mex.)
15						MEXICO
16						SAN LUIS POTOSI (M.)
17						
D 18						MEXICO
19						
20						
21					SAN CRISTOBAL (Ven.)	
22						
23						
24						ACAPULCO (Mex.)
D 25						BOGOTA (Col.)
26						MEXICO
27						
28						
29						
30						
31						

	FRANCE		ESPAGNE		AMERIQUES	
	Ferias	Corridas isolées	Ferias	Corridas isolées	Ferias	Corridas isolées
Février						
D 1			VALDEMORILLO			ACAPULCO (Mex.)
2						BARQUISIMETO (Ven.)
3						CARACAS (Ven.)
4						CARTEGENA (Col.)
5						GUADALAJARA (Mex.)
						MARACAY (Mex.)
6						MEXICO
7					VALENCIA (Ven.)	
D 8						BOGOTA (Col.)
9						CARACAS (Ven.)
10						MEXICO
11						
12						
13						
14						
D 15						BOGOTA (Col.)
16						CARACAS (Ven.)
17						MEXICO
18						
19						
20						
21						
D 22			CIUDAD RODRIGO			
23						
24						
25				STA CRUZ de TENERIFE		
26						
27						
28						
D 29					MERIDA (Ven.) AMBATO (Equat.)	BOGOTA (Col.) CARACAS (Ven.) LIMA (Pérou)
Mars 1						
2						
3						
4						
5						
6			CASTELLON			
D 7						BOGOTA (Col.)
8						CARACAS (Ven.)
9						
10						
11						
12			VALENCIA			
13						
D 14			CASTELLON			
15						
16			VALENCIA (suite)	BARCELONA		
17				CASTELLON		
18				JATIVA		
St-Joseph 19				UTIEL		
20						
D 21		MEJANES		MADRID		
22				BARCELONA		
23						
24						
25						
26						
27				ALMENDRALEJO		
Rameaux D 28		ARLES		BARCELONA MADRID		
29				MURCIA		
30				TOLEDO		
31				ZARAGOZA		
Avril 1						
2						
3				CARTAGENA MURCIA		
Pâques D 4	ARLES		BARCELONA	CUENCA		
5				HELLIN		
6				PALMA		
7				SEVILLA		
8				ZARAGOZA		
9						

	FRANCE		ESPAGNE		AMERIQUES	
	Ferias	Corridas isolées	Ferias	Corridas isolées	Ferias	Corridas isolées
10			SEVILLA			
D 11				┤BARCELONA		
12				LORCA		
13				MADRID		
14				VALENCIA		
15				┘ZARAGOZA		
16						
17						
D 18				┤BARCELONA		
19				MADRID		
20				PALMA		
21				┘TOLEDO		
22						
23						
24						
D 25		- NIMES		┤BARCELONA		
26				MADRID		
27				PLASENCIA		
28				┘VALENCIA		
29						
30						
Mai						
1				┤BARCELONA		
D 2				┤CARAVACA		
3				MADRID		
4				SEVILLA		
5			JEREZ	┘VALENCIA		
6						
7				┤BARCELONA		
8			OSUNA-ECIJA	BILBAO		
D 9			MADRID	┤MADRID		
10				PALMA		
11				SEVILLA		
12				┘VALENCIA		
Ascension						
13				- ZARAGOZA		
14						
15						
San D 16				┤* B.M.P.S.V.		
Isidro 17				PUERTO de Sta Maria		
18				TALAVERA Reina		
19				de la Reina		
20						
21						
22	NIMES					
Pentec. D 23	VIC-FEZENSAC		CORDOBA	┤* B.M.P.S.V.		
24				┘ALBACETE		
25						
26						
27						
28						
29						
D 30		-CERET	CACERES	┤* B.M.P.S.V.		
31				ARANJUEZ		
Juin				ELDA		
1				HUELVA		
2			GRANADA	MADRID		
Corpus 3				┤SEVILLA		
4				TOLEDO		
				┘VALLADOLID		
5						
D 6			PLASENCIA	┤* B.M.P.S.V.		
7				┘ALICANTE		
8						
9			ALGESIRAS			
10						
11						
12				┤* B.M.P.S.V.Z.		
D 13		-DAX	EL TIEMBLO	┤MERIDA		
14						
15						
16						
17				- MADRID (Benef.)		
18						

| | | FRANCE | | ESPAGNE | | AMERIQUES | |
		Ferias	Corridas isolées	Ferias	Corridas isolées	Ferias	Corridas isolées
	19			ALICANTE-BADAJOZ	* B.M.P.S.V.Z.		
	D 20		–AIRE/ADOUR	EIBAR	AVILA		
	21						
	22						
	23						
St-Jean	24				–LEON		
	25				ALICANTE		
	26	PALAVAS		BURGOS	* B.M.P.S.V.Z.		
	D 27		–St SEVER	SORIA	LEON		
	28				SEGOVIA		
St-Pierre	29				ZAMORA		
	30						
Juillet							
	1						
	2						
	3		ARLES				
	D 4		DAX	TERUEL	–* B.M.P.S.V.Z.		
	5		ST-CYPRIEN				
	6						
	7			PAMPLONA			
	8				–MADRID		
	9		CERET				
	10		LUNEL				
	D 11		PALAVAS		–* B.M.P.S.V.Z.		
	12		SOUSTONS				
	13		VIEUX BOUCAU				
	14		BAYONNE				
	15		COLLIOURE				
	16		GRAU-DU-ROI				
	17		PARENTIS	LA LINEA	* B.M.P.S.V.Z.		
	D 18	MT-DE-MARSAN	ARLES	VALENCIA	AVILA		
	19		BEZIERS		MANZANARES		
	20		CERET				
	21		FREJUS				
	22		–NIMES				
	23			TUDELA			
	24			SANTANDER			
St-Jacques							
	D 25		BEAUCAIRE		–* B.M.P.S.V.Z.		
	26		COLLIOURE				
	27		ORTHEZ				
	28		ST-CYPRIEN				
	29		ST-VINCENT de Ty.				
	30			AZPEITIA			
	31						
Août			PARENTIS				
	D 1	HAGETMAU	BAYONNE	HUELVA	–* B.M.P.S.V.Z.		
	2		CERET	MALAGA			
	3		ISTRES				
	4		CHATEAU-RENARD	VITORIA			
	5		FREJUS				
	6		NIMES				
	7		PALAVAS				
	D 8		ARLES	HUESCA	–* B.M.P.S.V.Z.		
	9		BAYONNE				
	10		CERET		–EL ESCORIAL		
	11		ROQUEFORT				
	12		ST-VINCENT de Ty.				
	13		VIEUX BOUCAU	GIRON			
	14	BEZIERS					
	D 15	DAX	BAYONNE		* B.M.P.S.V.Z.		
			BEZIERS		PUERTO de Sta Mia		
	16		CERET	PONTEVEDRA	VILLAROBLEDO		
	17		COLLIOURE				
	18		FREJUS		–TOLEDO		
	19		GRAU-DU-ROI				
	20			CIUDAD REAL			
	21			BILBAO	* M.B.P.S.V.Z.		
	D 22		AIRE/ADOUR	ALMERIA	CIEZA		
	23		BAYONNE				
	24		NIMES	AVILA			
	25		ST-CYPRIEN	ANTEQUERA	ALMAGRO		
	26		ST-SEVER	CUENCA	BELMONTE		
	27				CUELLAR		
	28						

	FRANCE		ESPAGNE		AMERIQUES	
	Ferias	Corridas isolées	Ferias	Corridas isolées	Ferias	Corridas isolées
D 29		⊣BAYONNE	⎤COLMENAR	–* B.M.P.S.V.Z.		
30		⎮CERET	⎮⎮LINARES			
31		⎣FREJUS				
Septembre						
1			⎮PALENCIA			
2			⎮MERIDA			
3				DAIMIEL		
4			⎮MURCIA			
D 5		⊣CERET		⊣* B.M.P.S.V.Z.		
6		⎣PALAVAS		ARANJUEZ		
7				UTRERA		
Naissance				VILLENA		
Vierge 8			⎤ALBACETE			
9				⊣CABRA-RONDA		
10				BARBASTRO		
11				BARCARROTA		
D 12		⊣ARLES	⎤SALAMANCA	⊣* B.M.P.S.V.Z.		
13		⎣DAX	⎮CARDONA	⎣MIRANDA		
14			⎮			
15			⎮			
16			⎮			
17			⎮VALLADOLID			
18						
D 19		–CERET	⎤ALGEMESI	⊣* B.M.P.S.V.Z.		
20		MT-DE-MARSAN	⎮TALAVERA	⎣LORCA OVIEDO		
21						
22				–SALAMANCA		
23						
Merced.24				–BARCELONA		
25						
D 26		–NIMES	⎤GUADALAJARA	–* B.M.P.S.V.Z.		
27			⎮CACERES			
28						
St-Michel 29				–SEVILLA		
30						
Octobre						
1				–UBEDA		
2			⎤UBEDA	–SORIA		
D 3			⎮ZAFRA	–* B.M.P.S.V.Z.		
4						
5						
6						
7						
8						
9			⎤ZARAGOZA			
D 10			⎮		⎮GUAYAQUIL	
11			⎮		⎮(Equateur)	
Hispanité 12			⎮	⊣BARCELONA		
13			⎮	MURCIA		
14			⎮	SEVILLA		
15			⎮	⎣VALENCIA		
16					PACHUCA (Mex.)	–LIMA (Pérou)
D 17		–NIMES	JAEN	–CHINCHON		⊣CARACAS (Ven.)
18						CELAYA (Mex.)
19						TIJUANA (Mex.)
20						⎣URUAPAN (Mex.)
21						
22						
23						–LIMA (Pérou)
D 24						⊣CARACAS (Ven.)
25					⎮GUADALAJARA	⎣LIMA (Pérou)
26					⎮(Mex.)	
27						
28						
29						
30					⎮LIMA (Pérou)	
D 31					⎮TLAXCALA (Mex.)	
Novembre						
1						
2						
3						
4						
	Ferias	Corridas isolées	Ferias	Corridas isolées	Ferias	Corridas isolées

	FRANCE		ESPAGNE		AMERIQUES	
	Ferias	Corridas isolées	Ferias	Corridas isolées	Ferias	Corridas isolées
5						
6						
D 7						— LIMA (Pérou)
8						
9						
10						
11						
12						
13					MARACAIBO (Ven.)	
D 14						— LIMA (Pérou)
15						
16						
17						
18						
19						
20					LIMA (Pérou)	
D 21						
22						
23						
24						
25						
26					QUITO (Equateur)	
27					LIMA (Pérou)	
D 28						
29						
30						
Décembre						
1						
2						
3						
4					ARMENIA (Col.)	— QUERETARO (Mex.)
D 5					BOGOTA (Col.)	— LIMA (Pérou)
6					BUCARAMANGA (Col.)	
7						
8						
9						
10						
11						— QUERETARO (Mex.)
D 12					BOGOTA (Col.)	ARMENIA (Col.)
13						BUCARAMANGA (Col.)
14						
15						
16						
17						BOGOTA (Col.)
18						QUERETARO (Mex.)
D 19						ARMENIA (Col.)
20						BUCARAMANGA (Col.)
21						
22						
23						
24						
25						— QUERETARO (Mex.)
D 26					CALI (Col.)	
27						
28						
29						
30						
31						

* B : Barcelona - M : Madrid - P : Palma - S : Sevilla - V : Valencia - Z : Zaragoza.

IMPRIMERIE A. ROBERT
24, RUE MOUSTIER
MARSEILLE

Dépôt légal : 4e trimestre 1981